Carlos Gardel

Su vida, su música, su época

SIMON COLLIER

Carlos Gardel

Su vida, su música, su época

Traducción de
CARLOS GARDINI

PLAZA & JANÉS EDITORES, S.A.

927   Collier, Simon
COL   Carlos Gardel, su vida, su música, su época.- 1ª. ed. - Buenos Aires :
           Plaza & Janés, 2003.
           256 p. ; 23x16 cm.

           Traducción de: Carlos Gardini

           ISBN 950-644-030-1

           I. Título – 1. Gardel, Carlos-Biografía

Primera edición en Editorial Sudamericana: junio de 1988
Tercera edición y primera en esta colección: septiembre de 2003

IMPRESO EN LA ARGENTINA

*Queda hecho el depósito
que previene la ley 11.723.
© 1988, Editorial Sudamericana S.A.®
Humberto Iº 531, Buenos Aires.*

ISBN 950-644-030-1

Título del original en inglés
The Life, Music and Times of Carlos Gardel

Publicado por Plaza & Janés bajo licencia de Editorial Sudamericana S.A.®

In memoriam
Claudio Orrego Vicuña (1939-1982)
y Cristián Huneeus (1937-1985)

PREFACIO A LA EDICIÓN ARGENTINA*

*Carlitos, el Mudo, el Morocho del Abasto, el Troesma, o, con una senci-
llez quizá más conmovedora, el Zorzal... Para los argentinos (y muy especialmente los porteños) la reputación de Carlos Gardel está más allá de
todo cuestionamiento: hasta los dibujos ferozmente satíricos de
Hermenegildo Sábat (1971) llevan por título "Al Troesma con cariño". Para
la América Latina en general, Gardel constituye uno de los auténticos valores del siglo veinte en lo que a la música popular se refiere. Sus canciones más famosas —y no solamente las del ya clásico binomio Gardel-Le
Pera— se incluyen ineludiblemente en cualquier catálogo o lista de las
canciones latinoamericanas de mayor popularidad. Los cantores todavía
las cantan; las orquestas y pianistas las tocan; el hombre de la calle las
tararea o las silba.*

*Desde una perspectiva más internacional puede afirmarse también que
este eximio artista rioplatense pertenece a un grupo muy exclusivo de
cantores populares del pasado, al grupo de los cantores que no se han
olvidado, los cantores cuya personalidad, gracias al disco y a la pantalla,
se han impuesto en forma duradera en la memoria colectiva. En este sentido Gardel pertenece al mismo panteón glorioso que Maurice Chevalier,
Bing Crosby o Al Jolson, por nombrar sólo a tres figuras mundialmente
conocidas. En el mundo hispánico, hacia el final de su carrera tan trágicamente abreviada, el Zorzal despertaba un entusiasmo popular bastante
parecido (sin olvidar las diferencias entre las dos épocas) al frenesí desen-
cadenado por los Beatles durante los años 1963-70. Seguramente Julio
de Caro habla por todos los latinoamericanos cuando afirma: "Así tuvimos
al cantor de todos los tiempos, y este regalo no nos lo quita nadie".*

---

* Redactado en castellano por el autor.

Fuera del área cultural latinoamericana, sin embargo, la proyección que ha tenido Carlos Gardel después de su muerte ha sido relativamente escasa, salvo en unos cuantos reductos tangófilos en España, Francia o el Japón. En el mundo de habla inglesa su nombre ha tenido poca resonancia. La decimoquinta edición (la más reciente) de la Encyclopaedia Britannica, obra de consulta obligatoria para todos los angloparlantes, contiene artículos referentes a Chevalier, a Crosby y a Jolson, pero Gardel, por increíble que parezca, no figura allí en absoluto, a pesar de la fama universal del tango como baile, a pesar de que Gardel, sin lugar a dudas, fue un artista tanto o más talentoso que los tres aludidos.

Este libro, que fue el primer libro en inglés sobre Gardel, fue concebido en primer lugar como una tentativa de rectificar esta curiosa injusticia histórica. Se escribió con la profunda convicción de que la historia de la cultura popular internacional de nuestro siglo sería absurdamente incompleta sin una evaluación adecuada de los triunfos y realizaciones de Gardel. Lo poco que se ha escrito sobre esta historia se concentra excesivamente en el eje Hollywood-Nueva York-Londres, un eje que puede ser descrito como en cierta manera hegemónico. Pero es importantísimo no olvidarse de las otras grandes tradiciones (independientes e interconectadas) que forman parte del panorama global, y en especial lo que podría llamarse el eje París-Madrid-Buenos Aires, un eje en pleno funcionamiento entre los años 1910 y la Segunda Guerra Mundial, y, precisamente, el ambiente en que triunfaba Gardel, si bien, a fines de su carrera, tuvo la opción (que le interesaba bastante) de trasladarse al eje anglosajón, como lo había hecho Chevalier, un hombre que se sentía a sus anchas tanto en Londres o Hollywood como en París.

Hay que agregar que la carrera de Gardel en sí misma es altamente ilustrativa de los contornos de la cultura popular de las "sociedades de masas" que estaban en vías de formación a principios de este siglo. En esta época se nota, a grandes rasgos, en lo que al arte popular se refiere, una división cada vez más nítida entre los "creadores", los "empresarios" u "organizadores", y los "consumidores pasivos" (es decir, el público). Hay un proceso rápido de comercialización y (a largo plazo) de internacionalización. Es un proceso, sin duda, que empezó antes de la vida de Gardel, pero que se afianzaba y se endurecía notablemente con la aparición del disco fonográfico (décadas de 1900 y 1910), de la radiodifusión (década de 1920), y del cine sonoro (década de 1930). Con la televisión este proceso cumple otro ciclo más. Como en muchos casos parecidos en otros países (una vez más el ejemplo de Chevalier es revelador) Gardel es un artista que aprovecha esta coyuntura nueva. Después de un aprendizaje oscuro, triunfa en el teatro en la última época clásica del varieté (un género socavado por los medios de comunicación electrónicos), triunfa con sus grabaciones en el momento en que el disco de 78 rpm se transforma en un negocio multinacional, triunfa en la radio argentina, y por último triunfa en la pantalla en los albores del cine sonoro.

En realidad, la trayectoria brillante de Gardel es un resumen excelente de las nuevas oportunidades brindadas a los artistas en la primera etapa (por así llamarla) de la "masificación" de la cultura popular —un proceso cuyo avance vertiginoso e inexorable desde los años 60 en adelante ha sido tan desconcertante, por no decir desconsolador. No podemos estar totalmente de acuerdo con la afirmación tajante del historiador Eric Hobsbawm de que la década del sesenta fue "un desastre para la cultura occidental"*, pero se puede opinar que, en comparación con el pandemonio estrepitoso de hoy, los sonidos e imágenes que nos llegan desde la "primera etapa" —las comedias musicales de Hollywood de los años 1930, el music hall parisino de Chevalier y Mistinguett, las grandes orquestas de baile al estilo de Jack Hylton, las canciones de Carlos Gardel— asumen una cierta inocencia atrayente y reflejan (eso sí que es cierto) una calidad artística indiscutible. La nostalgia por aquellos años, que se ha expresado con bastante frecuencia durante la década actual —es interesante la popularidad reciente de las grabaciones reeditadas de lo que en Francia se llama tan gráficamente la musique rétro—, nos parece significativa. Se trata, sin duda, de una pequeña época de oro, ya totalmente desaparecida, pero conservada (afortunadamente) en los discos y en la pantalla.

El contexto histórico aparte, debe ser evidente también que este libro nació de una vieja afición personal. Más precisamente, nació del impulso extraño que me incitó (desde los años 60 en adelante) a coleccionar discos de Gardel (y de muchos otros músicos de la incomparable tradición del tango argentino) y a reunir materiales sobre sus actividades. Este libro se basa en los materiales así recopilados —las fuentes argentinas tradicionales, si se quiere— y también en indagaciones en bibliotecas y hemerotecas europeas y norteamericanas. En efecto, se advertirá en este relato un cierto énfasis sobre las actividades de Gardel en Europa y los Estados Unidos, lo que se puede justificar desde la perspectiva de la creciente "internacionalización" de la carrera del cantor, un proyecto que quedó truncado con su muerte.

Estudiar o evocar la vida de Gardel sería difícil si no fuera por la existencia de dos fuentes biográficas de gran importancia. Nos referimos, primero, a los recuerdos de José Razzano, testigo y partícipe de los triunfos iniciales del Zorzal, recuerdos recopilados por el talentoso escritor Francisco García Jiménez a mediados de la década del cuarenta, y, segundo, a las memorias de Armando Defino (administrador y después albacea de Gardel), cuyas impresiones de la última fase de la vida del artista son igualmente indispensables. No cabe duda de que Razzano y Defino (en sus distintas épocas) fueron los colaboradores más íntimos del cantor, y sus recuerdos necesariamente aportan una cantidad de informaciones esenciales que no se pueden obtener en ninguna otra parte. Cabe preguntar,

* New York Review of Books. 34:2 (12 de febrero de 1987), pág. 13.

por cierto, hasta qué punto estas dos fuentes son confiables. Se ha afirmado a veces, por ejemplo, que los recuerdos de Razzano tienden a glorificar el papel del mismo José Razzano en la vida de Gardel. Tal impresión, a nuestro juicio, no se desprende fácilmente de una lectura desapasionada del texto (altamente evocativo, dicho sea de paso) del best-seller de García Jiménez. Las exageraciones, si las hay, son menores. En cuanto a las memorias de Defino, la discreción del autor —quizá apropiada o por lo menos entendible en su propia generación— constituye un estorbo, si bien no excesivamente grave, para el estudioso de la vida de Gardel. Pero a pesar de todo, estas fuentes son irreemplazables y fundamentales, la columna vertebral de cualquier trabajo sobre Gardel.

Amén de los dos textos aludidos, hay un tercer libro que debería mencionarse muy honrosamente: la cronología minuciosa de la carrera de Gardel tan pacientemente elaborada por Miguel Ángel Morena. La deuda que tienen con él todos los gardelianos sin excepción debe calificarse de inmensa. Sin su recopilación maravillosa de fechas, de datos teatrales y discográficos, y de citas de la prensa porteña de la época, la composición de mi propio trabajo habría sido, indudablemente, más dificultosa y espinosa. Evidentemente hay otras fuentes importantes que se emplean con cierta frecuencia, y una buena indicación de ellas se encuentra en las notas. Huelga un comentario más detenido.

No quiero pretender, por supuesto, que este trabajo sea la "última palabra" sobre Gardel. Un tangófilo que reside lejos de Buenos Aires (si bien un tangófilo que ha recorrido emocionalmente sus calles y barrios en media docena de visitas inolvidables) no puede estar al corriente de todos los trabajos más recientes sobre Gardel y sobre la historia del tango. Es innegable, además, que un autor no argentino (más grave aún, no porteño) que se atreve a escribir sobre el tema no llegará a captar bien todos los matices del ambiente polifacético de Buenos Aires. Al mismo tiempo, tal autor tampoco está condicionado por el culto a Gardel, con su dimensión fantástica o mitológica —lo que se puede llamar la "leyenda Gardel"—, y esta falta de condicionamiento le permite, quizá, tratar el asunto con cierta imparcialidad, "desde afuera". En todo caso, y cualesquiera sean sus defectos y flaquezas, este trabajo representa un intento de dar una visión ordenada y verídica (en la medida posible, después de medio siglo) de un artista a todas luces excepcional y de su proyección nacional e internacional. De más está decir que existen varias facetas de la vida de Gardel que merecen una investigación más profunda. Pero, al final de cuentas, invocando la letra consabida de dos canciones (un vals y un tango) inmortalizadas en la voz del Zorzal, hay que aceptar que en el "ilusorio jardín del recuerdo" siempre habrá "vacíos imposibles de llenar". La última palabra sobre Gardel no se pronunciará nunca.

Es un deber tan imprescindible como grato tributar mi reconocimiento a las instituciones y personas que me ayudaron de una manera u otra en la preparación de este libro. En primer lugar deseo agradecer las atenciones del personal de las bibliotecas siguientes: Institut Municipal d'Història de la Ciutat, Barcelona; Bibliothèque de l'Arsenal, París; Bibliothèque Municipale, Toulouse; New York Public Library (Newspaper Annex y Performing Arts Research Center, Lincoln Center), Nueva York; Memorial Library, Universidad de Wisconsin, Madison; Albert Sloman Library, Universidad de Essex, Colchester. Agradezco igualmente los datos específicos proporcionados por ciertas organizaciones o empresas comerciales: NBC, Nueva York, RCA Records, Nueva York; British Broadcasting Corporation, Londres; Rothmans International Plc., Aylesbury, Inglaterra.

Inevitablemente he contraído algunas deudas más personales, las cuales quisiera reconocer en forma pública. Ezequiel Gallo y Francis Korn alentaron mi interés por la cultura popular de Buenos Aires, no solamente durante mis visitas a aquella noble ciudad rioplatense, sino también en la época (ya bastante lejana) de su residencia en el campo apacible del condado de Essex. El libro mismo fue redactado (en gran parte) en la simpática casa de Thomas E. Skidmore y Felicity Skidmore en Madison, Wisconsin, Estados Unidos. Felicity Skidmore, cuya pericia como redactora es ampliamente conocida en la república del norte, dedicó muchas horas a leer y comentar la primera versión. Alan Knight, profesor de la Universidad de Texas y ex profesor de la Universidad de Essex, me dio sus consejos expertos sobre algunos aspectos turfísticos. Con Christian Anglade, quien comparte con Gardel el privilegio de haber nacido en Toulouse, recorrí por primera vez (hace muchos años) las calles de aquella clásica ciudad francesa, en donde su padre, Julien Anglade, me dispensó una acogida cordial durante el verano de 1984. He tenido muchas conversaciones fructíferas y agradables con Arturo Tienken, profesor de la Universidad Hamline, Minnesota, ex profesor de la Universidad de Concepción, y un profundo conocedor del tango, como lo indicaban sus charlas radiales sobre el tema en el añorado Chile democrático de los años 1960. El licenciado Pedro Malavet Vega, de Puerto Rico, tuvo la gentileza de facilitarme (a través de mi amigo John L. Rector) una fotocopia de su hermoso trabajo "El tango y Gardel", en el cual hay una lindísima evocación del paso de Gardel por la isla caribeña. Por último, sería imperdonable no mencionar a Abel O. Malvestiti, presidente vitalicio de Los Amigos del Tango (Nueva York), gardeliano hasta la médula de sus huesos, cuyas "gauchadas" respecto a la edición en inglés fueron sumamente generosas. Mis gracias a todos.

En cuanto a esta edición en castellano, vale mencionar que se han agregado algunos pequeños detalles, y se han eliminado algunos pequeños errores y frases innecesarias.

S. C.
Wivenhoe, Inglaterra.
Setiembre de 1987.

PREFACIO A LA TERCERA EDICIÓN ARGENTINA

El texto fundamental de esta reedición es el texto inglés de 1986, en su admirable versión en castellano por Carlos Gardini. Es la primera vez que este texto ha sido modificado. En aras de un mayor grado de precisión sobre algunos puntos, y para corregir unos pequeños errores, he agregado unas frases nuevas, y algunos títulos más se han incorporado a la bibliografía. La Encyclopaedia Britannica, vale mencionar, ha rectificado su ignorancia de Gardel en sus últimas reimpresiones, si bien no de una manera enteramente adecuada. En cuanto a la cronología de la vida de Gardel, el libro indispensable de Miguel Ángel Morena, Historia artística de Carlos Gardel (cuarta edición, 1988), sigue siendo la fuente primordial. Este incansable estudioso porteño merece la admiración incondicional de todos los gardelianos, sin exepción. Les agradezco a todos los que se han comunicado conmigo (y de una manera tan amistosa) en los diez años transcurridos desde la primera edición argentina. Otros proyectos intelectuales (algunos relacionados con la historia del tango) y ciertas tareas administrativas en los últimos tiempos han obstaculizado mi deseo de llevar a cabo una actualización más pormenorizada del libro, si bien "guardo escondida una esperanza humilde" respecto al futuro. La generosa aceptación de las primeras dos ediciones argentinas y de la edición mexicana me induce a pensar que no he defraudado por completo las expectativas de mis lectores. Gracias a todos, y de todo corazón.

S.C.
Nashville, Tennessee, Estados Unidos.
Mayo de 1998.

14

1. EL NIÑO DE TOULOUSE

1890-1911

"Una ciudad rosada casi tan antigua como el tiempo": el sitio evocado en este verso, el único verso famoso de un oscuro poeta, bien podría haber sido Toulouse, aunque en realidad no lo sea. Su gente la llama afectuosamente *la Ville Rose*. Existía un dicho local, que ahora se oye rara vez, que describía con precisión rayana en la pedantería los tonos cambiantes de la ciudad:

Ville rose à l'au be,
ville rouge au soleil cru,
ville mauve au crépuscule.

Rosada al alba, roja al mediodía, malva en el poniente. Los matices predominantes de esta noble ciudad del sudoeste de Francia son quizá menos visibles para el visitante moderno —en la era del vidrio y el cemento, y del jet Concorde, producto local— de lo que eran hace un siglo. Pero si los tiempos modernos han atenuado un poco (sólo un poco) los proverbiales tonos rosados de Toulouse, nadie puede cuestionar su antigüedad. Allí hubo colonos mucho antes del tiempo de los romanos. Durante el Imperio Romano, la ciudad era punto focal de la Galia meridional, y la Edad Media trajo portentos tan trágicos como dichosos. La ciudad fue testigo de la feroz represión contra los albigenses en la campiña cercana; y en 1323 siete trovadores, empeñados en preservar la *langue d'oc*, formaron en Toulouse lo que se considera la más antigua sociedad literaria de Europa, la Compagnie du Gai Savoir o Compañía de la Gaya Ciencia.

Más de medio milenio después, esta romántica ciudad de los trovadores medievales y de sus juegos florales presenció el nacimiento de uno de los grandes trovadores populares del siglo veinte. Por una de esas ironías de la historia, sin embargo, este trovador no halló la fama en Francia, sino en un país de las remotas costas del otro lado del Océano Atlántico. En sus años de madurez conquistaría una fama perdurable en su tierra natal, pero como argentino y no como francés.

Su lugar natal, el hospital de Saint Joseph de la Grave, como se lo denomina desde 1647, se yergue en la ribera oeste del ancho y ampuloso río de Toulouse, el Garona. Visto desde la margen de enfrente (desde la agradable placita Saint-Pierre, por ejemplo, en una de cuyas esquinas se encuentra hoy la oficina central de una federación de jugadores de *pétanque)* parece un edificio largo y gris de manifiesta antigüedad, con tejas rojizas: está rematado por una elegante cúpula, añadida en 1824. En la década de 1870, al parecer, era costumbre colgar una bandera de una ventana de la maternidad del hospital para anunciar la inminencia de un nacimiento.[1] Lamentablemente ignoramos si esas banderas aún se exhibían el jueves 11 de diciembre de 1890. Habría sido adecuado.

El niño que nació allí alrededor de las dos de esa mañana recibió el nombre de Charles Romuald Gardes. El certificado de nacimiento declaraba que era hijo de "padre desconocido" y de Berthe Gardes, una planchadora de 25 años, entonces domiciliada en el número 4 de la rue du Canon d'Arcole. (La casa aún existe, ahora dividida en pequeños apartamentos; da sobre las gráciles curvas de cemento del moderno Palais des Sports de Toulouse.) Una comadrona llamada Jenny Bazin atestiguó que se había producido el alumbramiento, en una declaración realizada ante dos empleados del hospital. Así, la llegada al mundo de Charles Romuald Gardes se asentó adecuadamente bajo la irreprochable autoridad de la Tercera República.[2]

Sabemos muy poco sobre la vida de Berthe Gardes. Ella también era de Toulouse, donde había nacido el 14 de junio de 1865, al parecer procedente de una familia modesta, laboriosa y respetable. Su amante, el padre de Charles, era un hombre llamado Paul Lasserre[3], un empresario o quizá viajante que ya estaba casado. Berthe no reveló públicamente su identidad cuando nació Charles, pero realizó una declaración formal el 22 de diciembre de 1890, donde reconocía al niño como propio.

Años más tarde, Berthe evocaría detalladamente el clima reprobatorio que la rodeó después del nacimiento de su hijo. La ilegitimidad comportaba un definido estigma social en la Francia de provincias, como en otras partes, y todo indica que la familia Gardes no fue muy comprensiva. Berthe debió de entender rápidamente que Toulouse no era el sitio adecuado para que una madre soltera criara al hijo, algo en lo cual estaba empeñada. Aunque su decisión de emigrar no pudo haber sido fácil, fue bastante lógica en las circunstancias. En un país extranjero, una historia ficticia podía ocultar su verdadera situación. Cuando Charles tuvo dos años, edad

16

suficiente para viajar, Berthe lo llevó a Bordeaux, donde abordaron el vapor portugués *Dom Pedro* con rumbo a Buenos Aires. El arribo de la madre y el hijo al cabo de una travesía de nueve mil kilómetros fue debidamente asentado el sábado 11 de marzo de 1893 en un registro de inmigración. "Número de orden 121: Berthe Gardes, francesa, viuda, 27 años, planchadora, católica, pasaporte N° 94. Número de orden 122: Charles Gardes, francés, de dos años".[4]

¿Por qué eligió Berthe la Argentina? Al contrario de los ingleses, los alemanes, los italianos y los españoles, los franceses nunca fueron muy proclives a emigrar. Para quienes lo eran —y se trataba, a fin de cuentas, de la era clásica de la migración masiva de europeos hacia otros rumbos—, la Argentina era el destino favorito, después de los Estados Unidos. La inmigración francesa allí había sido elevada en la década de 1880. (En 1901 había 94.000 franceses en la Argentina, más que en cualquier otro país extranjero excepto los Estados Unidos, donde entonces había 104.000 franceses.) Para los aspirantes a colonos, la ascendente curva de prosperidad de la Argentina era un atractivo; el país daba la bienvenida (y nada menos que en su Constitución) a quienes deseaban establecerse allí.

No sabemos si Berthe y Charles pasaron algún tiempo en el Hotel de Inmigrantes, una insalubre barraca por donde pasaban muchos recién llegados a la Argentina durante el gran aluvión inmigratorio. (Tenían derecho a alojarse allí cinco días.) En todo caso, la resuelta mujer francesa pronto halló alojamiento en una casa de Uruguay 162, en la franja oeste del centro de la ciudad. (Es posible que el empleo se hubiera arreglado de antemano desde Francia.) Berthe Gardes tenía el oficio adecuado. Los talleres de planchado no escaseaban en Buenos Aires, una ciudad que entonces, tal como ahora, prestaba mucha atención a la vestimenta. Por alguna razón, los franceses gozaban de gran reputación en este oficio. El letrero PLANCHADORA FRANCESA en una tienda habitualmente significaba el doble de precio.[5] Berthe Gardes ingresó como planchadora en un taller de la calle Montevideo dirigido por su compatriota Anaïs Beaux, que además de ser su empleadora pronto se convirtió en gran amiga y protectora.

En esta ciudad hispanoparlante, Berthe inevitablemente pasó a ser Berta —en realidad, doña Berta, en el grácil y cortés estilo hispánico—, mientras que el nombre galo del hijo se convirtió inmediatamente en Carlos, o su diminutivo Carlitos. Y Carlos le quedó por el resto de su vida. Se crió hablando español, no francés, aunque el círculo de amistades de su madre naturalmente incluía compatriotas, y Carlos adquirió una tonada francesa en la niñez; iba a adquirir algo más que una tonada en años posteriores.

Sea como fuere, en público doña Berta aún sostenía que era viuda. Al parecer contaba que el padre de Carlos había muerto cuando el niño tenía sólo dos años, es decir, antes de su viaje por el Atlántico. (Incluso utilizó esa historia en declaraciones a los reporteros cuarenta años después.) Esta simple ficción es por cierto muy fácil de entender. De hecho, como doña Berta le confesó a una amiga íntima al final de su vida, Lasserre la visitó en Buenos Aires después (quizá mucho después) de la Primera Guerra Mundial, y le ofreció regularizar la situación mediante el matrimonio, que así legitimaría a Carlos. Evidentemente, Berta comentó el asunto con el hijo. "¿Vos lo necesitás?", preguntó él. "Yo no." "Entonces, vieja, yo tampoco, de ninguna manera. Ni lo quiero ver."[6] Allí terminó ese asunto. Por otra parte, para entonces Carlos se había alterado el apellido transformándolo en el más hispano Gardel: su nombre castellanizado y su apellido ligeramente alterado ya se le habían vuelto mucho más reales que los nombres que había recibido en Toulouse.

La ciudad donde ahora residían doña Berta y Carlos no era una ciudad común. Pronto dejaría de ser un modesto puerto en un estuario para convertirse en la metrópoli más grande y refinada del hemisferio sur. La Gran Aldea —como la denominó un escritor hacia 1880— se estaba transformando de prisa en una orgullosa y elegante capital digna de ese nombre, y su asombroso progreso se apoyaba en el gran florecimiento económico argentino iniciado en la década del 80. El ritmo de este florecimiento decayó después del gran desastre financiero de 1890, pero a principios de siglo se reinició esa entusiasta expansión: una vasta red ferroviaria se extendía por la pampa, la chata y fértil campiña que rodeaba a Buenos Aires. Grandes cantidades de carne vacuna y (cada vez más) de granos se exportaban a ultramar.

La pampa húmeda era el cimiento de la prosperidad argentina, pero Buenos Aires era en muchos sentidos el centro del gran *boom*. (Su población superaba el millón de habitantes a principios de siglo.) Los inmigrantes, casi la mitad de ellos italianos, confluían en la ciudad. Hacia 1914, tres de cada cuatro adultos varones de los distritos céntricos de Buenos Aires eran nacidos en el extranjero. Con la llegada de los ferrocarriles suburbanos y las líneas de tranvías (los primeros tranvías eléctricos comenzaron a funcionar en 1896-97), nuevos distritos crecieron casi de la noche a la mañana, una variedad de barrios que se extendía desde el tradicional Centro a lo largo de la irregular costa del ancho y lodoso estuario del Río de la Plata.

El centro mismo se estaba transformando. Los padres de la ciudad, conscientemente inspirados por la más grácil capital del mundo, aspiraban a convertir a Buenos Aires en la París de América del Sur. La arquitectura privada y pública, imitando el estilo de la Belle Époque francesa, era cada vez más pródiga: se construyeron grandes terminales ferroviarias estilo inglés; se modernizó el puerto; se plantó gran cantidad de árboles y se crearon espaciosos parques y plazas; la Avenida de Mayo, la primera de una serie de avenidas elegantes en proyecto, atravesó el viejo enrejado colonial de callejuelas estrechas. Concluida en 1894, simbolizaba las aspiraciones de Buenos Aires y era muy apropiada: "una calle noble, más suntuosa que Piccadilly en Londres, Unter den Linden en Berlín o Pennsylvania Avenue en Washington".[7] Así pensaba James Bryce, uno de los observadores más agudos de la Buenos Aires de esos tiempos.

Ese observador, y muchos otros, también advirtieron los contrastes entre el espléndido corazón de la ciudad y con los abundantes barrios, tanto opulentos como humildes, que lo rodeaban por tres partes en un continuo conejar de calles y casas que se extendía hasta los llamados "arrabales", los precarios suburbios que lindaban con la llanura pampeana. Desde luego, como toda gran metrópoli, Buenos Aires tenía un lado más sórdido: las casas de juego y los burdeles abundaban en la ciudad con una clientela perteneciente a todos los niveles sociales; la Argentina gozaba de la dudosa reputación internacional de ser el principal destinatario de la trata de blancas luego investigada celosamente por la Liga de las Naciones. Aunque la ciudad tenía su respetable proporción de delincuentes, no era, comparada con otras grandes ciudades de la época, un sitio especialmente violento: entre 1900 y 1909 el promedio anual de asesinatos registrado por la policía fue de 81.[8]

En pocas palabras, la floreciente metrópoli era una extraordinaria mezcla de inmigrantes y nativos, ricos y no tan ricos, respetables y menos respetables, un universo urbano que poco a poco adquiría una identidad y un sabor distintivos, así como una cultura popular que, ya en la época de la llegada de doña Berta y Carlos, destilaba a partir de ingredientes toscos el más célebre aporte argentino al "alborozo de las naciones" —por usar el giro del doctor Johnson— en el siglo veinte. Pues desde los arrabales de la ciudad llegó en la década de 1880 un nuevo baile, el tango, cuya imagen seductora pronto cautivaría a gran parte del mundo, y cuya música resultaría irresistible —ya empezaba a serlo— para los argentinos y otros latinoamericanos. El joven inmigrante de Toulouse habría oído esta nueva música en la infancia sin sospechar cuán ligada estaría su vida a ese ritmo insinuante.

Sabemos muy poco sobre la vida de doña Berta en Buenos Aires en los años que siguieron a su llegada. Todos nuestros datos (la mayoría de las descripciones que tenemos son sus propios testimonios de años posteriores) indican que era una persona sensata, industriosa, quizá bastante sencilla Era una madre devota, como sin duda lo demuestra su decisión de emigrar. Pero, como trabajaba todo el día en el taller de planchado de Anaïs Beaux, le costaba atender adecuadamente a su pequeño hijo. Durante largos períodos, pues, Carlos estuvo al cuidado de una amiga y vecina, la señora Rosa de Franchini, quien tenía varios hijos propios. Carlos la llamaba Mamá Rosa. Los hijos de la señora Franchini, que más tarde se instalaron en la zona de Villa Devoto, conservaron vívidos recuerdos del joven francés con quien compartieron parte de la infancia. Esta situación parece haber durado unos cinco años, hasta que Carlos pudo ir a la escuela.

19

Sus días de escolar tal vez fueron bastante simples. Por lo que sabemos, era un niño alerta, inteligente y vivaracho. Asistió por lo menos a tres escuelas, completando sus primeros dos grados en 1897 y 1899 respectivamente. (Esto quizá ocurrió en el Colegio Regina, un anexo para niños pobres del Colegio del Salvador; según una tradición, al menos, Carlos estudió allí.)[9] Sin duda doña Berta deseaba que su hijo se interesara en una de las profesiones respetables —como abogacía, o medicina— que en la Buenos Aires de la época constituían un modo seguro de dejar atrás la monótona vida de un barrio obrero. Muchos años después, Carlos cantaría una pegadiza canción que retrataba las ambiciones de un zapatero italiano.

Giuseppe el zapatero,
alegre remendón...
haciendo economía
pues quiere que su hijo
estudie de doctor.

Había miles de Giuseppes en el mundo urbano donde se crió Carlos; la mayoría de ellos menos exitosos que el Giuseppe de la canción, a cuyo hijo le fue bien.

Berta, lamentablemente, nunca estuvo en posición de pagar a su hijo el estudio de una profesión. En 1901 Carlos estudiaba en el Colegio Pío IX, que se especializaba en preparar artesanos. Allí evidentemente se destacó cantando en el coro. Su educación primaria, la única educación que llegó a tener, terminó en otra escuela, el Colegio San Estanislao (Tucumán 2646) en 1904. (Es probable que este cambio de escuela se haya relacionado con la mudanza de doña Berta, que por esa época se trasladó de la calle Uruguay a su nuevo domicilio de Corrientes 1553.) Carlos recibió un certificado oficial donde se consignaba que había obtenido excelentes resultados en trece materias, que incluían aritmética, geometría, instrucción cívica, gramática y ortografía; en esta última, la precisión de la evaluación puede ponerse en duda, pues la ortografía de Carlos, al final de sus días, no era por cierto intachable. No obstante, permanecer en la escuela hasta los catorce años y terminar el sexto grado (el último de la escuela elemental) era mayor hazaña de lo que se suele señalar: la mayoría de los niños porteños de la época abandonaban la escuela antes.[10]

Los próximos años de la vida de Carlos, desde que dejó la escuela en 1904 hasta que comenzó a destacarse como un promisorio cantante popular, son difíciles de reconstruir en detalle. El Carlos Gardes adolescente es (y quizá continúe siendo) una figura elusiva y algo borrosa. Su oscura vida y sus muy comunes ocupaciones en los barrios de Buenos Aires no se prestaban a ser documentadas. Cuando alcanzó la fama, no parecía recordar ordenadamente esos años, y nadie se molestó en tomar nota de las muchas anécdotas autobiográficas con que regalaba a sus amigos; por cierto, nadie lo entrevistó sistemáticamente con el propósito de hacer una biografía. La información de que disponemos proviene principalmente de declaraciones de sus amigos (o de quienes afirmaban serlo) después de su muerte. La adolescencia y juventud de Carlos, por lo tanto, nunca se han aclarado; muy pocos datos concretos, y prácticamente ninguna fecha, se pueden añadir a lo que sabemos.

Esta falta de información ha dado a los escritores sensacionalistas y a los amantes de los mitos —siempre ansiosos de rodear al héroe con una aura de misterio— una maravillosa oportunidad para elaborar leyendas acerca de la adolescencia y la juventud de Carlos. En realidad, los escritores han exagerado el misterio. La información acerca de estos años puede ser fragmentaria y aun dudosa, pero no obstante es posible establecer una versión plausible, por imprecisa que sea, de la vida que llevaba Carlos.

Es irrefutable, ante todo, que al dejar la escuela (o quizás antes) Carlos realizó varios trabajos bastante comunes, aunque era incapaz de tomar un empleo permanente. "Cuando chico", dijo en 1930, "hice de cartonero, de relojero, aprendiz de linotipista".[11] Según Esteban Capot, un compañero de infancia (era hijo de Odalie Capot, una de las inmigrantes francesas amigas de doña Berta), Carlos hizo su experiencia como aprendiz de linotipista en Cúneo, una conocida imprenta en la elegante calle Florida.[12] Éstas son las únicas ocupaciones que se pueden identificar con alguna certeza. Sin duda hubo muchas otras.

Otro dato cierto es que Carlos vivió fuera del hogar parte de este tiempo, quizá muchos años. Según Armando Defino, íntimo amigo (y eventual albacea) de Carlos, "hizo abandono de su hogar sin otro afán que el de su independencia... y no meditó las consecuencias del acto que hería los más íntimos sentimientos maternos... Posteriormente", añade Defino, a quien Carlos por cierto comunicó muchos detalles de su biografía, "dedicó tiempo y vida a compensar esos deslices de su niñez".[13] En una entrevista de prensa en 1936, Defino declaró que su amigo, en la adolescencia, había viajado por toda la Argentina, dedicándose a "una docena de oficios distintos".[14]

Este afán adolescente de independencia sin duda reflejaba un profundo rasgo de carácter. Carlos era un joven inquisitivo y aventurero cuyas desapariciones ocasionales durante la infancia ya habían causado angustias a doña Berta; en una ocasión lo encontraron en el puerto, vendiendo fósforos. Siendo un adolescente vivaz, le agradaría vagar por la gran ciudad, a menudo sin duda en la bullanguera compañía de jóvenes con similares inclinaciones, familiarizándose con los barrios y arrabales, y también con las brillantes luces de un Centro cada vez más elegante. ¿Se topó con problemas serios en estos vagabundeos? Quien formula la pregunta es el amigo (y biógrafo) de Carlos, Francisco García Jiménez, un escritor delicado y evocativo, y también prolífico autor de letras de tango. La respuesta de García Jiménez a su propia pregunta es cuando menos sugestiva: "Carlitos Gardel, adolescente, travieso y libre, se dejó llevar muchas

21

veces en la corriente de pandillas volanderas, y todo lo malo que hizo fue parecerse a los héroes clásicos de la picaresca".[15] Esto deja muchas cosas libradas a la imaginación.

A menudo se ha sugerido que la adolescencia de Carlos pudo haber tenido un aspecto más violento y delictivo. Lo que podemos llamar la leyenda de Gardel —que permanentemente fascina a muchos, argentinos o no— va mucho más allá. Lo enreda con el mundo del hampa, lo pone entre rejas, lo vuelve protagonista de escándalos en los burdeles de Montevideo. El periodista uruguayo Erasmo Silva Cabrera, por ejemplo, alega que un tal Carlos Garderes o Carlos Gorders compareció en los tribunales de Montevideo por un delito menor (un incidente en la zona de los prostíbulos) en 1907. Relaciona esto con una nota aparecida en el matutino porteño *La Nación* en enero de 1905, según la cual "un tal Carlitos" había participado en un violento altercado en la oficina de encomiendas de la estación Once de Setiembre del Ferrocarril Oeste, y presume que este individuo optó por expatriarse temporariamente en el Uruguay.[16]

La mención de "Carlitos" no prueba absolutamente nada: tanto el nombre como su diminutivo eran (y son) bastante comunes. Podemos ser escépticos en cuanto a la semejanza entre "Garderes" o "Gorders" con "Gardes". Pero la tradición de que Carlos visitó Montevideo en esa época es demasiado fuerte como para desecharla a la ligera. (Se dice que fue allá, con un amigo de su edad, poco después de terminar la escuela.) Si vagabundeaba por las calles de Buenos Aires (y quizá de otras ciudades argentinas), como sin duda lo hizo, es muy creíble que también haya cruzado el estuario en el ferry para vagabundear por la agradable capital del Uruguay, quizá sobreviviendo gracias a empleos ocasionales. Los jóvenes del ambiente de Gardel acostumbraban hacerlo constantemente. En años posteriores Carlos demostró gran afecto por Montevideo; incluso compró propiedades allí, y a veces insinuó que había conocido el bajo mundo de la ciudad en su juventud.

Si Carlos Gardel tuvo en efecto una fase delictiva o semidelictiva, cabría esperar que ello estuviera asentado en archivos policiales. Aquí también ha corrido el rumor de que en 1930 un oficial superior del Departamento de Policía de Buenos Aires, Eduardo de Santiago (quien había perdido su puesto en el golpe de Estado de setiembre de ese año), se presentó una noche en la alcoba de Gardel y le obsequió el prontuario incriminatorio, que el cantante presuntamente destruyó. Si esta anécdota es cierta (y nadie, por razones obvias, está ahora en posición de confirmarla), toda prueba de una inicial fase delictiva queda eliminada. ¿Existió alguna vez dicha prueba? Un inspector de policía retirado que había conocido a Carlos en esos años, entrevistado a mediados de los 60, dio poco respaldo a tales especulaciones. "Era un buen muchacho", evocó el inspector. "Claro, un poco travieso, pero en ningún caso podía tildársele de delincuente."[17]

La presunta delincuencia de Carlos parece pues un mito romántico vinculado con la actitud ambigua de tantas letras de tango —las letras que Carlos iba a cantar— ante los aspectos más sórdidos de la cultura suburbana "marginal" de la cual surgió el tango mismo. Que Gardel cantara dichas letras con sentimiento no indica que él mismo tuviera un pasado delictivo; él cantaba todo con sentimiento.

Aunque dejemos de lado los delitos mayores, no hay dudas de que el joven Carlos Gardes —"el francesito", como lo apodaban sus compañeros de juventud— llegó a conocer bastante los aspectos más sórdidos de la vida porteña. En las humildes circunstancias en que se crió, y en los barrios que ahora frecuentaba, esto era casi inevitable. Evidentemente el joven conoció la calle desde temprana edad, y aprendió a codearse con toda clase de hombres (y mujeres), aprendiendo también cómo encarar ciertas situaciones difíciles. Ya debía de tener algo de ese extraordinario encanto que le fue tan útil en años posteriores, aunque también era dado a las payasadas y las bromas, y hubo, en esos años tempranos (y aún después), quienes tomaban a mal sus humoradas. Pero llevaba consigo, dondequiera que iba, y con quien estuviera, un talismán de singular valor: su voz.

Carlos era un cantante nato. Empezó "desde muy joven", según le dijo a un reportero colombiano en 1935. "En las reuniones y fiestas acostumbraba cantar; todas las personas me escuchaban con agrado y algunos de mis amigos, en vista de mi afición por la música y de las cualidades que poseía para aprender este arte, me entusiasmaron para que estudiara e ingresara en el teatro."[18] Esta fugaz evocación ilumina una historia que se desarrolló durante varios años. Dada su carrera, podemos dar por sentado que Carlos era un cantor nato y poseía un talento natural. En su infancia reaccionaba al instante ante el sonido de la música. A los cuatro años —según le contó más tarde a un amigo— lo atrajo tanto el ruido de una orquesta que se acercaba por la calle encabezando una procesión que se sumó a la multitud y, como un niño cautivado por el Flautista de Hamelin, se alejó de la casa. Le sucedió, sin embargo, algo que no les había sucedido a esos niños: lo encontró la policía. A partir de entonces doña Berta observó atentamente al hijo cuando oía una banda, o siquiera un rumor de tambores y trompetas; pedir ayuda a la policía había resultado una experiencia desagradable.[19]

Muchos años después, uno de los hijos de Rosa de Franchini recordó que Carlos, durante su estadía en la casa, a menudo se acostaba aferrando un bastón, fingiendo que era una guitarra. "Cantaba las canciones de la época... A los siete años se sentaba en la puerta de calle para cantar, y en seguida lo rodeaba un mundo de muchachitos, y por intermedio de ellos, muchas familias lo llevaban a sus hogares durante días enteros."[20] Así Carlos aprendió a temprana edad que su talento podía granjearle aplausos y admiración, y es probable que sus dificultades para conservar empleo al terminar la escuela surgieran tanto de una incipiente vocación como de su carácter errabundo. "Él siempre decía que quería ser cantor", contó doña Berta tiempo después. "Y esto, en aquel tiempo, me daba miedo."[21] Tenía razones para atemorizarse; la vida de un cantor popular, en la Buenos Aires de la época, rara vez conducía a la riqueza.

Su hijo, sin embargo, se sentía profundamente atraído por el mundo de la farándula. Lamentablemente, desde el punto de vista de doña Berta, ella conoció ese mundo en cuanto llegó a Buenos Aires. Su pensión de la calle Uruguay, aparentemente, era frecuentada por gente de teatro. Cuando ella y Carlos se mudaron al cuarto de Corrientes 1553, estaban cerca de varios teatros. Doña Berta planchaba ropa para varios actores más o menos célebres. Su hijo iba a buscarlos en sus camarines; según ella, "todos lo querían mucho".[22]

La ópera era muy popular en Buenos Aires. Se representaba regularmente en teatros como el Politeama, el Coliseo, el Marconi y el Colón. Este último, el más famoso teatro de la ciudad, se estaba reconstruyendo en un nuevo lugar en esa época; se reinauguró en 1908, como el teatro de ópera más grande del mundo. Carlos estaba evidentemente fascinado por esta forma artística. "Me decía", cuenta Defino, "que al salir de los teatros donde había escuchado una de sus óperas favoritas y a los que era asiduo concurrente, cantaba para sí mismo, interpretando las partes del tenor, contralto o barítono; incluso abordaba la parte del coro".[23] El futuro cantante quizá se adiestraba sin darse cuenta.

La fascinación de Carlos por las tablas lo indujo a frecuentar los teatros. Una consecuencia de ello es que terminó enrolado en el grupo juvenil a veces reunido por Luis Ghighlione, el más famoso *claqueur* de la Buenos Aires de principios de siglo. Ghighlione hacía tratos con cantantes de ópera (y también con artistas más populares) para garantizarles un adecuado nivel de aplausos. También suministraba extras para las escenas multitudinarias y los coros, reclutando a su grupo entre los jóvenes amantes del teatro pero carentes de dinero que vagabundeaban por el Centro. Es seguro que Carlos trabajó en ocasiones para Ghighlione[24], sin duda como integrante vocal de la claque. Apareció en escena en varios papeles secundarios: doña Berta y su amiga francesa Odalie Capot fueron una vez a verlo en el papel de un gigante en el Teatro Argentino.[25]

En ocasiones Carlos también trabajó de utilero. Más tarde evocaría su trabajo (especialmente, al parecer, en el Teatro Victoria, en la calle del mismo nombre) con afecto, refiriéndose a "aquellos tiempos del sabroso sandwich de mortadela y el 'cinco y cinco' [de vino y limonada], cena magnífica en el almacén de la esquina, rociada con romanzas que me fajaba a pedido de la selecta concurrencia... A los maquinistas y utileros, mis compañeros de entonces, después de las funciones, los entretenía cantando 'como Caruso' o 'cachándolo' a Titta Ruffo".[26] Se cuenta que Titta Ruffo en persona oyó una vez la imitación de Carlos y salió del camarín a preguntar quién era el joven. (Si esto ocurrió de veras, debió de ser en 1908, durante la segunda visita del gran barítono italiano a Buenos Aires, cuando colaboró en la inauguración del reconstruido Teatro Colón, al cual consideró *una construzione enorme, giganteggiante.)* Esteban Capot, en sus evocaciones, llega incluso a declarar que Ruffo le dio a Carlos lecciones informales de canto, y que Carlos una vez prestó a Ruffo su guitarra para que la usara en escena.[27] Todo esto parece una exageración, pero, sea verdad o no, Carlos por cierto debió de ver y oír a muchos buenos operistas en esa época, pues Buenos Aires formaba parte del circuito internacional tanto como París o Nueva York, Londres o San Petersburgo.

En diversos momentos de su vida, Carlos sorprendió a cantantes de ópera que conoció con su habilidad para interpretar extensos pasajes operísticos, pero él no tenía la menor oportunidad de convertirse en estrella de la ópera. (En Italia la historia pudo haber sido diferente.) Su origen humilde, su modesto medio social, lo inclinaban hacia formas musicales más populares. Y sin duda tenía vocación. Al final de su adolescencia comenzó a probar suerte como cantor aficionado, y sus vagabundeos por la ciudad ahora incluían compromisos como cantor en fiestas privadas en los patios de las casas y también, sin duda, en burdeles, algunos de los cuales, aparte de su función tradicional, eran sitios populares para diversiones organizadas por juerguistas nocturnos. Según Capot, Carlos también cantaba a veces en la inauguración de nuevos almacenes, tal como los modernos músicos *pop* son contratados a veces para inaugurar supermercados. También debió de cantar en asados celebrados en los studs y establos del Bajo Belgrano, cerca de los importantes hipódromos de Belgrano y Palermo. (El segundo se estaba consolidando rápidamente como el principal hipódromo de la Capital.) Las carreras de caballos, y el mundo del turf en general, se transformarían en una de las mayores pasiones de Carlos; obviamente, este gusto empezó a desarrollarse desde temprana edad.

¿En qué otras partes puso a prueba su creciente habilidad? Es posible (por decirlo con prudencia) que tuviera contactos esporádicos con algunos de los numerosos centros gauchescos de la ciudad, clubes que, entre otras cosas, se organizaban y ensayaban (como muchos otros grupos) para participar en los corsos del Carnaval porteño, que nunca fueron tan espectaculares como en las primeras décadas de este siglo. Algunos clubes, algo artificiosamente (pero muy devotamente) cultivaban las tradiciones gauchescas —el atuendo, las destrezas ecuestres, las canciones folclóricas— de una Argentina más lejana (y para algunos más romántica), la Argentina anterior a la llegada del ferrocarril, los inmigrantes y el progreso económico. Pocos de los que asistían a los centros gauchescos querían regresar de veras a esos viejos tiempos, pero sí estaban infatuados con lo que eran, a fin de cuentas, genuinas tradiciones locales, y por cierto tradiciones musicales. Y esas formas musicales criollas eran precisamente las que atraían al joven Carlos Gardel.*

* "Criollo" era originalmente el término utilizado para distinguir al español nacido en América del español nacido en Europa. En el siglo veinte pasó a significar meramente "tradicional". En la Argentina, desde luego, la expresión adquirió mayor peso a causa del aluvión inmigratorio.

Las canciones y formas musicales de la pampa argentina y del interior eran legión: estilos, cifras, triunfos, gatos, tonadas, cielitos, zambas (que no deben confundirse con los sambas brasileños), toda una variedad. Sin duda Carlos conoció algunas de ellas a través de los palafreneros y peones del Bajo Belgrano, que a menudo venían del campo. Otra interesante tradición gauchesca era la del payador, el cantor que improvisaba sus versos a medida que cantaba, con un simple acompañamiento de guitarra. Dos célebres payadores, José Bettinoti y Gabino Ezeiza, estaban en la cima de su reputación cuando el Carlos adolescente los oyó por primera vez, aunque él obviamente dudaba de su propia capacidad para emular ese estilo y prefería canciones con textos establecidos. Otro payador, que era además un cantante folclórico más convencional, el uruguayo Arturo de Nava, autor de una canción ("El carretero") que más tarde Gardel pondría de moda en París, fue quizá una influencia más fuerte. Durante sus años de oscuro aprendizaje en los barrios, Carlos por cierto conoció a los tres cantores, aunque es imposible precisar cuándo y dónde.*

Ahora, ya casi hombre, Carlos Gardes conocía muy bien los barrios de Buenos Aires y se interesaba ávidamente en todo lo que veía y oía. Su universo suburbano abarcaba una ancha franja de distritos que se extendían desde el Bajo Belgrano, con sus reminiscencias turfísticas, en el norte, hasta la Boca, al sur del Centro. La Boca era un pintoresco barrio portuario con casas de colores chillones, inmigrantes genoveses y (cada vez más desde principios de siglo) cafés donde las primitivas orquestas típicas de la época deleitaban a los parroquianos con las últimas melodías y, de paso, echaban los cimientos de una incomparable tradición de música popular. Carlos no sólo aprendió los complejos pasos del tango cuando joven sino que a fuerza de practicar adquirió una gran habilidad.[28] La música de tango ya le era sumamente familiar; en toda la gran ciudad, los organilleros propulsaban insidiosamente su futura hegemonía en el gusto popular.

En otras partes, especialmente en barrios un poco alejados del Centro (barrios como Puente Alsina, quizá, con sus sórdidos cafés especializados en partidas "arregladas" de monte criollo, un juego de naipes), habría conocido inevitablemente a los malevos y compadres tan comunes en la proliferante metrópoli en el filo del siglo. Estos matones callejeros, con sus arrogantes alardes viriles, su inconfundible uniforme (botas bien lustradas, chambergo, pañuelo de seda anudado al cuello), sus muy preciados facones y pistolas, a menudo eran hostiles a los cantantes y otros artistas, pues los consideraban —y con buena razón— rivales ante la atención femenina. Carlos más tarde cantaría con espíritu intensamente evocativo

---

* Una persistente tradición sostiene que el primer encuentro entre Carlos Gardel y Bettinoti se produjo en el Café Tomasín de la calle Anchorena, cerca del Mercado de Abasto.

sobre la efímera cultura suburbana que había producido al malevo (y al tango mismo), pero, por lo que sabemos, siempre salió indemne de sus encuentros con los personajes reales.

Cierto barrio en particular llegó a ocupar un sitio muy especial en el afecto del joven. Calle Corrientes arriba, a cierta distancia del inquilinato donde vivía doña Berta (y también él, después de su tiempo de ausencia), se hallaba el principal mercado de Buenos Aires, el Mercado de Abasto, centro de un peculiar vecindario simplemente conocido como el Abasto. Aún hoy es una zona bastante sucia. No obstante, al igual que en otras ciudades —como Londres o París antes del traslado de Covent Garden y Les Halles—, la proximidad de un gran mercado confería una tosca vitalidad a las calles cercanas. El Abasto rebosaba de vida durante la juventud de Carlos. El vasto y chato mercado (transformado treinta años más tarde en un llamativo edificio moderno) estaba rodeado por un laberinto de calles mugrientas y por una concentración de pequeños cafés, bares, restaurantes, tiendas de toda clase. De todos los barrios de la ciudad, sólo La Boca tenía quizá una personalidad más fuerte. En años posteriores Carlos sentiría una intensa nostalgia por el Abasto, e incluso compró una casa allí.

La población era mixta, pues allí vivían tanto inmigrantes judíos como italianos. Carlos se habituó así al sonido de diversos idiomas y dialectos: el idisch, varias formas del italiano, el poco duradero híbrido (de español e italiano) llamado cocoliche, y por cierto el lunfardo, el recién nacido argot urbano de Buenos Aires. Con muchos vocablos tomados (o adaptados) del italiano, el lunfardo era ya una prolífica fuente del habla cotidiana de Buenos Aires, una forma lingüística a la que Carlos permaneció apegado toda la vida. En esto, como en tantos otros aspectos, se revelaba como un genuino hijo de la ciudad, porteño hasta la médula. Su permanente afición por el mate (el té paraguayo tan popular entre los argentinos) y por las carreras hípicas también eran rastros indelebles de sus orígenes porteños. Desde luego había nacido en otra parte, pero en todo caso eso lo hacía aun más típico de la ciudad.

El Abasto se convirtió en la base de Carlos, el centro de operaciones de su "barra", la versión adulta de la pandilla adolescente, el grupo de amigos (habitualmente varones) que se encuentran regularmente en un lugar fijo. Comenzó a frecuentar los cafés y restaurantes del vecindario que rodeaba al mercado. Se cuenta que el propietario de uno de ellos, un italiano, le enseñó canzonettas napolitanas, un tipo de canción ligera a la que siempre permanecería afecto. Carlos ahora poseía, al menos parte del tiempo, una guitarra propia.[29] "Cuando supo tocar", cuenta Esteban Capot, "fue el ídolo del Abasto. Las barras de muchachos de ese barrio, algunas de ellas de no muy lícitas actividades, adoraban a Carlitos. Se pasaban horas enteras oyéndolo cantar. Su repertorio se fue ampliando".[30]

Carlos solía concurrir a un café en especial, el O'Rondeman, en una esquina que estaba casi enfrente del mercado. Este café, que sobrevivió mucho tiempo pero ya no existe, pertenecía a la familia Traverso: cuatro hermanos, uno de los cuales, José (Cielito), debía de estar lejos cuando Carlos conoció el lugar: era responsable de un homicidio en una riña de café en 1901 y, después de una breve sentencia, había cruzado al Uruguay.[31] De los otros hermanos, el apuesto y afable Alberto (Yiyo) cuidaba del café, mientras que el mayor, Constancio, era una especie de político local que estaba a cargo del juego en diversos barrios. Los Traverso protegieron a Carlos. Según un miembro de la siguiente generación de la familia, entrevistado en 1950, Carlos solía comer en el café O'Rondeman casi todas las noches, sin duda como pago por cantar. Tenía un excelente apetito —"buen diente", según la expresión argentina— y al parecer una notable tolerancia para el alcohol. En una ocasión bebió una botella de coñac entera mientras cantaba en el café, sin efectos visibles excepto que la cabeza se le inclinó ligeramente sobre la guitarra al pasar la noche.[32]

Es posible que Constancio Traverso haya introducido al joven en otro escenario donde demostrar su talento artístico: el comité político. Estos comités estaban destinados a reunir a votantes leales durante el período electoral, pero también eran sitios donde los fieles (o no tan fieles) podían comer, beber, jugar y divertirse. El entretenimiento ligero era muy importante en la cultura política de la época, y ejercía gran influencia en las votaciones. A pesar del voto restringido y de la abundancia de prácticas fraudulentas, las elecciones eran reñidas en Buenos Aires; los partidos rivales ansiaban extender su patrocinio e influencia por los barrios.

Como lo sabe cualquier estudioso de la historia argentina, éstos eran los años en que el nuevo partido radical, bajo su austero pero eficaz líder Hipólito Yrigoyen, se disponía a desafiar a los conservadores de la oligarquía, que gobernaron la República desde los años de su prodigioso florecimiento. Una estrofa popular de la época expresaba las crecientes esperanzas de los radicales.

> *Radicales los que me oyen*
> *del auditorio presente:*
> *el futuro presidente*
> *será el doctor Yrigoyen.*

La estrofa pronto se volvería realidad. Constancio Traverso, sin embargo, no se asoció con la marea alta de la historia, pues era un tenaz defensor de la maquinaria urbana del partido conservador, que servía a poderosos políticos porteños tales como el popular Benito Villanueva.

Carlos pronto se familiarizó con los comités y su atmósfera característica. Un célebre periodista deportivo, Carlos Dedico, contaría más tarde una de las primeras incursiones del joven en este medio. Carlos tendría dieciséis o diecisiete años. El comité en cuestión estaba en la zona de Constitución, al sur del Abasto, y Constancio Traverso llevó una noche a su protegido. Al parecer, se encontraban allí distinguidos payadores. Carlos estaba nervioso por tener que cantar en semejante compañía, y sólo accedió a hacerlo ante la insistencia del caudillo del comité. Los payadores quedaron asombrados ante su fluidez. Esa velada, según recordó Dedico muchos años después, significó un triunfo para el joven que llamaban "el francesito".[33]

Otra persona que conoció a Carlos en uno de esos comités fue su futuro e íntimo amigo Edmundo Guibourg. Hijo de un inmigrante francés (y por ello también conocido como "el francesito"), Guibourg vivía en el Abasto y había conocido a Carlos, que era tres años mayor, pocos años antes, cuando estaba en la escuela; a veces habían robado juntos una manzana o banana del mercado. Guibourg tenía entonces doce o trece años. Como recordaría en 1983:

Un día yo pasaba por un comité conservador... que respondía a la política de Benito Villanueva y José Evaristo Uriburu, Partido Autonomista Nacional, cuando el caudillo político me llama y me pregunta en qué grado estaba, y después me pide si yo no iría a copiarle unas cartas... Entonces me explicó: "...yo te dicto y vos escribís, porque no tengo fe en los grandes hombres para confiarles mis secretos y con vos estaría tranquilo". ¿Y a quién encuentro en el patio del comité, cantando cuestiones folklóricas con una guitarra que le habían prestado? A Carlitos Gardel. Él me reconoció, yo también aunque estaba hecho un gordito infame, tenía una punta de kilos encima... Lo oí cantar. La guitarra se la había prestado... el payador José Bettinoti.[34]

Lamentablemente, ignoramos con qué frecuencia iba Carlos a los comités. No sabemos si limitaba sus favores a la causa conservadora o si también cantaba para radicales y socialistas, como han sugerido quienes consideran las conexiones conservadoras de Carlos un objeto de crítica. Sí sabemos (pues se lo dijo a Guibourg tiempo después) que "su orgullo naciente" como artista a veces lo inhibía de pasar el sombrero después de cantar.[35] Lo importante es que en los comités, como en otras partes, Carlos tuvo la oportunidad de conocer a otros cantantes populares y compararse con ellos. La tradición sostiene que fue en un comité donde Bettinoti le puso a Carlos el más famoso de sus apodos populares, "el Zorzal". Esto no resulta creíble, pues huele demasiado a sucesión apostólica; no obstante, Carlos y Bettinoti por cierto se encontraron muchas veces en esos lugares, así que la anécdota no puede desecharse del todo. Por esa época, sin duda, Carlos ya había adquirido el apodo que lo acompañó durante sus años de cantor de barrio: "el Morocho".[36] El Morocho del Abasto es un apodo aplicable sólo a un genuino porteño, de ningún modo peyorativo pero innegablemente local.

Las fotografías de Carlos Gardes en su joven adultez lo muestran, tal como cabría esperar por la evocación de Guibourg, como un joven rechoncho, de cara regordeta, con abundante cabello partido al medio. Vestía bastante formalmente, como casi todos en Buenos Aires, fueran "gente decente" (clase alta) o "gente del pueblo". Carlos y su madre eran sin duda gente del pueblo. Su vida comenzaba a seguir un rumbo que no cambiaría mucho en el futuro. Por cierto no creía en la regla de conducta dictada por el refrán "A quien madruga, Dios lo ayuda". Esto puede haber contribuido a su dificultad para conseguir un empleo estable. El ideal de Carlos, a partir de la adolescencia, parece haber sido el de pasar largas horas con amigos, en cafés o bares, preferiblemente de noche. Su propensión a las bromas y las payasadas por cierto persistía. Cuando el cometa Halley apareció en el cielo en el invierno argentino de 1910, doña Berta, Anaïs Beaux y Carlos subieron a una terraza de la calle Corrientes para observarlo; la atención de Carlos fue inmediatamente distraída por una joven vecina de una terraza contigua, a quien dirigió muecas graciosas.[37]

Al final de ese año —el año del centenario de la Nación Argentina, celebrado suntuosamente— Carlos cumplió los veinte. Aún no parecía interesado en buscar un empleo estable. Los temores de doña Berta parecían totalmente justificados. Pero la fama local de Carlos sin duda comenzaba a propagarse por los barrios. Delmiro Santamaría, un conocido de la época, nos ofrece un atisbo de Gardel en ese tiempo:

Un día, en 1911, un amigo mío... que trabajaba en el Mercado de Abasto me vino a decir: "Delmiro, hay un muchacho que es una maravilla, canta como los propios ángeles. ¡Tenés que escucharlo!". Ya no pude aguantar la tentación y ahí nomás nos fuimos los dos... En un conventillo de la calle Corrientes, al fondo de todo, vivía el muchacho... con su madre, en una pieza chica con dos camitas y un biombo en el medio... Cuando supo por qué íbamos a verlo, se puso a reír... En seguida nos pusimos a matear y como al lado de la cama había una guitarra chica, le pedí que nos cantara algo. En cuanto lo oí cantar, sentí que eso era distinto a todo lo que había escuchado hasta entonces.

Santamaría en seguida invitó a Carlos a su propia casa, sin duda ofreciéndole algo a cambio. Carlos se negó al principio, pero luego aceptó.

Por la noche, a eso de las 19, se formó una rueda. Gente de mi casa y vecinos que pedían permiso para entrar. La reunión duró hasta las dos de la mañana en donde Gardel cantó, sin parar casi, más que para tomar algo... y él volvió a menudo desde aquella vez [a la casa], donde todo el mundo empezó a hablar del cantor extraordinario.[38]

¿Tenía el "cantor extraordinario" la fuerza de voluntad, la energía, el ingenio artístico para elevarse desde el barrio —desde el mundo del café y el comité, del patio y el burdel, del almacén y el asado— a las candilejas del escenario teatral? Eso, en 1911, aún estaba por verse. Y es dudoso que Carlos Gardes, el niño de Toulouse que había llegado a ser el joven del Abasto, ya conociera la respuesta.

NOTAS

Los datos completos sobre las obras citadas sólo por nombre de autor, y por fecha de publicación cuando se debe distinguir entre diversas obras del mismo autor, se hallarán en las Referencias. Dos puntos (:) entre dos fuentes en una nota indica "tal como se cita en" o "tal como se reproduce en". Se emplean las siguientes abreviaturas:

CG Carlos Gardel
NMP Nuevo Mensajero Paramount, Nueva York

1 Maurice Monroziès, *Au service des femmes. Les Services de gynécologie et d'obstetrique de l'hôpital de la Grave a Toulouse* (Toulouse, 1980), pág. 34.

2 La traducción castellana del certificado se ha publicado en muchos lugares, por ej., Couselo y Chierico, págs. 88-89; Morena, págs. 13-14.

3 Evidentemente CG supo esto a través de su madre, y comunicó la información a unos pocos amigos íntimos: Moncalvillo, pág. 103.

4 Morena, pág.14.

5 Hay una buena descripción de estas casas de planchado en B. González Arrili, *Buenos Aires 1900* (Buenos Aires, s.f. [¿1950?]), págs.47-51.

6 Defino, pág. 208; Moncalvillo, pág. 103.

7 James Bryce, *South America. Observations and Impressions* (Nueva York, 1912), págs. 316-17. (Bryce era entonces embajador británico en los Estados Unidos.) La bibliografía sobre el crecimiento de Buenos Aires y su sociedad en tiempos de CG es abundante. Se pueden hallar buenas introducciones al tema en José Luis Romero y Luis Alberto Romero, comps., *Buenos Aires. Cuatro siglos de historia* (Buenos Aires, 1983), 2:7 212, o (en inglés) en James R. Scobie, *Buenos Aires. Plaza to Suburb 1870-1910* (Nueva York, 1974).

8 *La policía de la capital federal* (Buenos Aires, 1910), pág. 179. Las cifras de "homicidio por imprudencia" son todavía bajas. Desde luego las estadísticas pueden ser un tanto conservadoras.

9 Silva Cabrera, pág. 140.

10 "En 1907 menos de 2.000 niños, en una población en edad de escuela primaria de 232.000 en la ciudad, terminaron el último año de escuela" (James R. Scobie, *Buenos Aires,* pág. 222). El certificado de CG está reproducido en Defino, apéndice fotográfico.

11 Defino, pág. 63.

12 Eichelbaum (1977), pág. 1554.

13 Defino, pág. 63.

14 *La Prensa,* Nueva York, 10 de enero de 1936.

15 García Jiménez (1976), pág. 27.

16 Silva Cabrera, págs. 160-65.

17 Comisario inspector (retirado) Francisco Romay, entrevistado en *Sucesos,* pág. 45. Romay, un conocido historiador de la policía federal argentina, era octogenario a mediados de los años 60. Cuando joven, lo habían destinado a la comisaría del Abasto, el barrio favorito de CG. No recordaba que CG hubiera sido arrestado. En 1933, después de una de las últimas actuaciones del astro antes de su partida hacia los Estados Unidos, Romay fue a su camarín para desearle buena suerte: "Y cuando alguien nos iba a presentar, Gardel exclamó: 'Pero sí, el comi me conoce de mis tiempos del Abasto'".

18 *El Diario Nacional,* Bogotá, 18 de junio de 1935: Morena, pág. 201.

19 CG evidentemente le contó esto a Terig Tucci en Nueva York en 1934: Tucci, pág. 198.

20 Pesce, pág. 1378.

21 Ibid. pág. 1377.

22 Ibid. pág. 1377.

23 Defino, pág. 68.

24 García Jiménez (1976), págs. 23-25.

25 Pesce, pág. 1378.

26 *Noticias Gráficas,* Buenos Aires, 21 de setiembre de 1933.

27 Eichelbaum (1977), pág. 1555. La autobiografía de Titta Ruffo, *La mia parabola* (Milán, 1937) no menciona el incidente ni a CG; tampoco describe detalladamente las visitas de Ruffo a Buenos Aires (1902, 1908, 1915, 1926, 1929, 1931).

28 Eichelbaum (1977), pág. 1555.

29 Existen varias anécdotas acerca de la primera guitarra de CG. Esteban Capot afirmaba que le había dado una a cambio de una ayuda en tareas de carpintería. Otra versión sostiene que compró una con el plan de cuotas de la Casa Núñez, una famosa tienda musical, y que nunca pagó las cuotas. Debemos presumir que a veces empeñó el instrumento.

30 Pesce, pág. 1378.

31 Silva Cabrera, págs. 153-58; Puccia, págs. 79-81. Traverso hirió de muerte al popular Juan Argerich; según una versión, ocurrió en lo de Hansen, en Palermo, un famoso reducto del tango.

32 Información tomada de una serie de artículos de Silvestre Otazú, "El mundo inquieto y pintoresco del Mercado de Abasto", publicada en *Clarín,* Buenos Aires, agosto de 1950. Ver también Silva Cabrera, pág. 170.

33 García Jiménez (1976), págs. 36-38.

34 Moncalvillo, pág. 104.

35 *Crítica,* 25 de junio de 1935: Guibourg, pág. 46.

36 "Morocho" alude a alguien de cabello oscuro, tez ligeramente oscura y boca grande.

37 Silva Cabrera, pág. 169.

38 *Ahora,* 30 de junio de 1939: Morena, págs. 20-21. Eichelbaum (1984), págs. 15-61, presenta un relato más estructurado de la infancia y la adolescencia de CG de lo que yo me siento capaz en este capítulo, pero no está clara la solidez de sus fuentes.

2. EL DÚO GARDEL-RAZZANO

1911-1918

Pocos acontecimientos fueron tan importantes en la vida de Gardel como su encuentro con José Razzano a fines de 1911. Dos años más tarde, los dos hombres, habiéndose unido, iniciaron un rápido ascenso hacia la popularidad en los teatros de Buenos Aires. En el mundo del espectáculo rioplatense, el Dúo Gardel-Razzano fue uno de los grandes éxitos de la década del 10 y principios de los 20.

José (Pepe) Razzano era tres años mayor que Carlos. Nacido en Montevideo en 1887, perdió al padre a tierna edad y viajó con su madre a Buenos Aires, donde la familia tenía parientes. José se crió en Balvanera Sur, cantó en el coro de la iglesia jesuítica local y, como su futuro socio del Abasto, pronto deseó trabajar como artista. Con un amigo del barrio, Roberto Casaubon (más tarde, con el nombre Casaux, uno de los mejores actores de su época), José se aventuró a los catorce años hasta Montevideo, con la esperanza de establecerse como cantante. Los dos adolescentes pronto se quedaron sin fondos. Uno de sus amigos, Samuel Castriota, tuvo suerte con la lotería argentina y los rescató del trance. No es la última vez que mencionaremos a Castriota.

De vuelta en Buenos Aires, Razzano fue conquistando cierta fama como cantor de barrio, ante públicos similares a los que escuchaban a Carlos Gardes: en almacenes, cafés y comités conservadores. En 1911 era mucho más conocido que Gardes como cantante promisorio. Su voz de tenor, ligeramente aguda, era adecuada para el repertorio folclórico tradicional que también cultivaba Carlos. Cuando tenía poco más de veinte años, su barra se reunía en el Café del Pelado (nombre derivado de la calvicie del propietario) de la esquina de Moreno y Entre Ríos, en Balva-

33

nera Sur. Se trataba de un barrio un poco más respetable que el Abasto, pero no de gente acomodada. El medio social de Razzano, pues, era bastante similar al del "francesito". Nacido en Uruguay, Razzano era conocido como "el orientalito". Asombrosamente, tal vez, los dos jóvenes no se habían conocido antes de 1911, lo cual testimonia la vastedad del complejo urbano de Buenos Aires. No obstante, rumores sobre el talento de Carlos llegaron al Café del Pelado, y Razzano sintió curiosidad. Un amigo suyo, Luis Pellicer, decidió localizar al Morocho. Se invocaron los buenos oficios de un tal Gigena (de quien nada se sabe, excepto que tocaba el piano y vivía en la calle Guardia Vieja, cerca del Mercado de Abasto). Gigena aceptó prestar su casa para una "tenida", una sesión en que los cantores rivales medirían sus aptitudes en una competencia directa. Dichas competencias eran comunes en la época, especialmente entre payadores; eran como duelos de voz y guitarra en que se comprometía el honor de barras rivales.

Las impresiones de Razzano sobre la ocasión aún eran vívidas años más tarde, cuando Francisco García Jiménez le pidió que las describiera.[1] El vestíbulo de Gigena, con dos grandes ventanas que daban a la calle, estaba atestado (había por lo menos treinta personas) cuando llegaron Pellicer y Razzano. Carlos ya estaba allí. Los cantores fueron presentados formalmente. "Me han dicho que usted canta bien", dijo Carlos. "Me defiendo", repuso Razzano, "pero las mentas suyas son grandes". La atmósfera fue instantáneamente cordial. Razzano comenzó cantando una cifra ("Entre colores"). Gardel replicó con un estilo. Los presentes aplaudieron, los cantantes se abrazaron, pronto se volvieron a llenar las copas. A los repetidos gritos de "¡Bravo!" los dos hombres continuaron cantando, colaborando en vez de competir, por el resto de la noche, hasta que las primeras luces del alba tocaron las humildes calles del Abasto. "¿Dónde lo puedo ver?", preguntó Gardes cuando se despidieron. Razzano le informó. Era el comienzo de una gran amistad.[2]

La costumbre imponía que Gardes devolviera la gentileza a Razzano, pues el encuentro se había producido en territorio de Gardes. La devolvió pocas noches después. La multitud reunida apenas cabía en el Café del Pelado. Un amigo de Razzano, Enrique Falbi, ofreció su casa, que estaba cerca del café. Una vez más los presentes aplaudieron con frenesí, una vez más los cantantes demostraron que les agradaba la mutua compañía. Falbi, y sin duda otros, extrajeron la obvia conclusión. Falbi trabajaba para una importante compañía de seguros y tenía contactos en toda la provincia de Buenos Aires. Tal vez estos contactos fueran útiles. Gardes y Razzano podían integrar un dúo vocal y probar suerte en los pequeños pueblos pampeanos, donde los entretenimientos escaseaban. Esto también les brindaría una útil experiencia preliminar antes de buscar trabajo en los teatros de Buenos Aires. Otro aspirante a cantor, Francisco Martino, también presente en la tenida de la casa de Falbi, se entusiasmó con el plan y ofreció unirse a ellos.

Razzano, por razones aparentemente domésticas, no pudo ir. Es evidente que Gardes no fue fácil de persuadir. Alrededor de esta época (y obviamente no se decidió nada antes de 1912) dio indicios de preguntarse si un trabajo permanente y pago no podría tener sus atractivos. Un conocido de doña Berta, Juan Barena, tenía conexiones en la administración provincial de Buenos Aires, y Gardes intentó conseguir un puesto por su intermedio. Barena declararía más tarde que disuadió a Gardes de ingresar en la burocracia, alentándolo a persistir con sus ambiciones artísticas y probar suerte en una gira por provincias.[3]

En el nuevo año, pues, Gardes y Martino prepararon el viaje. Se han conservado muy pocos detalles de esta aventura, el primer intento de Gardes de convertirse en artista de carrera. El dúo Gardes-Martino se inició en Chivilcoy, al oeste de la Capital, y recorrió los pueblos de la línea del Ferrocarril Oeste, atravesando el chato paisaje pampeano, con su cielo inmenso, sus largas hileras de postes, sus chacras y estancias, un mundo muy diferente del que frecuentaba Gardes. Él y su colega llegaron hasta General Pico (un poco más allá de la frontera provincial), a unos trescientos kilómetros del hogar. La gira duró alrededor de tres meses; el dúo no conquistó la gloria ni ganó mucho dinero. No obstante, quizá fue artísticamente provechoso para Gardes. Martino era un cantor de cierto talento y contaba con varias composiciones originales en su haber; esto pudo haber alentado a Gardes a escribir sus propias canciones, además de cantar las ajenas.

Razzano, entretanto, se había mantenido en contacto con sus amigos itinerantes y ansiaba unirse a ellos. Se presentó una oportunidad en cuanto volvieron a Buenos Aires, cuando los tres cantaron como trío en una función de beneficencia en la Casa Suiza, sede de una sociedad filantrópica en la calle Rodríguez Peña, en el opulento Barrio Norte de la ciudad. Nada se sabe sobre este episodio, salvo que ocurrió en 1912, pero no obstante tuvo importantes consecuencias. Gardel —aparentemente fue en esta época cuando decidió modificar su apellido— estaba interesado en colaborar con Razzano y Martino. Más aún, los tres aspirantes a cantores pronto conocieron a un cuarto, cuya influencia sobre ellos fue breve pero considerable. Se trataba de Saúl Salinas (tenía el apodo de El Víbora, por sus ojos y su manera extraña de mirar), nativo de Cuyo y músico experto. Salinas propuso que formaran un cuarteto para hacer una gira por provincias.

Antes de esta gira, sin embargo, Gardel marcó un hito inicial en su carrera. Le pidieron que realizara algunas grabaciones para el sello Columbia, por iniciativa de la Casa Tagini, una conocida tienda de la Avenida de Mayo. Esta industria aún estaba en su infancia en la Argentina, y hay razones para suponer que éstos fueron los primeros discos de Gardel.[4] (Razzano, por su parte, ya había grabado algunos discos para el sello Victor.) Se realizaron, por cierto, con el viejo sistema acústico, con el artista cantando ante una enorme bocina.

Gardel, acompañándose con guitarra en un estilo muy simple, grabó quince canciones, de las cuales se editaron catorce en siete discos de doble faz. Los primeros se pusieron en venta en marzo de 1913, lo cual sugiere que Gardel realizó las grabaciones un poco antes ese mismo año.

Estos siete discos son la primera e invalorable evidencia que tenemos de su arte. Gardel se atribuía la composición de la música de cinco de las canciones; otras siete se atribuían a Gardel y Razzano; una era de Martino, y una del payador Bettinoti. Sin embargo, es probable que parte de la música (la mayoría de las canciones eran estilos y cifras) procediera de fuentes tradicionales. Los discos se han convertido inevitablemente en piezas de colección de gran rareza. La voz que oímos (a través de una gruesa capa de ruido de superficie) es inconfundible. Rubén Pesce, autor del mejor ensayo sobre la evolución artística del cantor, evalúa el disco con palabras que sin duda serán compartidas por quien los haya oído. "Si se comparan esas primeras grabaciones Columbia con las de otros cantores de la época, puede deducirse fácilmente la diferencia, la superioridad de Gardel... Todo lo reviste de una musicalidad y una emotividad hasta entonces desconocidas; su voz de tenor lírico de barrio, pues, no es muy potente, pero sabe manejarla."[5] Ya en 1913 el registro personal de Gardel era detectable.

La existencia de Gardel en esta época aún giraba alrededor de su barra del Abasto. Su actitud despreocupada aún causaba angustias a doña Berta. En la mañana del 30 de enero de 1913, ella se presentó en la principal comisaría de Buenos Aires para denunciar su desaparición —"desde el domingo que fue a las carreras no ha vuelto al hogar"—, y por su declaración jurada es evidente que aún trabajaba como planchadora, que ella y Carlos aún vivían en Corrientes 1553*, y que aún fingía ser viuda. La policía asentó la descripción del hijo: "pelo castaño oscuro, ojos marrones, tiene una cicatriz debajo de la oreja derecha, es grueso y alto, viste de negro". Pronto se cerró el caso: pocas horas después doña Berta informó que su díscolo hijo había reaparecido.[6]

El cuarteto propuesto por Saúl Salinas inició finalmente su campaña en el interior. Sus esfuerzos iniciales, en el carnaval de Zárate, en el noroeste de Buenos Aires, fueron un fracaso total; los cuatro músicos huyeron del hotel sin pagar la cuenta y continuaron viaje río arriba por la margen oeste del Paraná. Ya como suplemento de una tarifa exigua, o más probablemente como única recompensa, los propietarios de los pequeños bares y cafés donde cantaban les daban una botella de bebida alcohólica o un billete de lotería para rifarlos ante el público. Ayudados por estos modestos ingresos, llegaron a San Pedro, centro de un importante distrito triguero. Aquí un par de comprensivos políticos locales les brindaron ayuda; el

---

* A fines de 1914 doña Berta y Carlos se mudaron a dos cuadras de allí, a Corrientes 1714.

jefe de policía arregló las cosas para que cantaran en el "biógrafo" (cine); el club social del pueblo les abrió las puertas. Musicalmente hablando, Salinas era la influencia predominante en el cuarteto. Anteriormente, Gardel, Razzano y Martino habían cantado al unísono. Ahora (o antes de partir de Buenos Aires) Salinas enseñó a sus compañeros a cantar armónicamente en el estilo "doble dúo". Razzano y Martino cantaban una parte, Gardel y Salinas la otra. Ésta fue una mejora técnica de suma importancia.

Lamentablemente Salinas decidió separarse de sus compañeros en San Pedro. Sin perder el ánimo, Gardel, Razzano y Martino reconstituyeron el trío y continuaron viaje hacia el noroeste, rumbo al floreciente puerto fluvial de San Nicolás. Aquí Gardel se compró un cuaderno de cubiertas negras con cuarenta y ocho páginas rayadas, para pegar los comentarios periodísticos de la aventura. *Crónica de mi gira artística* fue el pomposo título que puso a este cuaderno, del cual sólo logró llenar catorce páginas.[7] Desde San Nicolás, a mediados de julio de 1913, el trío se dirigió al sur tomando por Pergamino, Rojas, Mercedes y Chacabuco, hacia la línea del Ferrocarril Oeste con la cual Gardel y Martino estaban familiarizados desde el año anterior. Muchos de los pueblos por donde pasaron permanecían monótonamente iguales. Según la descripción de James R. Scobie, "una calle principal sin pavimentar, una plaza desnuda, unas cuantas tiendas, unas pocas calles de ladrillos de barro, ...ocasionalmente una iglesia, una escuela, algunos galpones y una estación de ferrocarril".[8] Pero también habían surgido localidades más extensas en la zona pampeana; y éstas podían alardear de calles pavimentadas, unos pocos clubes y cafés, una sala cinematográfica, y a menudo un par de periódicos. Los cantantes concentraron sus esfuerzos en estos pueblos, actuando en clubes sociales, cines, confiterías y (al menos en una ocasión) en barracas de infantería.

A juzgar por el cuaderno de Gardel, los periódicos locales a menudo escribían erróneamente los nombres de los cantantes, pero en general hacían comentarios favorables. En Rojas, *El Nacional* (del 11 de agosto de 1913) consignó que "los aires provincianos, estilos y vidalitas ejecutados anoche por los señores Gardes, Mottino y Razzano... fueron oídos con profundo regocijo, llegando al corazón de los pocos criollos que estuvieron en la audición". En Bragado (treinta mil habitantes), un mes después, *El Censor* (uno de los dos periódicos del pueblo) informó a sus lectores: "No se trata de payadores, sino de cantores que hacen oír trozos poéticos escogidos". Añadía: "Son profesionales de las casas fonográficas Columbia y Victor". Por último, en General Viamonte, *La Tarde* del 18 de setiembre comentó "una grata y amena velada" a cargo de "tres criollos de pura cepa" que "nos hicieron vivir gratas horas de reminiscencias patrias, entonando con el sentimiento tradicional de nuestros gauchos hermosos estilos y canciones varias".

En General Viamonte, Gardel dejó de añadir recortes periodísticos a su *Crónica*. Francisco Martino enfermó y decidió regresar en tren a Buenos Aires. Lo que había comenzado como un cuarteto se redujo a un dúo. Gardel y Razzano continuaron su campaña pampeana como pudieron, cada vez con menos entusiasmo. Evocando esas semanas a mediados de los 40, Razzano ya no recordaba el itinerario exacto que Gardel y él habían seguido después de General Viamonte. Lo que sí recordaba, en cambio, era el creciente interés de Gardel —mayor, admitía Razzano, que el suyo propio— en perfeccionar sus actuaciones a dúo: despertaba a Razzano en mitad de la noche simplemente para preguntar si tal frase o cadencia era correcta. La gira entró en su etapa final; recibían poco o ningún dinero: en un par de municipios, los propietarios de los cines les negaron permiso para cantar. Al final, en cuanto juntaron dinero suficiente para pagar el pasaje en tren, los dos hombres emprendieron un desconsolado regreso a la gran ciudad y a la comodidad de sus respectivas barras en el O'Rondeman y el Café del Pelado. Se despidieron en la terminal de Plaza Once como amigos íntimos, pero sin planes definidos para volver a trabajar juntos. Al parecer, el Dúo Gardel-Razzano no tenía futuro.

El destino (o como se lo llame) no es tan fácil de eludir. Inesperadamente, el momento crucial para ambos hombres llegó sólo pocas semanas después. Una vez más, las evocaciones de Razzano (filtradas por el estilo profundamente evocativo de García Jiménez) brindan el único relato detallado de cómo sucedió[9], pero no hay razones para cuestionar su veracidad esencial. Razzano compartía con Gardel la pasión por las carreras de caballos, pero había una pasión que no compartía con su nuevo amigo: le gustaba pescar. Una noche de diciembre de 1913, al regresar de una excursión de pesca, se cruzó en la Avenida de Mayo con un conocido, Francisco Taurel, un individuo próspero aficionado a las juergas nocturnas, que había oído cantar a Razzano en varias ocasiones. Don Francisco estaba organizando una velada con algunos amigos y pidió a Razzano que cantara para ellos. Razzano explicó que tenía un amigo que quizá también tuviera interés en participar. Taurel aceptó y Razzano se dirigió inmediatamente al Abasto, pero no encontró a Gardel en ninguna parte. Finalmente lo localizó en una casa de la calle Nueva Granada, donde, según Razzano, estaba en compañía de una muchacha. Ni Gardel ni Razzano tenían guitarra en ese tiempo; quizá habían empeñado los instrumentos después de la gira. Convencieron a Alfredo Deferrari, un amigo de Razzano que vivía en la calle Rincón (en territorio de Razzano), de que les prestara una para esa noche.

Sería una noche memorable. A las diez, Gardel y Razzano se presentaron en la elegante Confitería Perú de la Avenida de Mayo, para descubrir que no sólo debían actuar para Taurel, sino para un senador de la República, Pedro Carrera, el jefe de policía de la provincia de Buenos Aires, Cristino Benavides, y un respetable caballero chileno, Osmán Pérez Freire.

Pérez Freire, que vivía en Buenos Aires desde la guerra civil chilena de 1891, era el autor de un éxito de la canción hispanoamericana de principios de siglo, "Ay, ay, ay". (Gardel y Razzano la grabarían más tarde.) El dúo instantáneamente reconstituido se esmeró en su actuación ante esta distinguida concurrencia. Después de unas copas, los presentes se trasladaron al establecimiento de Madame Jeanne, en la calle Viamonte. (El verdadero nombre de Madame Jeanne era Giovanna Ritana; había llegado a Buenos Aires una década antes con —según se dice— la compañía de Caruso. Casada con un inmigrante corso que regenteaba una cadena de burdeles, era una de las más célebres madamas de la ciudad.) Se había dispuesto una cena para el grupo de Taurel. Rodeados por las muchachas de Madame Jeanne, y alentados por estos juerguistas de clase alta, Gardel y Razzano se desempeñaron bien.

Mucho después de medianoche, Taurel decidió completar la velada con una visita al cabaret Armenonville. Se trataba de un elegante local nocturno en la Avenida Alvear, una arteria cada vez más opulenta que conducía a los suburbios del norte (y hoy, como Avenida Libertador, es una pista de carreras para los conductores porteños). El Armenonville, que tomaba su nombre de un local similar del Bois de Boulogne de París, era un edificio de dos plantas rodeado por jardines; la planta baja albergaba la principal pista de baile, mesas y un pequeño escenario; arriba había alcobas y cuartos privados. En uno de estos cuartos, Gardel y Razzano continuaron regalando a Taurel y sus amigos con sus canciones, el entusiasmo agudizado por copiosas libaciones de champagne (¡champagne francés!), con un repertorio que ahora exhibían brillantemente: los estilos del dúo "El moro" y "El pangaré", o canciones como "La pastora" de Saúl Salinas, o "Adiós que me voy llorando", una pieza en parte compuesta por Bettinoti.

El entusiasta canto del dúo atrajo a una pequeña multitud en el corredor, entre ellos, si la memoria de Razzano no se equivocaba, al popular pionero de la aviación argentina Jorge Newbery, cuya muerte en un accidente aéreo pocas semanas después (1º de marzo de 1914) consternaría a los argentinos. Los dos propietarios del Armenonville, ante ese tumulto, pidieron hablar con Razzano. Ofrecieron al dúo un contrato para actuar en el cabaret por una tarifa de 70 pesos.* Razzano consultó a su socio, quien pensó que los 70 pesos cubrirían una actuación de dos semanas y no estuvo conforme. Pero los propietarios hablaban de 70 pesos por noche, una suma muy halagüeña para las modestas aspiraciones del dúo. "¡Venimos hasta a lavar los platos!", exclamó Gardel. La presentación del dúo se fijó para las diez de la noche siguiente. En pocas horas, su suerte había cambiado.

---

* El peso argentino (peso papel) valía entonces unos 40 centavos de dólar o 1 chelín y 10 peniques en moneda inglesa. Al igual que el dólar y la libra esterlina, tenía un poder adquisitivo enormemente mayor que el actual.

El fulgor del debut en el Armenonville aún brillaba en la memoria de Razzano cuando contó la historia a García Jiménez tres décadas después.[10] En esa primera velada, el dúo compartía el programa con una orquesta de tango —el Armenonville era famoso en la ciudad como reducto del nuevo baile—, una orquesta que además incluía a algunos de los mejores músicos de tango del momento: Roberto Firpo, Eduardo Arolas y Tito Roccattagliata. La actuación del dúo mereció entusiastas y prolongadas ovaciones. Era un triunfo, un triunfo quizá más dulce por lo inesperado. Al final, integrantes del público alzaron en andas a Gardel y Razzano y los llevaron en un desfile triunfal por el cabaret. Gardel no podía creer lo que sucedía. Sospechaba algún truco, alguna broma oligárquica a expensas del dúo. Pero la reacción del público era genuina. La elegante clientela del cabaret aplaudía a rabiar, noche tras noche, al Dúo Gardel-Razzano, que había venido para quedarse.

Entre los parroquianos del Armenonville, junto con los personajes mundanos y la *jeunesse dorée,* había personalidades del teatro. El actor Pablo Podestá oyó al dúo allí y habló entusiastamente de los cantantes a su amigo y colega Elías Alippi. Alippi ("el Flaco", para los amigos) estaba formando entonces una compañía con otro actor de nota, Francisco Ducasse (conocido como "el Francés"), para montar una temporada en el Teatro Nacional de la calle Corrientes. Gardel y Razzano fueron invitados a aportar un acto cantado para el "fin de fiesta". La tarifa ofrecida, 20 pesos por noche, no era exactamente munificente, pero la idea de ver sus nombres en negrita en un afiche teatral era irresistible, y los cantantes aceptaron. "El Francés y el Flaco nos engrupían con las boquillas y el cartel", observa Razzano.[11] Así fue como, el 8 de enero de 1914, los dos artistas iniciaron su carrera teatral en el escenario del Nacional. Según el diario *La Razón,* "se hicieron aplaudir muchísimo".[12]

En muchos sentidos era un buen momento para iniciarse en el teatro. Como muchas otras cosas en Buenos Aires, el mundo de la farándula estaba en expansión. A la vuelta del siglo, había una veintena de teatros en la ciudad, algunos de ellos muy suntuosos; entre 1910 y 1920 se inauguraron treinta salas nuevas. El panorama era muy variado. En esta metrópoli de inmigrantes las producciones en idioma extranjero eran muy corrientes: en 1910, el año del Centenario, hubo 997 realizaciones de obras y comedias en castellano, pero también 414 en italiano y 119 en francés, aun excluyendo otros tipos de espectáculo teatral. En ese mismo año se vendieron más de tres millones de entradas de teatro en Buenos Aires, y se ocuparon casi tres millones y medio de butacas de cine.[13] (El aumento de salas cinematográficas era importante para artistas como Gardel y Razzano, pues los cines a menudo complementaban la proyección de películas con "actos vivos".) Compañías extranjeras de todo tipo a menudo incluían a Buenos Aires en sus giras (el ballet de Diaghilev causó sensación allí en 1913), pero había abundante margen, pese al cosmopolitismo de la ciudad, para que crecieran y prosperaran las tradiciones teatrales locales. Los dramas gauchescos habían sido muy populares unos años atrás y todavía lo eran hasta cierto punto. En la década del 10, sin embargo, los temas urbanos tratados con comicidad y ligereza se convirtieron en el producto común del teatro argentino. Los críticos cultos podían enfadarse, y se enfadaban, pero el público demostraba un apetito aparentemente insaciable por dichas obras, con sus alusiones picantes, sus bromas locales y sus expresiones lunfardas. Había una hueste de dramaturgos —algunos, como el uruguayo Florencio Sánchez (que había muerto en 1910), genuinamente distinguidos, la mayoría meros profesionales— dispuestos a escribir las obras ligeras tan populares entre el público porteño.

En la época en que Gardel y Razzano se iniciaron en el teatro, una de las mejores generaciones de actores argentinos (la mayoría autodidactos) ya estaba bien establecida. Incluía a Elías Alippi, a Francisco Ducasse y a varios integrantes de la extraordinaria familia Podestá (una de las más notables familias de la historia del teatro de todas partes), a menudo considerados los fundadores del teatro argentino moderno. Una generación un poco más joven, igualmente profesional, ya iba camino a la fama: figuras tales como Enrique Muiño, Enrique de Rosas, Carlos Morganti o Roberto Casaux, un amigo de infancia de Razzano que se haría muy amigo de Gardel. Muy pocos argentinos recuerdan hoy a estos talentosos actores, pero sus nombres perduran.

El espectáculo de variedades —los argentinos utilizaban (y utilizan) el término francés *varieté*— también se estaba desarrollando en la década de 1910, como ya lo había hecho en Inglaterra, Francia y España. Acróbatas, cantantes, magos, bailarines (de toda clase), mimos y comediantes ahora encontraban un sitio seguro en el corazón de los porteños. Los teatros de varieté de la época incluían el Royal, el Cosmopolita (cuyos espectáculos degeneraban rápidamente de lo picaresco a lo pornográfico) y el Roma, famoso por su papel en la carrera del inimitable Florencio Parravicini. Cuando el gran Parra murió en 1941, el autor de un obituario, el crítico de teatro Octavio Ramírez (que también escribió el mejor de los muchos obituarios de Gardel), lo describió como "sin duda el más grande bufo que ha tenido nuestra escena y uno de los de más talla que ha habido en el teatro universal".[14] Célebre, navegante, aviador y deportista, Parravicini era en sus tiempos más popular que cualquier político, con la posible excepción de Yrigoyen o del líder socialista Alfredo Palacios. Gardel y Razzano compartirían el programa con él en ocasiones memorables.

Después del debut en el Nacional, en enero, el trabajo del dúo en el resto de 1914 —el año en que los argentinos observaron con horror cómo Europa se zambullía en la primera gran catástrofe del siglo— se relacionó principalmente con compañías teatrales y consistía en canciones para el fin de fiesta o los intervalos. Los cantantes tenían ahora contratos constantes. Participaron en varias funciones de beneficencia (algo que hicie-

41

ron de buena gana entonces y en los años siguientes) y también visitaron una o dos ciudades provinciales, actuando en cafés, cines y teatros. Los nuevos ingresos, que aún no eran sustanciosos pero tampoco eran precarios, permitieron a Razzano contraer matrimonio. Él y su esposa Cristina se instalaron en el agradable barrio de Flores, donde pronto tuvieron dos hijas, a quienes Gardel, visitante asiduo de la casa, profesaba gran afecto. Gardel, por su parte, no demostraba interés en el matrimonio.

El constante progreso del dúo en la conquista del público obedecía principalmente a una actuación cada vez más pulida. Aunque no tenemos grabaciones para corroborarlo (anteriores a 1917), podemos suponer que la constante búsqueda de mejoras técnicas por parte de Gardel, ya observada por Razzano, estaba dando sus frutos. El repertorio de canciones criollas del dúo —o, mejor dicho, canciones populares compuestas en idioma campero— ganaba reconocimiento como algo nuevo y original. Ésta fue sin duda una de las razones por las cuales, el 21 y el 22 de noviembre de 1914, Gardel y Razzano participaron en dos audiciones de música nacional organizadas por la Sociedad Argentina de Compositores, en un programa que combinaba obras ligeras con otras más serias. (Osmán Pérez Freire, el amigo del establecimiento de Madame Jeanne y el Armenonville, también participó.)

En los primeros meses de 1915, su segundo año como profesionales, realizaron una nueva gira por provincias. El éxito no era automático fuera de Buenos Aires. Razzano recordaría más tarde una ocasión (debió de ser alrededor de esta época) en Rosario. "De la noche a la mañana la empresa del cine retiró nuestros nombres de los programas y nos encontramos en Rosario a la ventura, en lamentable situación, con unos pocos centavitos que no alcanzaban ni para pagar un cuarto del más modesto hospedaje. Nuestro salvador fue Carlos Morganti, el buen actor y amigo... Él nos llevó al altillito que ocupaba en los fondos de una casa de vecindad rosarina, y en su pequeña cama de hierro dormimos los tres, con los cuerpos atravesados." [15] Tales contratiempos fueron efímeros: Gardel y Razzano pronto obtendrían una reputación tan firme en las provincias como en Buenos Aires.

La fama de ambos también estaba llegando más lejos. Del otro lado del Plata, los empresarios uruguayos también manifestaban interés por el dúo. Se les ofreció un contrato, y los cantantes cruzaron el estuario en el ferry nocturno el 16-17 de junio de 1915, dejando Buenos Aires en una noche en que la ciudad entera comentaba un espantoso asesinato descubierto sólo unos días antes: un cadáver mutilado, identificado como el de un tal Conrado Schneider, había sido arrojado a uno de los lagos del Parque de Palermo. Pronto un poemita cruel circulaba por Buenos Aires.

¿Dónde vas con el bulto apurado?
A los Lagos lo voy a tirar.
Es el cuerpo del pobre Conrado
al que acabo de descuartizar.

En la otra orilla, una llovizna ventosa barría Montevideo. En el hotel prestaron a Gardel un enorme paraguas bajo el cual el dúo fue luego fotografiado por el diario *La Razón;* la foto se publicó con el comentario "Dos ruiseñores criollos que nos visitan". Más tarde ese mismo día los ruiseñores criollos ofrecieron un espectáculo privado en el Teatro Royal, el primer teatro de Montevideo en que debían cantar, para beneficio de un grupo de periodistas y personalidades cívicas, incluido el jefe de policía de la capital uruguaya. Esto era indicio suficiente del interés que despertaban con su canto. Su debut en el Royal la noche siguiente suscitó comentarios elogiosos de la prensa, así como repetidos pedidos de bises de parte del público en las noches siguientes, "dando no poco trabajo a los simpáticos cantores", como lo expresó el diario *El Día.*[16] En el Royal, así como en el Teatro 18 de Julio a mediados de julio, Gardel y Razzano gozaron del evidente afecto de los montevideanos. Regresarían una y otra vez a la ciudad, donde ambos entablaron muchas amistades y por la cual Gardel sintió una particular predilección con el correr del tiempo.

De vuelta en Buenos Aires, el dúo casi inmediatamente se encontró viajando por segunda vez al exterior (aunque los artistas argentinos rara vez consideran al Uruguay como "exterior"). Esta vez se dirigían más al norte. La gerencia del Teatro Nacional había persuadido al comediógrafo Alfredo Duhau de realizar una gira por Brasil al frente de la llamada Compañía Dramática Rioplatense, que incluía a actores como Alippi, Enrique de Rosas y Matilde Rivera, la esposa de Rosas, así como al Dúo Gardel-Razzano. Era una suerte de embajada artística ante el gigantesco vecino norteño de la Argentina.

La compañía se embarcó en el buque *Infanta Isabel* el 17 de agosto. Durante el corto pasaje costa arriba hasta Santos, Gardel y Razzano tuvieron una experiencia que ninguno de ambos olvidaría jamás, pues entre los pasajeros estaba el cantante más famoso del mundo, nada menos que Enrico Caruso, que regresaba a Europa tras una exitosa (y rentable) temporada en Buenos Aires y Montevideo. (Titta Ruffo había estado una vez más en Buenos Aires, cantando con Caruso en el Colón.) El inmortal tenor no sólo alabó profusamente el arte de Gardel sino que invitó al dúo a escucharlo una mañana mientras ensayaba pasajes de (si las evocaciones de Razzano son acertadas) *Les Huguenots.*

La Compañía Dramática Rioplatense inició sus actividades en el Teatro Municipal de São Paulo el 25 de agosto, y de allí pasó a Río de Janeiro, la capital brasileña, a fines de setiembre. Por lo que sabemos, las obras argentinas causaron poco impacto en el público brasileño. Un periódico carioca incluso aludió a *o gelo da indiferença do nosso público* ("el hielo de la indiferencia de nuestro público"), apenas roto. El dúo, sin embargo, obtuvo una reacción mucho más positiva, y a menudo se requirió a *os dois aplaudidos trovadores argentinos* que repitieran varios de sus números. Durante su permanencia en Río de Janeiro, Gardel y Razzano también dieron una función privada para el embajador argentino en Brasil.

También fue en Río donde Gardel se permitió lo que podría considerarse una dudosa travesura a expensas (tanto figurada como literalmente) de su amigo el actor Elías Alippi. En la pensión donde se alojaban, Gardel advirtió que Alippi se acariciaba constantemente el bolsillo trasero de los pantalones. Para entrar en su dormitorio, Gardel y Razzano tenían que pasar por el del actor. Una noche, cuando Alippi estaba profundamente dormido, Gardel registró el misterioso bolsillo, que estaba abrochado con un alfiler de gancho, y descubrió cinco soberanos de oro envueltos en un paño. Extrajo las monedas, puso el paño en su sitio y cerró el alfiler de gancho. Por cierto Alippi notó que le faltaban los soberanos y pronto acusó a Gardel de robarlos. Se produjo un pequeño altercado, pero Alippi no pudo dar mucha publicidad al asunto: la ética comunitaria de la compañía imponía compartir las cosas, y no quedaba bien que un miembro del grupo guardara dinero de esa manera. Sólo en 1933, en una fiesta con Alippi y Razzano, Gardel confesó al fin. Por lo que sabemos, nunca devolvió las cinco libras.[17]

El entredicho no pareció afectar la creciente amistad entre Gardel y Alippi. En el viaje de regreso a Buenos Aires el actor comentó posibles planes teatrales con los cantantes, esperando incluirlos en lo que surgiera. Razzano sugirió la reposición del popular drama gauchesco *Juan Moreira*, un favorito del público porteño desde su estreno (por la compañía Podestá-Scotti) en La Plata en 1886. Alippi, que tenía una gran vena empresarial, se sintió atraído por la idea de poner una serie de obras criollas. El Teatro San Martín de la calle Esmeralda estaba libre, y persuadió a sus gerentes; Alippi y el escritor José González Castillo organizaron la nueva Compañía Tradicionalista Argentina, y el viernes 12 de noviembre de 1915 se lanzó una nueva y espectacular producción de *Juan Moreira*, con Alippi en el papel de Moreira, el infortunado gaucho. Gardel y Razzano cantaban en la escena 6, como parte de una "gran fiesta campestre", y contribuyeron no poco al gran éxito de la obra. Cuando la compañía Alippi-González adoptó otras piezas del repertorio gauchesco en las semanas siguientes, el acto del dúo siguió formando parte del espectáculo. El verano llegó pronto a Buenos Aires ese año, pero por una vez el sofocante calor no ahuyentó al público. La Compañía Tradicionalista fue uno de los éxitos de la temporada.

Para Gardel y Razzano, *Juan Moreira* tuvo una importante consecuencia inmediata. Ninguno de los dos cantantes era un verdadero experto de la guitarra. Ambos habían intuido la necesidad de un guitarrista que los acompañara para mejorar el acto. En una función benéfica en enero de ese año, habían utilizado a un guitarrista uruguayo, Emilio Bo, y quizá pensaron en darle un empleo permanente. En tal caso, la idea no prosperó. Ahora el dúo podía darse el lujo de pagar el sueldo de un músico adicional. En *Juan Moreira* se utilizó un equipo de veinte guitarristas, encabezados por dos excelentes instrumentistas, José Ricardo ("guitarra

44

número 1") y Horacio Pettorossi ("guitarra número 2"). Gardel y Razzano quedaron muy impresionados por las aptitudes de Ricardo y lo invitaron a trabajar con ellos cuando finalizaran su compromiso con la compañía. José Ricardo había nacido en el barrio de Balvanera en 1888 y había trabajado de mecánico antes de iniciarse en el mundo del espectáculo; era un músico con experiencia. Para trabajar con el dúo tuvo que afeitarse su exuberante bigote, pues se pensaba que habría contrastado con la cara impecablemente rasurada de Gardel.

El 10 de diciembre de 1915 se celebró una función de gala en el San Martín en honor del ministro plenipotenciario de la Argentina ante España, el doctor Marco M. Avellaneda. Más tarde esa noche, Gardel, en compañía de Elías Alippi y Carlos Morganti, fue al Palais de Glace, un popular local nocturno (famoso por su champagne y sus tangos) cerca del elegante cementerio de la Recoleta. Mientras estaban allí, un grupo de jóvenes riñó con Alippi, y uno de ellos intentó atacarlo. Los dos actores y Gardel se apresuraron a dejar el Palais de Glace, alejándose en coche por la Avenida Alvear hacia Palermo. Fueron seguidos a cierta distancia por tres coches donde iban quienes querían agredirlos. El primer coche tuvo que detenerse de repente en una intersección: esto dio a los perseguidores una oportunidad para alcanzarlos y reiniciar la discusión con Alippi.

En este momento, por lo que sabemos, Gardel hizo una maniobra que convenció a los atacantes de que estaba armado, aunque no lo estaba. Uno de ellos, un tal Roberto Guevara, extrajo un revólver y exclamó: "¡Ya no vas a cantar más 'El moro'!", y le disparó a quemarropa. La bala entró por el costado izquierdo del pecho de Gardel. Sus amigos lo llevaron de prisa a un puesto de primeros auxilios y de allí a un hospital. Aquí los médicos resolvieron no extraer la bala, que permaneció alojada en el cuerpo de Gardel por el resto de su vida. La asustada doña Berta llegó al hospital. Sonriendo, el hijo le contó que se había caído contra un banco roto, y que un trozo de hierro le había provocado la herida. Doña Berta regresó a visitarlo el día siguiente, y para entonces la noticia ya había aparecido en el diario. Mientras madre e hijo conversaban, llegó el actor Roberto Casaux, ansioso de comentar los detalles del violento incidente. "¡Araca!", susurró Gardel, cuando su amigo se acercó sin reparar en la presencia de doña Berta, "¡que está la javie!". Al usar la palabra *vieja* "al vesre", Gardel ocultaba lo que estaba diciendo a su madre, cuyo conocimiento de las expresiones más demóticas de Buenos Aires era muy limitado. (Las mujeres rara vez usaban el lunfardo o hablaban "al vesre".) Casaux, alertado, supo que tenía que respaldar la historia con que Gardel justificaba la herida. [18]

La recuperación de Gardel después de este peligroso episodio fue rápida y total. En la primera semana del nuevo año, 1916, el dúo regresó a Montevideo para actuar en *Juan Moreira* con la compañía de Alippi. A mediados de febrero los cantantes viajaron a Mar del Plata, el gran balneario marino donde la alta sociedad de Buenos Aires (por no mencionar a miles de porteños comunes) se trasladaba durante las semanas más calurosas del verano. Aquí, en el teatro Odeón, compartieron el cartel con la actriz Orfilia Rico, la gran bailarina de flamenco Pastora Imperio (para quien Manuel de Falla acababa de escribir *El amor brujo*) y la muy popular cantante española Zazá (Teresa Maraval), todos ellos nombres familiares para el público argentino de esa década. Un reportero de *La Razón* entrevistó a Gardel y le preguntó por su salud, y Gardel respondió: "La bala no pudo ser extraída, pero debo confesar que no la siento, ni me molesta en ninguna circunstancia... pero no hablemos de cosas desagradables".[19]

Al fin del verano, Gardel y Razzano, con su nuevo guitarrista José Ricardo, conocido como "el Negro" por su tez oscura, regresaron a los escenarios de Buenos Aires y visitaron nuevamente varias ciudades de provincia. Un admirador del dúo, René Ruiz (que más tarde formaría un exitoso dúo con Alberto Acuña), se alojó con un primo en el mismo hotel donde paraban los tres artistas en la norteña ciudad de Tucumán. Decididos a conocer a Gardel, Ruiz y su primo, que habían venido a la ciudad desde una estancia que estaba a más de mil quinientos kilómetros, vencieron la resistencia inicial de Razzano y ganaron acceso al cuarto del hotel, donde Gardel y Ricardo estaban tendidos en el suelo haciendo gimnasia. Esto era muy necesario para Gardel, que pesaba más de la cuenta, aunque no tanto para Ricardo, que era más delgado pero estaba obligado (en parte contra su voluntad) a brindar apoyo moral a su empleador. Ruiz pronto se hizo muy amigo de Gardel. Después del espectáculo, al cual Ruiz y su primo fueron inmediatamente invitados, Gardel los llevó a una juerga que duraría toda la noche: un asado, vino en abundancia, bromas ligeras, y una canción de Gardel tras otra, con Ricardo tocando la guitarra. Razzano, cuyo matrimonio evidentemente le había impuesto hábitos más regulares, se fue a acostar, en parte disgustado con la frivolidad de su socio. Se disgustó aun más cuando esa conducta se repitió durante una semana noche tras noche. Por último Ruiz y su primo aceptaron, a pesar de la hostilidad de Razzano, acompañar a Gardel a Santiago del Estero, la próxima ciudad en el itinerario del dúo, para una nueva semana de parranda nocturna. Al despedirse de Ruiz, Gardel insistió en que si alguna vez iba a Buenos Aires reanudarían la relación: Ruiz siempre podía encontrarlo, dijo Gardel, en el restaurante El Tropezón.[20] Cuatro años después, Ruiz viajó a Buenos Aires y la amistad, en efecto, se reinició.

De vuelta en la Capital después de la gira, el dúo se presentó en el Club de Prensa de Buenos Aires (20 de agosto de 1916) para participar en el agasajo a tres célebres intelectuales españoles que visitaban la ciudad. Uno de ellos era José Ortega y Gasset, futuro autor de un libro aún famoso, *La rebelión de las masas*. Ortega se sintió muy conmovido por la intensidad emocional del arte de Gardel.[21] Una semana después el dúo actuó en el Teatro Nuevo de la calle Corrientes, dando el fin de fiesta para obras presentadas por una nueva compañía teatral formada por Elías Alippi y

Enrique Muiño. Esta compañía, excepcionalmente, iba a gozar de una existencia duradera y estable. Además de trabajar con la compañía Muiño-Alippi, Gardel y Razzano también actuaron en varias funciones a beneficio de una escuela religiosa, un escritor enfermo y, al final de setiembre, la Liga Argentina contra la Tuberculosis. Los organizadores de estas funciones, a menudo damas de la acaudalada elite porteña, ansiaban ahora contratar los servicios de estos artistas cada vez más populares. La obra caritativa de estas matronas de sociedad no cejaba, pese al hecho de que, políticamente hablando, la edad de oro de la elite llegaba a su fin: el 12 de octubre de 1916 el taciturno pero extrañamente carismático líder radical Hipólito Yrigoyen juró como presidente de la Nación, y una multitud entusiasta desenganchó los caballos del carruaje para arrastrarlo ella misma por la Avenida de Mayo. No se han registrado las opiniones de Gardel y Razzano sobre este triunfo democrático.

En todo caso, estaban bastante ocupados en ese momento. En esa época el teatro de varieté porteño crecía a pasos agigantados, mientras los empresarios se esforzaban para modificar la atmósfera algo picaresca que había prevalecido previamente en los teatros de varieté para montar espectáculos más adecuados para el público familiar. Uno de tales empresarios era José (Pepe) Costa, que últimamente se había hecho cargo del Teatro Esmeralda (ex Teatro Scala), una sala célebre por sus troupes visitantes de bailarinas francesas de cancán. La guerra europea dificultaba el viaje de tales compañías a Buenos Aires. Costa buscaba actos adecuados para lanzar la sala respetable que tenía en mente; la idea era producir una atractiva combinación de películas con espectáculos de varieté, con varios números por noche.

Gardel y Razzano, presentados, en el mejor estilo *music hall,* como Los Gardel-Razzano, debutaron en el escenario del Esmeralda el sábado 16 de setiembre en el espectáculo de las cinco de la tarde. En esta primera presentación, los acompañaban un bailarín de zapateo americano, Tony Wine, una cantante española, Antonia Costa (que entonces iniciaba un largo período en la Argentina), y una grácil y rítmica bailarina española, Elvira Pujol (alias La Satanela). Pero fueron Los Gardel-Razzano quienes conquistaron los aplausos más estridentes de esa velada; todo indica que fue otro éxito extraordinario para el aclamado dúo. Gardel y Razzano permanecieron en cartel en el Esmeralda seis semanas —la pequeña sala se colmaba noche tras noche— y regresaron allí a mediados de diciembre para un nuevo período de tres semanas. Entre los que compartían el espectáculo con ellos se encontraban los muy populares mimos italoargentinos Guido Appiani e Ida Negri (Los Appiani-Negri). En una función benéfica del 3 de enero de 1917, Appiani introdujo un número que repetiría en el resto de su carrera. Era una exagerada parodia de Gardel. Appiani, vistiendo una extravagante chaqueta, se sentaba en una silla en el centro del escenario, un pie apoyado en un banco, y rasgueaba una guitarra en miniatura mientras parodiaba el canto de Gardel. (Unos diez años después, abandonado por Ida Negri, Appiani murió en la pobreza; Gardel, Razzano y algunos electricistas y utileros se hicieron cargo del sepelio.)[22]

La popular parodia de Appiani quizá indica la creciente prominencia de Gardel. Obviamente algunos empezaban a reconocerlo como el miembro principal del dúo. Una joven que lo oyó en esa época (en un cine de la avenida Santa Fe) quedó muy impresionada por su personalidad. "Bastaba con que él saliera al escenario y sonriera, para que como un reguero de pólvora corriera por la sala. Todas las muchachas estábamos enamoradas de él."[23] Razzano, por la razón que fuera, no suscitaba tales reacciones. Era más hábil que su socio para establecer contratos y tratar con los empresarios —Razzano fue desde el principio el administrador del grupo—, pero resultaba menos convincente como artista. Tanto Gardel como Razzano cantaban como solistas al final de sus actuaciones; Gardel invariablemente cerraba el acto, a menudo con favoritos como "El moro" y "El pangaré". Pero si había tensiones incipientes dentro del dúo, no eran serias. Gardel era el más despreocupado, Razzano el más sobrio. Pero su compañerismo era real y sin duda lo más importante en la vida de Gardel.

El Esmeralda no fue el único teatro que impulsó al dúo hacia su posición de predominio en el teatro de variedades. Otro empresario, Humberto Cairo, había convertido el cine Empire de la calle Corrientes (demolido en los años 30, cuando se ensanchó la calle para convertirla en avenida) en una sala rival. Sus espectáculos de la sesión *vermouth* (al atardecer) estaban muy en boga. Cairo al principio fue cauteloso para contratar al dúo. Temía que las canciones gauchescas resultaran demasiado toscas para los oídos presuntamente sofisticados de su selecto público. Tal vez olvidaba que las matronas de la alta sociedad con frecuencia invitaban al dúo a cantar para sus causas benéficas. Huelga decir que al final Cairo se convenció. El éxito de Gardel y Razzano en el Empire (desde fines de marzo hasta fines de mayo de 1917), en todo caso eclipsó su propio triunfo en el Esmeralda. Regresarían una y otra vez a estos dos teatros. Entre quienes iban a escucharlos había estrellas operísticas del Teatro Colón. Una de ellas, el gran tenor italiano Tito Schipa, entablaría una gran amistad con Gardel con el paso de los años.

Las canciones criollas ya se habían consolidado como parte del repertorio de variedades. Gardel y Razzano, líderes indiscutidos en la especialidad, eran ahora frecuentemente imitados por artistas menores.[24] Su asombroso ascenso a la cima pronto quedó confirmado por indicios importantes. Durante su primera temporada en el Empire, los cantantes habían grabado sus primeros discos para el nuevo sello Nacional-Odeón, creado por Max Glucksmann, un individuo poderoso en la creciente industria discográfica argentina. Los discos ya se estaban convirtiendo en una parte esencial de la vida cotidiana, un factor que expandía enormemente los horizontes del entretenimiento popular, y los horizontes financieros de artistas como Gardel y Razzano. Glucksmann y sus tres hermanos dirigían una empresa floreciente que también distribuía películas extranjeras a las salas cinematográficas. Uno de sus empleados era José González Castillo (padre del célebre autor de tangos Cátulo Castillo y él mismo destacado letrista); traducía los subtítulos de las películas importadas por la empresa. Gran admirador del Dúo Gardel-Razzano, persuadió a Glucksmann y Mauricio Godard (jefe del departamento de grabaciones de la compañía) de escucharlos. Pronto se firmó un contrato que ofrecía al dúo una regalía de cuatro centavos por cada placa vendida. (Diez años después, cuando se introdujo la grabación eléctrica, la cifra se había elevado a treinta.)

El dúo hizo su primera grabación para Nacional-Odeón —una canción del dúo en un lado, un solo de Razzano del otro— el (o alrededor del) 9 de abril de 1917. Pronto se grabó un segundo disco, que también contenía un solo de Razzano. Aunque no hay certeza sobre la fecha de las siguientes grabaciones, parece probable que el dúo haya grabado un total de veinticinco canciones en 1917: trece por el dúo, cuatro por Razzano, ocho por Gardel.[25] Gardel, en efecto, pronto desplazó a su socio como solista.

Los discos tuvieron buena venta desde el principio, y el dúo no deslucía frente a las otras dos estrellas del sello Nacional-Odeón: Lola Membrives, una cantante de inmensa popularidad que también cultivaba el género criollo, y Roberto Firpo y su orquesta, la orquesta típica más pulida y profesional de fines de la década del 10. Quizá quepa mencionar aquí que el estudio donde el dúo grabó sus primeros discos para Glucksmann, una vieja casa cerca del Hotel Savoy de la calle Cangallo, pronto sería arrasado en 1918 por uno de los incendios más memorables de la época. El distinguido barítono belga Armand Crabbé estaba adentro en ese momento, grabando el Himno Nacional argentino. Se creyó que Gardel y Razzano también estaban adentro, pero en realidad acababan de salir del edificio. Crabbé y otros fueron rescatados por los bomberos, y no hubo víctimas.[26]

Es interesante indagar acerca de las razones del gran éxito del Dúo Gardel-Razzano en esa década y situar su trabajo en un contexto un poco más amplio. Como hemos visto, la fuente del arte del dúo se encontraba en las tradiciones musicales del campo y las provincias argentinas. Algunas de las piezas entonadas por Gardel y Razzano eran canciones folclóricas, compiladas y arregladas. El dúo también utilizaba canciones compuestas en un lenguaje básicamente tradicional y folclórico por músicos de la época, como su ex compañero Saúl Salinas, o como Cristino Tapia, un cordobés que aportó varias piezas populares al repertorio del dúo, o por otros. Gardel y Razzano también componían muchas de sus propias canciones, ciñéndose en general a formas y estilos tradicionales o semitradicionales. En las décadas del 40 y el 50, una nueva generación de artistas argentinos se volcaría nuevamente a la tradición folclórica y provinciana, en lo que se conoció como el auge del neofolclore: su producto internacionalmente más famoso fue la bella *Misa criolla* de Ariel Ramírez, cuyo LP se vendió en todo el mundo. Gardel, Razzano y sus contemporáneos habían sido sus predecesores.

Más aún, su música tocaba un nervio sensible de los argentinos, incluidos los porteños. El nativo, desconcertado por el internacionalismo (cultural y humano) de la vasta metrópoli, añoraba una auténtica tradición local, mientras que los inmigrantes y sus hijos, ansiosos de identificarse con la patria adoptiva, buscaban símbolos genuinamente locales. Los festivos centros gauchescos suburbanos, obsesionados por las vestimentas y habilidades gauchescas, eran un reflejo de ello, pues el gaucho —condenado como arquetipo del bárbaro por Domingo Faustino Sarmiento en su clásico *Facundo* (1845), exaltado como verdadero emblema de virtudes locales por el poeta José Hernández en su largo poema épico *Martín Fierro* (1872)—era por cierto una figura argentina del pasado instantáneamente reconocible.

En 1909 un reputado hombre de letras, Ricardo Rojas, publicó su obra *La restauración nacionalista*, exigiendo una refirmación de los valores argentinos nativos. Es dudoso que Gardel o Razzano alguna vez leyeran el famoso libro del doctor Rojas (es dudoso que leyeran demasiado), pero ellos y sus colegas estaban poniendo en práctica, en el nivel del entretenimiento ligero, lo mismo que él predicaba.

Los artistas populares del período y los que comentaban su trabajo no ignoraban estas cuestiones. La nueva puesta de *Juan Moreira* en noviembre de 1915 había sido acompañada por la publicación de algo que sólo puede describirse como un manifiesto nacionalista. "Para quien llega de otros países de Sud América —declaraba— la impresión desolante de nuestro hibridismo racial es tanta como la sorpresa grata de nuestro progreso... Desde este punto de vista, el culto a lo típico, a lo idiosincrático, a lo tradicional, es, más que un consuelo, un deber, en el peligroso instante de la transmutación."[27] En Córdoba, en 1916, un periódico local observaba que "dentro del cosmopolitismo que ha invadido el teatro de variedades, el Dúo Gardel-Razzano representa una nota simpática, singularmente grata para los argentinos. Hace revivir ... la canción criolla —la nuestra, la clásica— hoy relegada a postrer término en medio del indiferentismo cuando no del olvido común".[28] Un prospecto publicado por la empresa de Glucksmann para publicitar el contrato de grabación acordado con el dúo en 1917 lo enfatizaba sin ambigüedades.

La canción popular es la tradición, ¡y la tradición no muere! Hasta hace muy poco, la canción popular argentina no gozaba de ese prestigio que en todos los países del mundo goza el arte nativo... Pero... surgieron un día estos dos cantores criollos, Carlos Gardel y José Razzano, con alma de artistas y visión de poetas. Y he aquí que la canción criolla reclamó desde aquel momento un sitio espectable en las audiciones públicas...: se aristocratizó en arte... Ésa ha sido la obra de Gardel-Razzano, obra modesta pero patriótica y buena, largamente considerada y, acaso, largamente trascendental.[29]

Algún integrante de la compañía de Glucksmann debió de haber elaborado este expresivo manifiesto. Gardel y Razzano no lo podrían haber escrito. No obstante, resumía claramente el papel del dúo en la historia de la música popular argentina.

Poco después del inicio del contrato Nacional-Odeón, Gardel recibió una asombrosa invitación. Se le pidió participar en un filme que se estaba produciendo entonces, una versión para la pantalla de *Flor de durazno,* el hoy olvidado best-seller de Hugo Wast.[30] No se entiende bien por qué se llamó a Gardel. La película iba a ser muda: Gardel no cantaría. En esa época estaba excedido de peso (unos 120 kilogramos) y no tenía experiencia como actor, aunque por cierto recurría a una extraordinaria gama de expresivos gestos faciales cuando cantaba. Razzano, por su parte, convino en dejar en libertad a su socio por unas semanas. El filme, dirigido por Francisco Defilippis Novoa, fue rodado en parte en Buenos Aires, en parte en las sierras de Córdoba, "la Suiza argentina", según una guía turística de la época.[31] Aunque no es muy suiza, por cierto es una zona agradable por sus paisajes.

La actuación de Gardel en *Flor de durazno,* que en general no se considera uno de los mayores triunfos de la embrionaria industria cinematográfica argentina, no fue de ningún modo desdeñable, aunque su aparición en la pantalla revelaba su estado de obesidad. Él mismo tenía dudas acerca de su capacidad actoral. En un momento, incluso abandonó el set y fue a la estación para regresar a Buenos Aires. El director lo disuadió prometiéndole que incorporaría unas canciones a la película: aunque no se las oiría, esto apaciguó a Gardel. La estrella femenina de la película, Ilde Pirovano, más tarde atestiguó sobre el ánimo alegre y burlón de Gardel en el set y sobre su voluntad (su avidez, incluso) por cantar para los actores y técnicos durante los intervalos en la filmación. Constantemente fastidiaba a Pirovano (que era de origen italiano) para que le enseñara canzonettas napolitanas.[32] Ese viejo interés, adquirido en sus días del Abasto, aún permanecía muy vivo. Gardel fue siempre un hombre inquisitivo, y la curiosidad por la música parece haber sido una constante en su vida.

El filme se distribuyó a fines de setiembre de 1917. Para entonces, Gardel, Razzano y Ricardo estaban lejos, embarcados en otra gira. Esta vez se dirigieron hacia el oeste y cruzaron la gigantesca muralla de la Cordillera de los Andes —uno de los viajes en tren más espectaculares del mundo— para una visita de seis semanas en Chile, el vecino occidental de la Argentina. Resultó ser la única incursión de Gardel en un país donde, en años posteriores, las adhesiones fueron casi tan apasionadas como en la Argentina y el Uruguay. En 1917, por lo que sabemos, el dúo no causó ninguna impresión especial con sus actuaciones en Santiago, la capital chilena, o en Valparaíso, puerto principal aunque ya no tan próspero del país, ni en el elegante y cercano balneario de Viña del Mar, una versión chilena, más pequeña, de Mar del Plata.

En el Teatro Olimpo de Viña del Mar, el público fue regalado con un nuevo espectáculo. Gardel bailó un tango ("Montevideo", de Roberto Firpo) en el escenario con Roxana, una célebre cantante y escritora chilena de la época. Según Razzano, "eso fue un capricho del momento. Una ocurrencia jovial de la Roxana y Carlos. Éste era un gran bailarín de tango, por cierto, pero nunca pensó en poner en competencia los pies con su garganta maravillosa".[33] José Ricardo y Roxana también bailaron el tango en el Teatro Royal de Santiago un par de semanas más tarde, anunciando el acto como una demostración del "verdadero tango argentino", lo cual indujo a una revista chilena a observar que habría sido mejor un falso tango argentino.[34] El dúo abandonó Chile a mediados de noviembre. De regreso en la Argentina, los cantantes actuaron en teatros de Mendoza, Rosario y San Nicolás, donde el gran Parravicini también estaba en el programa. El inicio del año 1918 los sorprendió nuevamente en Montevideo. El 10 de enero se tomaron una licencia para asistir a un match de boxeo entre el uruguayo Ángel Rodríguez y el argentino Luis Ángel Firpo, que era uno de los muchos amigos que habían hecho durante su ascenso de cuatro años a la fama y a una relativa fortuna.

Había pocos indicios, a comienzos de 1918, de que esta situación cambiaría. Gardel y Razzano eran compañeros inseparables; José Ricardo trabajaba bien con ellos; las ofertas de los empresarios eran abundantes; en cuanto al repertorio criollo, parecía muy arraigado y popular, la gallina de los huevos de oro. Como Gardel conquistó tan extraordinario renombre como artista individual en la década del 20, a veces se olvidan o subestiman los años de su asociación artística con Razzano. De hecho, Gardel habría sido afectuosamente recordado por su papel en el dúo aunque su carrera no hubiera cobrado el giro que cobró después. A fines de la década del 10, los dos cantantes se contaban entre los artistas más buscados de la zona rioplatense. Tal vez tuvieran rivales en el afecto del público —actores, comediantes como Parravicini, y, cada vez más, directores de orquesta e instrumentistas de tango—, pero nadie los superaba. Habían llegado.

No obstante, se produjo un giro importante (en realidad ya había comenzado) en 1918. Gardel, como hemos visto, comenzaba a llamar la atención más que su socio. Esto fue reforzado por un acontecimiento vital (aunque también sorprendente). En 1917-18 Gardel descubrió (en verdad, en cierto sentido creó) una nueva forma de canción popular argentina, muy alejada del repertorio criollo del dúo. Éstos fueron los años en que Gardel y el tango argentino confluyeron al fin, los años en que este magnífico artista inició el ascenso gradual hacia su definitiva e indiscutida posición como figura suprema de la historia del tango.

NOTAS

1 García Jiménez publicó su biografía de CG en 1946. Se basaba fundamentalmente (aunque no exclusivamente) en las remembranzas de Razzano, "como si dictara sus memorias", como dice García Jiménez (García Jiménez [1951], pág. 7). La admirable capacidad de este autor para evocar el pasado quizá lo haya inducido a añadir ciertos toques antojadizos para perfeccionar la "atmósfera", pero el libro continúa siendo la única fuente real de información acerca de la relación inicial entre CG y Razzano. En 1976 se publicó una edición revisada.

2 García Jiménez (1951), págs. 32-35.

3 *Crítica,* 25 de junio de 1935: Defino, págs. 54-55.

4 A veces se ha afirmado que CG había grabado antes algunas canciones para el efímero sello Atlanta: García Jiménez (1951), pág. 62. En tal caso, nadie ha dado a conocer los discos en cuestión. Parece que el contrato entre CG y José Tagini se firmó en abril de 1912: ver S. Nicolás Lefcovich, *Estudio de la discografía de Carlos Gardel* (Buenos Aires,1985), prefacio.

5 Pesce, págs. 1388-89.

6 *Sucesos,* pág. 45.

7 García Jiménez (1951), págs. 58-63.

8 James R. Scobie, *Revolution on the Pampa* (Austin, Texas, 1964), pág. 64.

9 García Jiménez (1951), págs. 67-76.

10 Ibid., págs. 76-77.

11 Ibid., pág. 82.

12 Morena, pág. 29.

13 Jacobo A. de Diego, "El teatro: el gauchesco y el sainete", en José Luis Romero y Luis Alberto Romero, comps., *Buenos Aires. Cuatro siglos de historia* (Buenos Aires, 1983), 2:146.

14 "Parravicini" (26 de marzo de 1941): Ramírez, pág. 41. Ver también Enrique García Velloso, *Memorias de un hombre de teatro* (Buenos Aires, 1942), págs. 63-71. Parravicini se suicidó por temor a padecer una enfermedad mortal.

15 García Jiménez (1951), pág. 184.

16 Ibid., pág 89.

17 Ibid., págs. 96-97.

18 Joaquín de Vedia, *El Diario,* 26 de junio de 1935: Couselo y Chierico, págs. 33-34.

19 *La Razón,* 24 de febrero de 1916: Morena, pág. 369.

20 Sosa Cordero, págs. 77-78. El Tropezón estaba entonces en la calle Bartolomé Mitre; más tarde se trasladó a la avenida Callao, donde fue por mucho tiempo (hasta 1984) uno de los más admirables restaurantes tradicionales de Buenos Aires. He aceptado la fecha de Sosa Cordero para el episodio aquí descrito; podría haber sucedido un par de años después.

21 García Jiménez (1951), pág. 124.

22 Ibid., pág. 131.

23 Alicia Ezcurra (madre del letrista e historiador del tango Horacio Ferrer), citada en *Historia del tango,* 9:1601.

24 Como lo señaló *La Razón,* 12 de febrero de 1917: Morena, pág. 47.

25 Los detalles discográficos están en Morena, págs. 265-66.

26 García Jiménez (1951), págs. 140-41.

27 Ibid., págs. 102-3.

28 Ibid., pág. 132.

29 Ibid., págs. 143-44.

30 Traducida al inglés como *Peach Blossom* (1929). Alrededor de la misma época, se-

gún algunos, CG también participó en una segunda película muda dirigida por Defilippis Novoa, *La loba*. No conocemos la fecha exacta, pero parece haber tenido el mismo elenco que *Flor de durazno*.

31 Albert B. Martínez, *Baedeker of the Argentine Republic*, 4a. edición (Nueva York, 1915), pág. 391.

32 *Historia del tango*, 9:1399.

33 García Jiménez (1951), pág. 157.

34 *Corre-vuela,* Santiago de Chile, N° 513, 24 de octubre de 1917: *Sucesos,* pág. 51.

3. EL NACIMIENTO DEL
TANGO CANCIÓN

1917-1925

El tango argentino nació aproximadamente una década antes que Carlos Gardel. Algunos lo consideran el segundo baile más famoso de la historia, sólo superado por el vals en celebridad mundial. Como el vals, el tango se asocia ante todo con una ciudad. Al contrario del vals, el tango se originó en dicha ciudad, pues, aunque el vals inició su carrera de fama internacional en Viena, no había nacido en la ciudad misma. La relación del tango con Buenos Aires, en cambio, comenzó desde el principio.

No obstante, existe una nube de incertidumbre en cuanto a sus orígenes precisos. Nadie puede señalar el tiempo o lugar exacto en que se bailó el primer tango; un debate incesante y algo infructuoso rodea su lugar de origen. Lo único que se puede establecer con razonable certeza es que el tango nació en los arrabales de Buenos Aires alrededor del año 1880. Debía mucho a dos ancestros inmediatos: primero, el baile argentino llamado milonga; y segundo, la internacionalmente famosa habanera hispanocubana, cuyo linaje a veces se ha rastreado a través de la contradanza española y la *contredanse* francesa hasta la *country-dance* inglesa del siglo diecisiete (de donde tomó su nombre la *contredanse* francesa). Una influencia más difícil de rastrear pero no obstante vital fue la tradición de música y baile común en los distritos porteños donde vivían comunidades de negros y mulatos.[1]

Todos estos elementos influyeron en la formación del tango; una danza en tiempo de 2/4 con un ritmo más rápido que el de la habanera. Era una improvisación popular, una fusión espontánea de elementos toscos en una creación genuinamente nueva. Como baile, tenía una figura fuertemente sensual e incluso lasciva[2], que se fomalizó más a medida que el tango ingresaba en la sociedad elegante.

Por cierto no se inició allí. Los intentos de localizar su cuna exacta están condenados al fracaso. Una fuerte tradición (que no es más que eso) asocia sus orígenes con el distrito entonces conocido como Corrales Viejos (la zona del moderno barrio de Parque Patricios), en esos tiempos un arrabal en la franja sur de la ciudad, donde hasta 1903 estuvo situado el matadero municipal. Es más probable que el tango creciera en diversos arrabales como ése, en improvisados salones de baile (algunos con piso de tierra) y burdeles. Su origen social era pobre, marginal, e incluso semidelictivo. Por esta razón fue repudiado largo tiempo por la alta sociedad argentina, aunque los jóvenes sedientos de placer de la clase alta desempeñaron su papel en la propagación del tango por la ciudad.

Al filo del siglo la tradición musical del tango comenzaba a desarrollarse rápidamente. Las orquestas de la época aún eran primitivas y toscas. Los tercetos y cuartetos predominaban, y los instrumentos más comunes eran la guitarra, la flauta, el violín, el piano (a veces) y el bandoneón: este pariente del acordeón fue inventado en Alemania a mediados de la década de 1830 y apareció en la Argentina en el tercer cuarto del siglo diecinueve. Sea cual fuere la razón (y a pesar de que todos los bandoneones se fabricaban en Alemania) se convirtió poco a poco en el instrumento esencial del tango. A principios de siglo, orquestas de tango tocaban en los cafés de La Boca, donde la gente escuchaba la música más que bailarla; las primeras estrellas de la tradición comenzaban a despuntar. Sólo unos años más tarde, el tango y su música invadieron el Centro, donde se instaló en cafés y pistas de baile, incluidos los de la calle Corrientes. Esta calle tiene un significado casi legendario para la tradición del tango y, como hemos señalado, fue la calle adonde se mudaron doña Berta y su hijo al comenzar el siglo. Los cabarets como el Armenonville y el Palais de Glace también se transformaron en reductos del nuevo baile.

El tango ya había propagado su influencia lejos de Buenos Aires y Montevideo (donde también echó raíces en una fecha muy temprana). A principios de la década del 10 lanzaba una triunfal ofensiva en el Viejo Mundo. La "tangomanía", una extraordinaria chifladura social, alcanzó su cima en Europa justo antes de la Primera Guerra Mundial. El popular caricaturista francés Sem rebautizó a París llamándola Tangoville. Los "tés de tango" (por no mencionar los "vermuts de tango" y las "cenas de tango") se convirtieron en furor universal. "El año 1913", escribió una inglesa de la época, "podría llamarse 'el Año del Tango', pues dicho baile ha provocado más charlas ... que cualquier otra cosa".[3] Obispos, cardenales e incluso el papa Pío X se pronunciaron contra ese baile que juzgaban lúbrico e inmoral; los emperadores de Austria-Hungría y Alemania prohibieron a sus soldados bailarlo cuando vestían uniforme. Como el vals y la polca anteriormente, y como el charlestón unos años después, el tango superó todos esos escollos.

La sociedad elegante de la Argentina consideraba a Europa como fuente de todo gusto, intelecto y sabiduría. Su original aversión al tango —"ese reptil de lupanar", como lo describió el escritor Leopoldo Lugones— se dulcificaría una vez que la alta sociedad europea elevara ese baile al rango de última moda. "París, que todo lo impone, ¿acabará por hacer aceptar en nuestra buena sociedad el tango argentino?", se preguntaba una revista porteña en 1911.[4] De hecho, el baile nunca careció de poderosos aliados locales. El barón Antonio Demarchi, célebre deportista y hombre de sociedad, lo promovió fervientemente. Y en septiembre de 1913, un festival de tango celebrado en el Teatro Palace de la calle Corrientes (parte del creciente imperio de Max Glucksmann) contó con el auspicio de un comité de damas cuyas credenciales oligárquicas eran impecables. El esnobismo reprobatorio puede haber perdurado un tiempo en ciertos círculos, pero el triunfo del tango en su propia patria, tan extrañamente demorado por engolados prejuicios, estaba ahora asegurado.

El tango comenzó como baile (con el tiempo se convirtió además en un color, una letra del alfabeto radial internacional, e incluso, en algunos países, en una gaseosa y una barra de chocolate) y para la mayor parte del mundo siempre ha sido sólo eso, un baile cuya sensualidad original se sometió a una respetabilidad de salón. En la Argentina, en cambio, el tango también se consideró desde un principio como una tradición de música popular. Las vivaces melodías e irresistibles ritmos de esta música exigían el añadido de una letra, y con el tiempo se le añadió. Varios artistas —Linda Thelma, Pepita Avellaneda y Alfredo Gobbi, entre otros— se hicieron famosos a principios de siglo cantando versos con música de tango. Lo mismo sucedió con Ángel G. Villoldo, prolífico compositor, notable versificador, instrumentista y cantante, cuyos múltiples logros llevaron a muchos a considerarlo como el padre del tango, lo cual, lamentablemente, no le impidió morir en la pobreza en 1919.[5] No obstante, a pesar de antecedentes tan ilustres, el tango canción como forma acabada no existía cuando Gardel y Razzano irrumpieron en la escena porteña. Los versos de tango tendían a ser de tono ligero y deficientes en el "argumento".

> Soy la morocha argentina,
> la que no siente pesares,
> y alegre pasa la vida
> con sus cantares.[6]

Esto no brindaba mucho material a un cantante popular como Gardel; aún no se habían inventado letras de tango que describieran una situación o contaran una historia. Ante todo, no existía una verdadera tradición.

Todo esto estaba por cambiar. El principal agente del cambio fue el escritor Pascual Contursi. Nacido en Chivilcoy en 1888, se crió en el distrito porteño de San Cristóbal, trabajando cuando joven en una zapatería, y pasando buena parte de su tiempo libre montando espectáculos de títeres. El teatro y la vida nocturna eran lo que más le interesaba, y a mediados de la década del 10 vivía en Montevideo, donde era asiduo concurrente de locales nocturnos como los cabarets Moulin Rouge y Royal Pigall. Contursi estaba obsesionado con la idea de combinar melodías de tango con letras adecuadas, acabadas, con valor propio. Cuando conoció a Gardel y Razzano (muy probablemente cuando ellos visitaron Montevideo por primera vez, en 1915) ya había escrito varias letras de ese tipo, pero ninguna había despertado el menor interés.

Un tango que fascinaba especialmente a Contursi era "Lita", del pianista Samuel Castriota, el amigo que había rescatado a José Razzano y Roberto Casaux de su escapada juvenil en Montevideo una década antes. Los versos que escribió Contursi para adaptarlos a esta melodía —como todos los tangos de la época, se componían de dos tramos seguidos por un tercero, el llamado trío— describían las cuitas de un amante abandonado que bebía para olvidar sus penas en un cuarto solitario. El texto también estaba salpimentado de términos lunfardos.

> *Percanta que me amuraste*
> *en lo mejor de mi vida,*
> *dejándome el alma herida*
> *y espinas en el corazón...*
> *Para mí ya no hay consuelo*
> *y por eso me encurdelo*
> *pa' olvidarme de tu amor...*
> *Y la lámpara del cuarto*
> *también tu ausencia ha sentido,*
> *porque su luz no ha querido*
> *mi noche triste alumbrar.*

Es muy probable —no se puede ser más preciso— que Gardel viera la letra de Contursi para "Lita" durante la visita del dúo a Montevideo en enero de 1917. Le gustó la canción y descubrió que le agradaba cantarla, al menos en privado, a sus amigos, aunque se apartaba de su repertorio normal. ¿Tendría éxito en el teatro? Gardel por cierto titubeó antes de probar suerte en público. Toda su carrera demuestra que escogía muy cuidadosamente su repertorio. La decisión de *cantar* un tango era sin duda difícil. Más tarde Razzano le comentó a Osvaldo Sosa Cordero: "Antes de librarlo al público, yo mismo le pedía a Gardel que cantara ese tango en cuanta ocasión se presentaba. Queríamos pulsar la reacción de los oyentes. Y, cosa curiosa, las más entusiasmadas eran las mujeres, aunque no entendieran las palabras en lunfardo, que luego se las explicábamos Carlos o yo. Y preguntábamos, ansiosos: ¿Qué les parece? ¿Cómo lo tomará el público? La respuesta era unánime: ¡Será un éxito!"[7]

Y lo fue. Gardel rebautizó la canción "Mi noche triste", por la frase del último verso de Contursi, y la cantó una noche en una de sus actuaciones como solista, quizá (aunque no puede haber certeza al respecto) durante el segundo período del dúo en el Empire, en 1917, entre fines de julio y principios de setiembre.[8] Se ha debatido mucho sobre la rapidez con que la canción alcanzó popularidad. La tradición sostiene que fue un éxito instantáneo, aunque algunos sospechan que tardó un poco en conquistar el aplauso público; quizá no tenga importancia, pues lo cierto es que la canción llegó a ser un éxito. Gardel la grabó poco después, y —un indicio interesante del eco de la canción— Roberto Firpo y su orquesta también lo hicieron, en una versión no cantada pero con el nuevo título. El disco de Gardel salió a la venta a mediados de enero de 1918 y todo nos indica que fue un éxito permanente que vendió miles de placas.[9]

Fue sin duda este éxito popular lo que persuadió a la compañía de teatro Muiño-Alippi de incluir la canción en una comedia de un acto, *Los dientes del perro*, de José González Castillo y Alberto Weisbach, que planeaban poner en el Teatro Buenos Aires en abril de 1918. La desenfadada actriz Manolita Poli la cantaba como pieza central de una escena de cabaret de la obra. Esto de alguna manera fascinó al público, y la obra permaneció largo tiempo (más de 500 representaciones) en escena. Desde luego, Gardel mismo cantó "Mi noche triste" cuando el dúo regresó al familiar escenario del Esmeralda ese mismo mes.

El renombre de la canción también atrajo al Esmeralda a un violinista de diecisiete años que entonces tocaba en la orquesta típica de Eduardo Arolas. Su padre, inmigrante italiano y director de una escuela de música, lo había expulsado del hogar por esta razón. El joven se las ingenió para entrar en el camarín de Gardel. "Decime, criatura", dijo Gardel. "¿Vos tocás con Arolas? Bueno, te daré mi mejor foto." Luego se abrazaron cordialmente.[10] El nombre del violinista era Julio de Caro, a quien pronto se consideraría uno de los más grandes (el más grande, para algunos) directores de orquestas de tango. Él y Gardel —ambos cumplían años el mismo día, aunque Gardel era nueve años mayor— se verían con frecuencia en los años siguientes, a menudo en el hipódromo de Palermo.

La popularización de "Mi noche triste" por Carlos Gardel siempre se ha considerado un momento decisivo en la historia de la música popular sudamericana, el momento en que nació el tango canción como tal. Es verdad que la letra de Contursi significó un giro decisivo. No obstante, la nueva forma tardó tres o cuatro años en conquistar el gusto popular. Gardel aún ni pensaba en alterar radicalmente su repertorio. El dúo configuraba una empresa pujante, y en los dos o tres años siguientes no hubo ningún cambio dramático en la estructura que Gardel y su socio habían creado con tanto éxito: presentaciones en el Esmeralda (especialmente) y el Empire; actuaciones (ahora menos frecuentes) en compañías teatrales; breves temporadas en Montevideo, la agotadora rutina —interminables viajes en tren, un hotel tras otro— de las giras provinciales.[11] ¿Qué impresión produjo el Dúo Gardel-Razzano en el público en ese período? Osvaldo Sosa Cordero, futuro cronista del teatro de variedades porteño, vio a los cantantes en el Esmeralda a fines de la década del 20, cuando aún era adolescente.

El cortinado... se levanta, dejando ver sobre la escena a oscuras, tres sillas —dos adelante, una atrás— con sendas guitarras, resplandecientes en el impacto de luz del reflector. De inmediato aparecen, en medio de una salva de aplausos, tres hombres: Gardel, Razzano y Ricardo. Saludan. El primero, sonriente; serios los otros. Se sientan. Acomodan sus instrumentos durante instantes que nos parecen siglos. En la sala decrece el murmullo hasta tornarse silencio absoluto. Las guitarras atacan, por fin, el breve "punteo". Tras él afloran las dos voces, cálidas, gratas... Gardel es bastante gordito y quizá un poco más bajo de lo que sospechábamos. Se peina con raya al medio. Subraya la intención de ciertos versos con movimientos de cabeza y gesticulación exagerada. Al finalizar, desgrana la blancura de sus dientes en una amplia sonrisa. A su lado Razzano, con abundante cabellera undosa peinada hacia atrás, boca pequeña, continente serio, canta con aguda voz de tenorino... Más atrás el "morocho" Ricardo, tieso en su smoking, ...arrancando primores al encordado, y de sus ojos chispeantes, mirando alternativamente a los cantores, atento al detalle de los matices interpretativos...[12]

Al margen de su trabajo en escena, Gardel y Razzano visitaban cada vez con mayor frecuencia el estudio de grabación de Max Glucksmann. Su contrato les brindaba cómodos ingresos; los discos llevaban sus canciones a un vasto público, especialmente las de Gardel, cuyas actuaciones como solista comenzaban a superar las actuaciones del dúo. Glucksmann mismo sin duda veía al dúo como una "propiedad" codiciable. En parte con el objeto de promover sus discos de Nacional-Odeón, Glucksmann incluyó a Gardel y Razzano en una extensa gira junto con su otra atracción, la orquesta de Roberto Firpo. El itinerario, que abarcaba una vasta franja de la provincia de Buenos Aires y distritos adyacentes, ocupó los últimos tres meses de 1918. Los músicos fueron ovacionados en todas partes y a veces recibieron generosa hospitalidad. A mediados de octubre, por ejemplo, en Necochea, Gardel, Razzano y Firpo pasaron tres días en una de las estancias más extensas de la zona, a invitación de su oligárquico propietario, Eustaquio Martínez de Hoz, un gran aficionado de la música criolla. Poco después, quizá como una recompensa, Gardel y Razzano le dedicaron su tonada "La Yegüesita".

El más célebre episodio de esta gira se produjo un mes después. En el hipódromo de Palermo de Buenos Aires, el domingo 10 de noviembre, la Copa Carlos Pellegrini (una de las carreras más importantes en el calendario turfístico argentino) produjo un resultado sensacional: Botafogo, sin duda el caballo argentino más célebre de su tiempo, fue derrotado por Grey Fox, relativamente desconocido, aunque montado por un soberbio jockey, Domingo (Mingo) Torterolo. El episodio electrificó a toda la Nación Argentina, casi eclipsando la noticia (al día siguiente) del final de la Primera Guerra Mundial. Se esgrimieron toda clase de teorías para explicar la inexplicable derrota de Botafogo. ¿Era simplemente la pericia de Mingo Torterolo? Los propietarios de los caballos aceptaron organizar una carrera especial para el domingo siguiente, apostando 20.000 pesos (destinados a caridad) sobre el resultado. Un periodista turfístico acuñó una frase —*ila gloriosa incertidumbre!*— que de algún modo resumía el estado de ánimo nacional.

Gardel y Razzano, ambos adictos al turf, se encontraban con Firpo en el pueblo de General Pico. Ellos también participaban del frenesí general. Al final, la tentación de regresar a Buenos Aires para presenciar la segunda carrera resultó irresistible. Los cantantes prepararon sus planes. A medianoche del viernes, tras haber persuadido a Firpo de acostarse temprano, se marcharon sigilosamente del hotel y viajaron unos cien kilómetros en taxi por la pampa hasta la estación de Trenque Lauquen para tomar el tren de las siete de la mañana a Buenos Aires; y cuando la gloriosa incertidumbre se resolvió, el domingo 17 de noviembre, cuando Botafogo cruzó la línea de llegada con doscientos metros de ventaja sobre Grey Fox, Gardel y Razzano estaban allí para verlo. Roberto Firpo tomó con bastante filosofía la temporaria deserción de sus amigos, que lo habían dejado en una situación embarazosa en General Pico. "Con estos locos nunca se estaba tranquilo", comentaría más tarde.[13]

Como a menudo en años anteriores, en 1918-20 el Dúo Gardel-Razzano se avino a actuar en funciones de beneficencia cuando se lo solicitaban y, más aún, a desempeñar el papel tan común en las personalidades de la farándula: el de estar presentes en una amplia variedad de espectáculos públicos. Los cantantes estuvieron entre quienes contribuyeron a formar la Sociedad Internacional de Artistas de Variedades de Socorros Mutuos, en julio de 1918[14], y siempre estuvieron dispuestos a asistir a colegas en desgracia. Vale la pena recordar un ejemplo. El 12 de agosto de 1919, en el Teatro Avenida, participaron en una espectacular función de beneficencia en ayuda del actor Pablo Podestá, un amigo con quien habían trabajado a menudo en esos años. La función de cinco horas incluía fragmentos de obras, monólogos cómicos de Parravicini, canciones de Zazá, bailes de La Argentina (Antonia Mercé) y multitud de actos similares; el dramaturgo Enrique García Velloso dijo un discurso en homenaje al actor. Se justificaba. El teatro argentino moderno no ha visto un artista mayor que Pablo Podestá. Su actuación en un sinfín de papeles fue de un vigor y una intensidad incomparables. Últimamente, sin embargo, su cordura se había deteriorado tanto que sus amigos tuvieron que internarlo en una clínica. (Una vez instalado allí, telegrafió a un colega: DISUELVE LA COMPAÑÍA. EMBÁRCATE EN SEGUIDA. SOY PRESIDENTE DE LA REPÚBLICA.)[15]

Unos diez meses después, al fin de otra temporada en el Empire, Razzano se internó en el hospital para operarse de la garganta. Gardel lo visitaba

61

con frecuencia. Casualmente, el hospital estaba cerca de la clínica del doctor Gonzalo Bosch, donde estaba internado Podestá. Una tarde, los dos hombres salieron a caminar y se cruzaron con José Juan y Antonio, los hermanos de Podestá, que iban a ver a Pablo. Gardel y Razzano los acompañaron. Podestá gozaba de un raro intervalo de lucidez y se alegró de ver a sus viejos amigos. Les pidió que cantaran para él. Razzano, desde luego, no podía complacerlo. Podestá tomó su cello (un instrumento que adoraba) y acompañó a Gardel en el popular estilo "Amargura". En palabras de Razzano: "La voz de Carlos se quebraba en sollozos... Nosotros, escuchando, conteníamos los nuestros ... Pero el semblante de Pablo estaba transfigurado en un éxtasis dichoso".[16] Fue quizá uno de sus últimos instantes de dicha; murió menos de tres años después, el 26 de abril de 1923.

Entretanto, el tango canción se introducía tenazmente en la vida de Gardel y en la cultura popular argentina. La firmeza con que Gardel había cantado "Mi noche triste" se puede apreciar escuchando su grabación de 1917.[17] Su voz hondamente emotiva y su profundo sentido rítmico parecían hechos a propósito para esas canciones. Inadvertidamente había creado un estilo para cantarlas. Y ahora aparecían autores con nuevas letras —y encontraban compositores para acompañarlas— con la esperanza de emular el éxito de Contursi. Huelga decir que Contursi mismo estaba entre ellos, y en 1918 compuso el segundo tango que grabaría Gardel. Se trataba de "Flor de fango", con su retrato de una pobre muchacha que se extravía en una vida de tangos, champagne y hombres sin escrúpulos.

Tu cuna fue un conventillo
alumbrado a kerosén.
Justo a los catorce abriles
te entregaron a las farras
las delicias del gotán;
te gustaron las alhajas,
los vestidos a la moda
y las farras de champagne.

Gardel grabó la canción en 1919. También fue cantada en escena por la actriz María Luisa Notar, en la comedia *El cabaret Montmartre* de Alberto Novión: tanto los dramaturgos como los empresarios habían advertido la popularidad de las escenas de cabarets donde se cantaban tangos. Aun el exquisito Leopoldo Lugones se dignó reparar en el éxito de "Flor de fango" y mencionó al tango y su autor en un cuarteto que escribió en esa época.[18] Contursi escribió otras letras de tango —"Ivette", "Pobre paica"— que Gardel grabó durante esta etapa inicial.

Ahora la marea crecía con fuerza. Alrededor de 1920 el periódico *Últi-*

ma hora organizó un concurso de versos escritos en lunfardo: uno de los poemas editados fue una letra de tango del joven Celedonio Flores. Gardel y Razzano la leyeron y gustaron de ella. Gardel la cantó en escena y decidió grabarla con el título "Margot". Se pusieron en contacto con Flores, que acordó encontrarse con Gardel en el estudio de Glucksmann (ahora situado en un piso alto del cine Grand Splendid, en la calle Santa Fe). Gardel bromeó con Flores sobre su aire juvenil y de inmediato le cobró simpatía. "Nos tuteábamos a la hora de estar conversando", dijo Flores más adelante. Los dos hombres fueron excelentes amigos desde el comienzo. En este primer encuentro Flores mostró a Gardel otra letra de tango que había compuesto, "Mano a mano". Gardel se entusiasmó en seguida; con ayuda de Razzano pronto le puso música. Flores estaba con su nuevo amigo cuando se completó la tarea, y notó que Gardel "llamó a su madre, una viejita a quien quería entrañablemente, para que escuchara el tango que había escrito". Flores tuvo la impresión de que Gardel "consultaba a su madre para todo".[19]

Otros dos escritores deben mencionarse por su aporte al creciente aluvión de letras de tango que pronto se convirtió en torrente. El prolífico Francisco García Jiménez fue uno de los primeros competidores entre los letristas. Su "Zorro gris", con música de Rafael Tuegols, fue grabado por Gardel en 1921. El primer encuentro entre el letrista y Gardel se verificó en esta misma época, en los estudios de Glucksmann. Y como compositor de música estaba el notable Enrique Delfino (Delfy), que contribuyó decisivamente a dar al tango canción su forma y estructura definitivas: dos estrofas (generalmente de dieciséis compases cada una), repetidas en una secuencia *abab*. Delfino era el autor de "Milonguita", cuya melodía es una de las más pegadizas y evocativas de todo el repertorio de tangos. La letra de Samuel Linning era otro retrato (ciertos definidos estereotipos del tango ya estaban surgiendo) de una muchacha caída en la perdición.

> *Cuando sales a la madrugada,*
> *Milonguita, de aquel cabaret,*
> *toda tu alma temblando de frío,*
> *dices: ¡ay! si pudiera querer...*
> *¡Ay! qué sola... te sientes.*
> *Si lloras... dicen que es el champán.*

La noche en que Osvaldo Sosa Cordero vio por primera vez a Gardel en el Esmeralda, "Milonguita" era el único tango reclamado por el público. Gardel lo grabó antes de fines de 1920. María Esther Podestá también lo había cantado en teatro ese mismo año en una escena de cervecería alemana de la obra *Delikatessen Hause* de Alberto Weisbach y Samuel Linning. Obtuvo un resonante éxito cuando lo cantó la gran actriz española Raquel Meller, cuya visita a Buenos Aires en 1920 fue uno de los acontecimientos teatrales del año.

Siguiendo los pasos de Gardel, otros cantantes argentinos pronto empezaron a cultivar el tango. Dos cuya reputación se acercaría luego a la de Gardel eran Ignacio Corsini y Azucena Maizani, que se hicieron famosos a principios de la década del 20. Corsini, actor y amigo de Gardel[20], se inició en el tango con "Patotero", cantado en el Teatro Apolo en mayo de 1922. Fue un gran éxito: Gardel se preocupó por ir al camarín de Corsini para felicitarlo. Jamás hubo rivalidad entre los dos grandes artistas. Poco después, cuando apareció en un teatro de Montevideo donde vio a Corsini sentado en un palco cerca del escenario, Gardel anunció al público que tendría que "cantar como nunca", pues su amigo Corsini era "el único que me hace sombra en Buenos Aires".[21] Los dos a menudo cenaban juntos, después de sus respectivos espectáculos, en El Tropezón.

Azucena Maizani, considerada por muchos la mejor vocalista femenina de tango, se inició en el género en el Teatro Nacional el 23 de junio de 1923, con un tango llamado "Padre nuestro", que no es tan religioso como sugiere el título.

> Padre nuestro, qué amargura sentí ayer,
> cuando tuve la noticia...
> que tenía otra mujer.

El público le hizo repetir esta pieza cinco veces. La música pertenecía a Delfino, y la letra al prolífico comediógrafo Alberto Vaccarezza. Ese mismo año Maizani grabó el tango con la orquesta de Francisco Canaro. Ella y Canaro fueron a escuchar las primeras pruebas del disco en el local de Glucksmann en la calle Florida. Gardel se encontraba allí. Francisco Canaro, que ya era fanático del cantor —también era entusiasta del turf, y había visitado Palermo el día de la famosa carrera entre Botafogo y Grey Fox—, hizo la presentación formal. La consecuente amistad, en palabras de Maizani, quedó "acentuada por una recíproca corriente de simpatía, aunque en mi caso quizá fuese exacto hablar de respeto, de asombro, casi de magia. Nunca hubo ni podrá haber un cantor igual ni hombre de su dimensión humana".[22]

Sin duda en esa época se operó un giro decisivo a favor del tango canción en el gusto argentino. El tango, en la expresiva frase del dramaturgo Agustín Remón, se había elevado de los pies a los labios. En una comedia producida en 1921, los escritores Manuel Romero y Alberto Novión subrayaban la nueva pasión del público.[23]

> Cuando el tango se inventó
> era nada más que un baile...
> Pero ahora es una canción
> y de las más populares...
> Todo el mundo canta el tango.

Entre 1917 y fines de 1921, Gardel grabó diecisiete tangos (de cuarenta y una grabaciones como solista en total);en 1922 grabó veinte (de veintinueve grabaciones como solista), y en 1923, treinta y tres (de cuarenta y cuatro grabaciones como solista). Los tangos ahora ocupaban un lugar prominente en su repertorio teatral. La marea había cambiado, pues a partir de entonces sería ante todo un cantor de tangos. El cantor de tangos.

Quizá se trataba menos de una decisión consciente que de la aceptación natural de una promisoria y nueva forma musical, una forma para la cual su voz resultaba ideal. Pues el tango era ahora el componente fundamental del entretenimiento popular argentino en cabarets y cafés, en pistas de baile y teatros, en discos y (a partir de ahora) en la radio. El hecho de que fuera un invento local, una auténtica creación argentina de renombre mundial, aumentaba su atractivo. Más aún, alrededor de 1920 se observó un cambio notable en la calidad de la música de tango, pues orquestas muy profesionales, ahora habitualmente sextetos (dos bandoneones, dos violines, un piano y un contrabajo) reemplazaban a los precarios tercetos y cuartetos de épocas anteriores. Una generación de excelentes directores —Roberto Firpo, Francisco Lomuto, Francisco Canaro, Osvaldo Fresedo, Juan Carlos Cobián, y pronto el mismo gran Julio de Caro— imprimían su rúbrica inolvidable, inaugurando una edad de oro del tango que duraría treinta años en la Argentina. En el lenguaje de los historiadores del tango, La Guardia Nueva reemplazó a la Vieja.

El mundo del espectáculo porteño nunca había sido más animado. Un engolado escritor inglés de la época declaró que los "únicos motivos de queja" en la ciudad eran "el elevado costo de la vida lujosa, la predominante algarabía, [y] la excesiva cantidad de italianos".[24] La predominante algarabía era real, sin duda. La década del 20, emparedada entre la guerra de los años 10 y la Depresión de los años 30, fue un período de inocente frivolidad, no sólo en Europa y Norteamérica sino también en la Argentina. Las exportaciones de carne y granos nuevamente traían vastas riquezas a la Argentina; los salarios mejoraban; Buenos Aires se había transformado en lo que aun ese quisquilloso inglés describía sin titubeos como "una de las mejores ciudades del mundo".[25] Era (si tales afirmaciones tienen algún sentido) una década feliz, y en esa década los argentinos se entregaron con regocijo al contagioso ritmo de su más famosa creación. Así, al margen de su extraordinario talento, Carlos Gardel fue el hombre apropiado en el lugar apropiado y en el momento apropiado.

En diciembre de 1920 cumplió treinta años. Dos meses antes fue al consulado uruguayo de Buenos Aires y se registró como uruguayo, alegando que había nacido el 11 de diciembre de 1887 en la ciudad de Tacuarembó, más de trescientos kilómetros al norte de Montevideo.[26] Este acto sorprendente reclama algo más que un comentario al pasar. Al margen de cualquier otra razón, dio ocasión, después de la muerte de Gardel, a interminables discusiones sobre su auténtico origen.[27] ¿Por qué falseó Gardel deliberadamente los detalles de su nacimiento? Los compañeros de juventud que lo llamaban "el francesito" no podían tener dudas en cuanto a su origen. Pero es obvio que su creciente fama indujo a Gardel a ocultarlo, quizá porque temía complicaciones con las autoridades francesas, o porque creía que una falsa identidad local sería útil para su carrera. Si creía lo segundo, cometía un grave error, pues —como dicen los versos de sir Walter Scott— "¡Oh, qué enmarañada telaraña tejemos, / cuando practicamos el engaño!".

¿Qué documentos de identidad poseía Gardel antes de su visita al consulado uruguayo? No lo sabemos. En ausencia de toda prueba documental, sólo nos queda especular, con la ayuda de asertos, insinuaciones, vagas reminiscencias de quienes conocieron al cantante. A menudo se sugiere que Gardel, en un momento inicial de su carrera, recibió documentos de identidad provistos por sus amigos conservadores —y tenía muchos, después de tantas noches en los comités— y que, específicamente, recibió ayuda de Alberto Barceló, el poderoso caudillo político de Avellaneda, la populosa ciudad obrera al sur del Distrito Federal. Alberto Barceló fue uno de los más notables (quizá el más notable) caudillos urbanos de la historia argentina del siglo veinte. Él y sus hermanos integraban, en palabras de un diputado socialista (Enrique Dickmann) en 1916, "una dinastía inconmovible, que tiene sobre el pueblo un poder de sugestión, de atracción inexplicable".[28] Avellaneda (que antes de 1904 se llamaba Barracas al Sur) era su reino; con la ayuda de cortesanos tales como el notorio Juan Ruggiero (Ruggierito) —caudillo, persona influyente y pistolero, finalmente muerto a balazos frente a la casa de su amante el 21 de octubre de 1933—, los Barceló lograban inmiscuirse en todos los asuntos de la ciudad, fueran legales o no. Gardel y Razzano por cierto cantaron en ocasiones para Barceló[29]; sabemos, por una carta de doña Berta escrita en 1934, que Gardel estaba dispuesto a pedir favores al caudillo; así que es posible que Barceló ayudara a preparar documentos de identidad para el artista, quizá mediante Cristino Benavídez, el jefe de policía provincial que Gardel conocía desde esa famosa noche en el local de Madame Jeanne y el Armenonville.[30] Se ha sugerido que esto ocurrió en 1914, cuando Gardel pudo temer por su posición como francés en edad militar. Cualesquiera que hayan sido las normas jurídicas en Francia respecto de la situación de los franceses radicados en el exterior —bastante suaves, para decir la verdad— no se puede descartar una cierta nerviosidad por parte de Gardel, cuyos conocimientos de las leyes francesas deben de haber sido mínimos. Si Gardel alegó haber nacido en Uruguay en esta ocasión, puede haber sido una solución ideal respecto de sus obligaciones militares no sólo con Francia sino con la Argentina, pues en el Uruguay no había servicio militar.

¿Qué provocó su visita al consulado en octubre de 1920? Sin duda Gardel ya estaba pensando en posibles visitas a Europa. También pudieron intimidarlo los acontecimientos de la Semana Trágica en 1919, una semana de episodios violentos surgidos de disputas sindicales en Buenos Aires, y pensó en "regularizar" su situación. La elección de Tacuarembó como pueblo natal y de 1887 como año de nacimiento también presenta problemas. Se ha sugerido que Anaïs Beaux, la empleadora de doña Berta, quizá tuviera familiares en Tacuarembó.[31] La distancia del pueblo respecto de Montevideo pudo haber sido otra razón; era improbable que alguien se tomara el trabajo de hacer corroboraciones en un sitio como Tacuarembó. Análogamente, el falso año elegido también podía despistar a los investigadores franceses, por si decidían revisar los registros de nacimiento de Toulouse.

Sean cuales fueren las razones, en octubre de 1920 Gardel quedó formalmente registrado como uruguayo, y sobre esta base, menos de un mes después se le otorgó una nueva cédula de identidad argentina. El 7 de marzo de 1923 (para completar la historia) solicitó su naturalización como ciudadano argentino, adjuntando un certificado de buena conducta del director del departamento de investigación criminal de la policía de Buenos Aires, Eduardo de Santiago, y declaraciones de dos agentes de policía atestiguando que había vivido diez años en la Argentina. La solicitud fue aprobada, y el 1° de mayo de ese año Gardel juró como ciudadano.[32] Sin duda hay una explicación para tantos tejemanejes, pero lo cierto es que a partir de entonces Gardel tuvo que ser evasivo en cuanto a ciertos detalles personales. "Mi patria es el tango", solía decir, o "Soy ciudadano de la calle Corrientes".[33] Tales declaraciones estaban destinadas, desde luego, a burlar preguntas que ahora le resultaban embarazosas.

Quizá sea momento de concentrarse un poco más en el hombre mismo. Gardel, con poco más de treinta años, vivía ahora relativamente cómodo con doña Berta en un departamento alquilado de la calle Rodríguez Peña 451. Después se trasladaron a la casa de Jean Jaurès que Gardel compró en esta época. Doña Berta ya había dejado de trabajar, pues los ingresos de su hijo sobraban para mantenerla, y su estilo de vida siempre había sido muy sencillo. Gardel aún era soltero. En la época de sus actuaciones en el Esmeralda, en noviembre-diciembre de 1920, conoció a una atractiva joven, Isabel del Valle, de quien pronto se enamoró. Desde entonces Isabel fue su novia. Gardel logró ganarse la confianza de la familia. La relación duró hasta entrada la década del 30. Se sabe relativamente poco sobre esta relación, aunque sin duda fue el romance más serio en la vida adulta de Gardel. (Análogamente, poco se sabe sobre los previos romances que pudo tener.) No aparecía mucho en público con Isabel; sólo sus amigos más íntimos sabían sobre esta relación; doña Berta por cierto sabía sobre ella. Como en los detalles de su origen nacional, Gardel se negaba enfáticamente a dar a conocer al público aspectos de su vida privada. Sabiendo, como debía saber, que muchas mujeres lo consideraban atractivo, quizá deseara mantener una aura de misterio en este aspecto; pero esto es sólo una conjetura.

Su barra seguía siendo muy importante para él. A principios de los años 20 ya no paraba únicamente en el café O'Rondeman; su asociación con Razzano había inducido a ambos hombres a buscar una barra común. Desde el momento del contrato del Armenonville (o quizá poco después), las reuniones se realizaban en un café de la esquina de Rivadavia y Rincón, más cerca del viejo territorio de Razzano que del Abasto. El Café de los Angelitos distaba de ser el café más elegante o refinado de la ciudad, pero Gardel y Razzano le eran muy leales al café y al grupo de amigos que se reunía allí varias noches por semana. Entre ellos estaban Alfredo Deferrari, amigo de Razzano y empleado del Banco de la Nación, el hombre que les había prestado la guitarra en esa famosa noche de diciembre de 1913, y su hermano Armando, así como los hermanos Ernesto y Gabriel Laurent (Ernesto fue testigo de la boda de Razzano en 1914). Armando Defino, un integrante más joven e inicialmente más apocado del grupo, trabajaba en una escribanía; fue introducido en la barra por Deferrari, que lo había llevado al Teatro Nacional para conocer a Gardel y Razzano a principios de 1914.[34]

La asociación de Gardel y Razzano con el Café de los Angelitos duró muchos años. En ocasiones la mesa que ocupaban allí se ampliaba para recibir a otros. El actor Roberto Casaux iba a veces (quizá con frecuencia); él y Gardel eran muy buenos amigos, y a menudo iban a buscarse a sus respectivos camarines, donde Gardel (según testimonio del dramaturgo Samuel Eichelbaum) a veces cantaba sin acompañamiento para entretener a quien estuviera presente. (Casaux murió en mayo de 1929, siendo cuarentón.) El crítico de teatro y hombre de letras Joaquín de Vedia a veces añadía un tono intelectual a las muy poco intelectuales reuniones. Otro habitué era el boxeador de peso pesado Luis Ángel Firpo (el Toro Salvaje de las Pampas), cuya increíble pelea con Jack Dempsey el 14 de setiembre de 1923 le granjeó la fama mundial y también silenció fugazmente el bullicio urbano de Buenos Aires cuando los porteños se apiñaron alrededor de los aparatos de radio (todavía no tan comunes) para escuchar el comentario transmitido desde el Madison Square Garden. Otro visitante era a veces Manuel (Manucho) Güiraldes, hermano de Ricardo Güiraldes, autor de ese inolvidable clásico argentino, *Don Segundo Sombra*.[35]

En ocasiones, sobre todo cuando Razzano estaba ausente, se podía inducir a Gardel a que cantara. Alguien comenzaba imitándolo en voz baja; luego Gardel lo acompañaba, cantando con entusiasmo, a veces al extremo de que sus compañeros tenían que refrenarlo por temor a que forzara la voz. Razzano, ahora más que nunca un escrupuloso administrador, no quería que su socio hiciera esto; el dúo, no obstante, a veces entonaba pasajes de ópera, y Ernesto Laurent añadía su voz para formar un trío *ad hoc*.

Aparte del canto, siempre había chismorreos y risas. Como Armando Defino recordó más tarde:

Cuando Carlos no se sentía en disposición de cantar, lo instábamos a que nos contara algún cuento, de su abundante repertorio, siempre renovado, y también así con su gracia inigualable nos mantenía en éxtasis hasta la madrugada, pues no sólo ponía calor y arte en sus 'racontos' sino que los ilustraba, alejándose hasta la puerta del café donde entre gestos y contorsiones terminaba su cuento ante la hilaridad incontenible de los parroquianos e incluso de los transeúntes, que ignoraban el motivo de tanta algarabía.[36]

Es difícil resistirse a la conclusión de que Gardel, en el Café de los Angelitos, se sentía como pez en el agua.

Manucho Güiraldes comentó una noche que el nombre del café, Los Angelitos, no era el más apropiado, dada la habitual presencia del taurino Firpo, los obesos Alfredo Deferrari y Gabriel Laurent, y Gardel, que distaba de ser una sílfide. Gardel había sido un joven regordete y en la adultez tenía que combatir contra una permanente propensión a la corpulencia. En algún momento de su carrera había realizado ejercicios con cierta regularidad para dominar el problema. A principios de los años 20 frecuentaba el gimnasio de la Asociación Cristiana de Jóvenes de Paseo Colón. Razzano a veces se reunía con él allí, y también Enrique Glucksmann, el fornido hermano del magnate de los discos y el cine.

Los resultados de estos ejercicios eran con frecuencia neutralizados por el notable apetito de Gardel —saciado a menudo en reductos favoritos como el restaurante Conte de la calle Cangallo (hoy Presidente Perón) o El Tropezón, célebre por sus pucheros de gallina nocturnos—, pero los esfuerzos eran serios. Adolfo R. Avilés, que tocaba el piano en el gimnasio para acompañar algunos de los ejercicios, señala que Gardel

fue el único que se sometió en parte a la rigurosa disciplina de las clases de gimnasia sueca. Concurría asiduamente, por lo general en horas del mediodía, y algunas veces practicaba solo calistenia... Usaba una gruesa tricota blanca, con cuello alto, que absorbía su generoso esfuerzo, traducido en copiosa transpiración. ... Después del baño, solía someterse a un férreo masaje. Enrique Pascual, kinesiólogo y profesor de box, cuando tomaba por su cuenta los músculos abdominales de Gardel... ieran de oír sus alaridos! Todo lo aguantaba en aras de su línea.[37]

Avilés estaba al tanto de las transgresiones de Gardel en materia gastronómica. Gardel, como siempre, hacía bromas sobre eso.

Su interés en el ejercicio físico surgía en parte de su creencia de que era benéfico para la voz. Para su deleite, un experto que llegó a conocer a principios de la década del 20 le confirmó esta opinión. Se trataba del doctor León Elkin, uno de los mejores laringólogos de Buenos Aires, a menudo consultado por cantantes de toda clase. Canaro lo llamaba "el Mago de la Garganta". Gardel a menudo se encontraba en el gimnasio con cantantes de ópera del Colón que compartían su opinión de que el ejercicio estimulaba el arte. Hubo al menos una derivación musical más directa de la Asociación Cristiana de Jóvenes. Un día, después de clase, Avilés tocó para Gardel y Razzano una zamba que había escrito, "Los ojazos de mi negra". El dúo la grabó en 1923.

En los años 1917-23 el Dúo Gardel-Razzano grabó 185 canciones, 114 de las cuales eran solos de Gardel, y entre ellas, a su vez, había no menos de 70 tangos. Razzano no hizo más grabaciones como solista después de 1919; al menos, no como integrante del dúo, aunque en realidad regresó (brevemente) al estudio por su propia cuenta más adelante. La preeminencia de Gardel dentro del dúo era cada vez más acentuada; significativamente, Razzano nunca intentó cantar tangos (o, mejor dicho, sólo lo intentó más adelante). Las cuerdas vocales de Razzano eran menos aptas que las de Gardel para resistir el esfuerzo de constantes apariciones teatrales; después de su operación en mayo de 1920 se volvió menos entusiasta en cuanto a sus perspectivas como cantante. No obstante, los socios habían trabajado juntos durante la mayor parte de una década, y el dúo aún viviría algunas experiencias estimulantes, aunque sus días estaban contados.

A mediados de 1921 el equipo integrado por Gardel, Razzano y Ricardo recibió a un cuarto integrante, un segundo guitarrista. Era Guillermo Desiderio Barbieri, cuatro años menor que Gardel y nativo del barrio de San Cristóbal; había sido guitarrista desde que tenía memoria. (También había probado suerte con el canto y había actuado con éxito en el Esmeralda.) Razzano envió a Ricardo para que lo persuadiera de unirse al dúo. Barbieri, que estaba casado y vivía en Parque Patricios, era muy respetuoso con Gardel; nunca lo tuteaba y siempre lo llamaba "don Carlos" en el cortés estilo hispánico. Gardel llegó a sentir un cálido afecto por Barba, como él lo llamaba, y accedió a ser el padrino de su hijo Alfredo. Barbieri reemplazó a Razzano en el papel de apuntador cuando Gardel cantaba como solista (cosa que hacía con creciente frecuencia). En ocasiones Gardel olvidaba sus letras, especialmente cuando se le pedía (como sucedía a menudo) que cantara varias canciones seguidas. En una oportunidad (según el testimonio de García Jiménez) Barbieri no captó la situación. Gardel, en vez de pasar a la línea siguiente, tomó la guitarra y se puso a improvisar lo que el público tomó por acordes especiales cuando en realidad le estaba indicando a Barbieri que lo ayudara.[38]

Los años 1922 y 1923 trajeron las actividades habituales para el dúo. Hubo extensas giras por provincias en los dos años (como en la mayoría de los años anteriores). Como de costumbre, hubo contratos en el Empire y el Esmeralda: el segundo teatro pasó a llamarse Maipo en 1922; al contrario del Empire, todavía existe. Hubo visitantes célebres a quienes agasajar; en mayo de 1922, por ejemplo, estuvo el gran Jacinto Benavente, que ese año había ganado el Premio Nobel de Literatura y en ese momento era sin duda el dramaturgo más famoso del mundo hispanoparlante, y tal vez el más prolífico desde Lope de Vega. También hubo, inevitablemente, funciones de caridad y beneficencia, ya fuera para ayudar (como en mayo de 1922) a un actor que había perdido la vista o (un mes más tarde) para honrar al cantor criollo Arturo de Nava.

No sabemos en qué momento Gardel y Razzano pensaron en visitar Europa. Evidentemente estaban planeando un viaje por su cuenta cuando, a principios de 1923, se convino en que el dúo se reuniría con la compañía teatral dirigida por Matilde Rivera y su esposo, Enrique de Rosas; la compañía visitaría España más tarde ese año. A partir de fines de octubre de 1923, el dúo actuó casi tres semanas con la compañía Rivera-de Rosas en Montevideo —donde Gardel hizo el anuncio, algo sorprendente, de que quizá tomara un papel como actor; no está documentado si lo hizo o no— y luego regresaron a Buenos Aires para grabar unas canciones antes de partir para el Viejo Mundo.

Los cinco —Gardel, Razzano, los dos guitarristas y un valet ahora al servicio de los cantores— partieron de Buenos Aires el 15 de noviembre a bordo del vapor alemán *Antonio Delfino*. Era el primer viaje de Razzano a Europa (también resultó ser el último), y también lo era para Gardel, quien no tenía recuerdos de Francia. Un periodista español, Serrano Claver, que los conoció a ambos en cubierta cuando el vapor emprendía el viaje, reflexionó que esa misión artística sin duda impulsaría las relaciones entre la Argentina y la madre patria, pues Gardel y Razzano, en su opinión, eran "los más altos intérpretes del hondo sentir criollo". En Montevideo, la compañía Rivera-de Rosas subió a bordo. Serrano Claver observó: "La paz del buque se altera con la inquietud de la farándula, que grita, aplaude, canta y ríe... Es una bandada de pájaros que se ha posado en la nave".[39]

Según todas las referencias (en realidad, principalmente las de Razzano) el viaje fue divertido. Dos famosos médicos argentinos, Eduardo Marino y Enrique Finochietto (el "buen amigo" del tango que escribiría Julio de Caro el año siguiente), se reunieron con los actores y cantantes, nuevos amigos en la ya atestada galería de Gardel. El 25 de noviembre, cuando el transatlántico cruzó el Ecuador, los pasajeros celebraron las tradicionales ceremonias en honor del rey Neptuno: Gardel fue bautizado Sábalo, Razzano Bagre. El sábalo, que abunda en el río Paraná, es célebre por su voraz apetito. Los dos cantantes rehusaron alterar sus horarios, que consistían en acostarse tarde y levantarse tarde, para adecuarse a la rutina de a bordo, y a menudo pedían bifes y papas fritas a las tres de la mañana, para desconcierto del mojigato capitán alemán. (Razzano estimaba que los camareros que servían estas comidas recibieron unos 1.000 pesos en propinas.) Por último, en los primeros días de diciembre, el *Antonio Delfino* ingresó en uno de esos elegantes estuarios rodeados de lomas que los gallegos llaman rías y recaló en el puerto de Vigo. En cuanto Gardel y Razzano desembarcaron, el cónsul argentino, Agustín Remón, también hombre de teatro, los llevó al mejor restaurante de mariscos de la ciudad.

Una vez instalado en Madrid, el Dúo Gardel-Razzano actuó una cuarentena de veces con la compañía Rivera-de Rosas, empezando el 10 de diciembre de 1923 en el Teatro Apolo. Las obras (especialmente las de Florencio Sánchez) eran recibidas con respeto, mientras el dúo conquistaba previsibles aplausos. *El Liberal,* un periódico madrileño, comentó: "Gardel-Razzano no defraudaron la expectación que se había despertado al anuncio de su actuación". Otro periódico, *ABC,* los describió como "los notables cantores Gardel-Razzano".[40] El gran éxito de Gardel ante el público madrileño fue "Mano a mano", el tango que había escrito con Celedonio Flores. Es la historia de un amante abandonado que no puede dejar de amar a la mujer que lo dejó, una mujer que obviamente va por mal camino. Pese a todo, él queda a disposición de ella si lo necesita.

> *Y mañana cuando seas*
> *descolado mueble viejo...*
> *si precisás una ayuda,*
> *si te hace falta un consejo,*
> *acordate de este amigo*
> *que ha de jugarse el pellejo*
> *p'ayudarte en lo que sea*
> *cuando llegue la ocasión.*

Los "notables cantores Gardel-Razzano" se presentaban en el escenario con atuendos gauchescos profusamente bordados, en notable contraste con el impecable smoking que siempre vestían en los escenarios argentinos. Se trataba de atuendos que ningún gaucho que se preciara hubiera usado en la vida real. Se suponía que esto aumentaría el atractivo del dúo ante el público español, ávido de color local exótico, por falso que fuera; por lo demás, las ropas gauchescas eran incongruentes con el tango, una forma musical esencialmente urbana.

Estar en Madrid era una novedad excitante para Gardel y Razzano. Quizá España les resultara menos moderna que la Argentina, pero Madrid era, a fin de cuentas, una capital europea, y tener éxito allí era la ambición de todo artista argentino. Los recuerdos de Razzano son confusos pero felices. Los saludó Jacinto Benavente, que evocó su visita a la Argentina el año anterior. Les presentaron a celebridades como el torero Ignacio Sánchez Mejías, cuya muerte en el ruedo de Manzanares en agosto de 1934 inspiraría el más célebre poema de Federico García Lorca. El viejo Ramón del Valle-Inclán hizo comentarios (al parecer, más o menos favorables) sobre ellos. Los embaucó un argentino que fingió tener un hijo enfermo. Les pidieron 500 pesetas para otro compatriota que necesitaba el dinero para arreglar un negocio, y las prestaron; en esta ocasión, sin embargo, recobraron el dinero cuando, cinco años más tarde, el hombre localizó a Gardel y Razzano en un local nocturno de Buenos Aires y les pagó el champagne de la velada.

Quizá lo más memorable sean las diversas visitas de varios miembros de la familia real española en el Teatro Apolo, especialmente la popular Infanta Isabel de Borbón, a quien los españoles llamaban afectuosamente "la chata"; a veces la acompañaban la reina, consorte de Alfonso XIII, Victoria Eugenia, inglesa, y las princesas Beatriz y María Cristina, quienes, siendo mujeres, no sufrían de la real hemofilia que afectaba a dos de sus hermanos varones. Invitados al palco real, Gardel y Razzano giraban grácilmente para que las princesas examinaran en detalle su vestimenta gauchesca.

A principios del nuevo año la compañía Rivera-de Rosas se trasladó al Teatro Price. Al cabo de unos días, el dúo abandonó el espectáculo. Era tiempo de tomarse unas vacaciones, y como buenos turistas argentinos, Gardel y Razzano deseaban conocer París. Antes, sin embargo, tenían una cita obligada con otro lugar. Un tren los llevó allende la frontera y por la verde campiña del sudoeste de Francia hasta Toulouse. Allí, en la magnífica estación Matabiau, los recibió doña Berta Gardes. Para Carlos se completaba el círculo, al cabo de treinta años. Doña Berta se había reconciliado con la familia y ahora visitaba su ciudad natal con regularidad, siempre viajando en segunda clase del mismo vapor, el *Massilia*, donde algunos oficiales la conocían muy bien. Su hermano menor había muerto en la guerra; el hermano mayor, Jean, también había hecho el servicio militar pero había sobrevivido. Carlos conoció a su tío y a su abuela octogenaria, Hélène, que estaba totalmente ciega. La anciana rompió a llorar cuando abrazó al nieto largamente perdido, el niño que, a pesar de comienzos tan poco promisorios, había tenido tanto éxito en la vida.

Gardel y Razzano pasaron tres o cuatro días en Toulouse y luego tomaron el Express du Midi a París, donde se dedicaron ávidamente a hacer excursiones y gastar dinero. La reserva de pesetas españolas y francos ganados con tanto esfuerzo pronto se disipó. Así habían actuado siempre, o por lo menos así había actuado Carlos. El dinero se ganaba para gastarlo. Razzano le compró a su amigo un espléndido paraguas que Carlos perdió en el Café de los Angelitos en su primera noche de vuelta en Buenos Aires. Según Razzano, el dominio que Gardel tenía del francés era muy limitado en esta etapa; hubo los previsibles y cómicos malentendidos con los parisinos. Debemos suponer (a falta de pruebas directas, es una suposición bastante sensata) que los dos hombres se interiorizaron de la exuberante vida nocturna de la capital francesa, nunca más exuberante que en esa década. Sería asombroso, por ejemplo, que no hubieran visitado El Garrón, el cabaret de la rue Fontaine donde el músico argentino Manuel Pizarro y sus hermanos habían creado el más fuerte reducto tanguero de Europa, un cabaret al cual concurrían celebridades como el maharajá de Kapurthala y estrellas cinematográficas (al menos en algunas ocasiones) como Rodolfo Valentino.[41]

Por cierto sería interesante saber qué impresión tuvo Gardel en su primera visita a París, una ciudad que llegaría a conocer tan bien años más tarde, pero lo ignoramos. Algo puede inferirse, sin duda, del fervor con que grabó el foxtrot "Oh París" más tarde ese año.

Oh París, oh París de mi ensueño,
oh París, oh París de mi amor...
Oh París, Ciudad Luz, ciudad de placer,
yo nunca te olvidaré
y muy pronto volveré ...

En todo caso la visita debió de ser muy breve, pues él y Razzano regresaron a Buenos Aires (a bordo del vapor *Giulio Cesare*) a mediados de febrero de 1924. Nuevamente en su patria, pronto retomaron sus actividades habituales: grabaciones (en general, solos de Gardel); teatros: otra larga gira provincial, durante la cual agasajaron al príncipe Humberto de Saboya, heredero del trono de Italia (y más tarde último rey de Italia), que entonces visitaba las provincias argentinas. Era el segundo contacto con la realeza; pronto habría más.

El año 1924, no obstante, introdujo importantes novedades en la labor del dúo. Las emisiones radiales habían comenzado en la Argentina cuatro años antes (con una transmisión de *Parsifal* desde el Teatro Colón) y habían sido estimuladas por "eventos radiofónicos" tales como la pelea Firpo-Dempsey en 1923. Las emisoras de radio —las *broadcastings,* como las llamaban entonces los argentinos— proliferaban en Buenos Aires y las otras ciudades principales: se instalaron más de cincuenta entre 1920 y 1928. Así los horizontes del entretenimiento popular, ya ampliados por el fonógrafo, se ampliaron aun más, en un último hito antes de la era de la televisión. La Argentina se estaba convirtiendo en una "sociedad de masas" con sus correspondientes entretenimientos masivos. Era inevitable que el dúo de cantores más famoso del país saliera al aire tarde o temprano. Gardel y Razzano realizaron su primera transmisión el 30 de setiembre de 1924 por Radio Grand Splendid (cuyos estudios se encontraban en la sala cinematográfica del mismo nombre). Hubo un segundo programa el 17 de octubre.

Entretanto (el 4 de octubre), Gardel actuó con el director Francisco Canaro en una emisión donde cantó tangos y otras canciones acompañado por la orquesta.

Conviene señalar que esto era una innovación. Gardel casi nunca había trabajado con orquestas de tango, pues prefería (como la mayoría de los cantores) a sus propios guitarristas, sus "escobas", como los llamaba juguetonamente. Alrededor de esta época realizó su primera grabación con orquesta: cuatro piezas con Francisco Canaro. Los resultados no fueron alentadores. En 1925 Gardel grabó dos canciones con una orquesta más pulcra, la de Osvaldo Fresedo, pero no hubo nuevas colaboraciones, aunque Fresedo continuó grabando para el sello Odeón hasta 1930. Quizá sea significativo que Gardel regrabara dos de las seis piezas, aunque con el acompañamiento de sus "escobas". Las grabaciones del dúo en cuanto tal eran cada vez más raras (doce en 1924-25) en comparación con el creciente número de solos de Gardel (129 en el mismo período).[42] Ello reflejaba, sin duda, la creciente debilidad de la capacidad vocal de Razzano.

A pesar de los problemas de Razzano, el dúo continuó unido hasta 1925, apareciendo con menor frecuencia en el teatro (en parte a causa de la mayor ganancia producida por los discos), pero manteniendo aun así un razonable ritmo de trabajo. Los dos cantores realizaron una nueva emisión (27 de abril de 1925 a las 22:15); las canciones alternaban con piezas para piano de Adolfo R. Avilés, su amigo de la Asociación Cristiana de Jóvenes. Como de costumbre, había funciones de caridad y beneficencia, y presentaciones misceláneas tales como el alegre banquete celebrado en El Tropezón el 1° de mayo en honor de Enrique Glucksmann, el afable jefe de la compañía discográfica. Y Gardel y Razzano, pocas semanas más tarde, disfrutarían de un último e inolvidable triunfo como dúo de cantantes.

El 17 de agosto de 1925, Eduardo, príncipe de Gales, heredero del trono británico y de su extenso imperio, desembarcó en Buenos Aires para iniciar una visita a la Argentina. Los argentinos estaban habituados a las celebridades (Albert Einstein acababa de irse), pero ésta era muy especial. El país tenía estrechos lazos económicos (aún no denunciados profusamente como "imperialistas") con Gran Bretaña; la prensa mundial estaba obsesionada por la presuntamente fascinante personalidad del príncipe. Su malhadado reinado como Eduardo VIII y su mísero exilio como duque de Windsor aún pertenecían al futuro; en la década del 20, Eduardo era simplemente uno de los jóvenes más famosos del mundo, un hombre famoso por su afabilidad y su refrescante espontaneidad. Había, después de todo, un sinfín de muchachas (no sólo en Inglaterra) que ansiaban bailar —como decía una popularísima canción— *with a man / Who danced with a girl / Who danced with the Prince of Wales* ("con un hombre / que bailaba con una muchacha / que bailaba con el príncipe de Gales"). Y ahora estaba en la Argentina, estrechando manos con una sonrisa, en carne y hueso.

El presidente Marcelo Torcuato de Alvear se interesó personalmente en los agasajos que se preparaban para Eduardo. Este radical impecablemente patricio había sucedido al presidente Yrigoyen en 1922. Su viaje de regreso a bordo del *Massilia* para ocupar su puesto (había sido embajador en Francia) fue animado por la presencia, a pedido del doctor Alvear, de la orquesta de Manuel Pizarro, del cabaret El Garrón. El afable y grácil presidente era muy popular en el mundo del espectáculo; se había casado con Regina Pacini, una cantante portuguesa mal vista por la alta sociedad porteña, aunque ahora era, por cierto, la bien vista primera dama de la Argentina. (Doña Regina Pacini de Alvear patrocinó en 1927 la fundación de la Casa del Teatro, una institución benéfica para actores empobrecidos.) Este estadista amante del tango sugirió que el Dúo Gardel-Razzano quedara reservado para una ocasión especial durante la real visita.

La ocasión especial que tenía en mente era una velada privada en las inmensidades de una típica estancia pampeana. El príncipe permanecería en una de esas estancias —"típica", al menos, en el contexto de las visitas reales— en Huetel, en la provincia de Buenos Aires. Gardel y Razzano, con sus dos guitarristas y su valet, llegaron allí el 24 de agosto, media hora antes que el príncipe y su escolta, integrada por nada menos que tres ministros argentinos, un general y un contralmirante argentinos, el ministro británico en la Argentina, un vicealmirante británico, el maharajá de Kapurthala y varios oligarcas argentinos. Una vez que estos notables hubieron cenado en el casco de la estancia (una mansión de cierto esplendor, como convenía a su acaudalada propietaria, doña Concepción Unzué de Casares), los músicos se reunieron con los presentes para iniciar el entretenimiento.

Un reportero del diario *La Razón* presenció el acontecimiento, no sabemos si porque estaba invitado o porque Razzano (como él mismo afirmó más tarde) lo había puesto astutamente al tanto. Sea como fuere, un artículo sobre la fiesta se publicó al día siguiente.[43] Los músicos se instalaron en un rincón de la gran sala de la mansión. Las canciones pronto entusiasmaron a Eduardo. Pidió a uno de sus acompañantes argentinos que le explicara la letra. El reportero, con infrecuente agudeza, comentó: "Es evidente que lo que más le interesa de la música es el compás, y demuestra que tiene un envidiable sentido del ritmo, pues, desde el primer momento, acompañó acertadamente con talonazos y movimientos de cabeza a las piezas más diversas". Al cabo de un rato, el dúo incluyó en su actuación canciones inglesas y norteamericanas: "Yes, we have no bananas!" y "Honolulu Blues". Eduardo quedó encantado. Corrió a su habitación del primer piso y tomó un ukelele hawaiano que llevaba consigo en sus viajes por el mundo; de vuelta en el salón, se puso a acompañar a los cantores e incluso terminó cantando con ellos.

Leyendo entre líneas, se ve que el periodista de *La Razón* estaba impresionado por este significativo ejemplo de la espontaneidad del príncipe. La atmósfera era sin duda de animada diversión, y Eduardo se relajaba y animaba más con el paso del tiempo. Desde luego, todo lo bueno tiene fin. Poco después de medianoche se retiró a su cuarto, pero no sin antes estrechar "vigorosamente" la mano, dice *La Razón,* de todos los músicos y de firmar las fotografías que le presentaron Gardel y Razzano. La fiesta continuó dos horas más. Gardel siguió cantando alegremente; se sirvieron nuevas libaciones y se bailó; el general argentino trató inestablemente de hacer los difíciles pasos de un malambo y una zamba. Huelga decir que esto ocurría años antes de que los generales argentinos comenzaran a pensar en asuntos más serios tales como el de salvar al país, un papel en que indudablemente resultaron mucho más torpes que el general Vaccarezza como bailarín.

Se dice que el príncipe de Gales deseaba fotografiarse con Gardel y

Razzano en el atuendo gauchesco que ellos habían usado en la fiesta antes de irse de Huetel la mañana siguiente, pero que Gardel no pudo levantarse.[44] Aunque la anécdota parezca apócrifa, por cierto congenia con lo que sabemos sobre los hábitos de Gardel. Si este acto de lesa majestad tuvo alguna consecuencia, no está documentado.

Semanas más tarde, una vez aplacada la euforia de la visita real, Gardel y Razzano estaban nuevamente de gira por las provincias y preparándose para una segunda visita a España que jamás realizarían. La garganta de Razzano le causaba más problemas que nunca. La crisis culminó en Rafaela (provincia de Santa Fe), donde el dúo se presentaba en el cine Colón. Era a fines de setiembre. Esa noche Razzano apenas pudo terminar la primera canción y pidió auxilio a Gardel. Los dos socios comentaron la situación a la mañana siguiente en su cuarto de hotel. Razzano dijo que ya no podría cantar más. Gardel quedó estupefacto, tal vez advirtiendo en qué medida había llegado a depender del compañerismo y el buen olfato comercial de su amigo. Le sugirió que abandonara la gira: Razzano podría regresar a Buenos Aires y confiarse al cuidado del Mago de la Garganta, el doctor Elkin. Desde luego, las actividades del dúo se interrumpirían, pero por cierto podrían retomarlas en pocas semanas, o quizá meses. ¿Pero qué hacer, entretanto, con el viaje a España? Razzano instó a Gardel a viajar por su cuenta y actuar como solista. Gardel tenía más interés que Razzano en esa visita; se resistía a abandonar a su amigo, pero al final aceptó. El espectáculo debía continuar.

Íntimamente, Razzano sabía que nunca cantaría de nuevo. (En verdad sí lo hizo, pero sólo por poco tiempo.) Lo cierto era que el famoso dúo estaba disuelto para siempre. Pero eso no constituyó el fin de la sociedad. (Y durante años, las etiquetas de los discos de Gardel continuaron describiéndolo como "Carlos Gardel, del Dúo Gardel-Razzano".) El talento de Razzano como agente —para tratar con empresarios y obtener buenos contratos— aún resultaba indispensable para Gardel, que no servía para esos asuntos. De vuelta en Buenos Aires, los dos amigos arreglaron las cosas a conveniencia, pensando que para siempre. Gardel continuaría actuando, Razzano sería su agente y recibiría parte de las ganancias; en verdad, Razzano sería el representante de los intereses artísticos y financieros de Gardel en la Argentina. Por lo tanto, Gardel firmó un documento (el 16 de octubre de 1925) por el cual su viejo amigo se convertía en su apoderado. Un día después se embarcó en el buque italiano *Principessa Mafalda*, rumbo a España.

De nuevo estaba en viaje. De ahora en adelante sería Gardel, y sólo Gardel. ¿Funcionaría? ¿Tendría éxito sin Razzano? El buque navegaba rumbo al norte, rumbo a la respuesta a estas preguntas.

NOTAS

1 La bibliografía sobre la historia del tango, en su mayor parte anecdótica, es enorme. Las obras más útiles son: *La historia del tango*, 16 vols. (Buenos Aires, 1976-80); Horacio Ferrer, *El tango: su historia y evolución* (Buenos Aires, 1960); Horacio Ferrer, *El libro del tango*, 2a. ed. (Buenos Aires, 1977); Luis Adolfo Sierra, *Historia de la orquesta típica* (Buenos Aires, 1966); José Gobello, *Crónica general del tango* (Buenos Aires, 1980), muy recomendable por su estilo ameno. Para la influencia afroargentina en los orígenes del tango, ver Vicente Rossi, *Cosas de negros: Los orígenes del tango y otros aportes al folklore rioplatense* (Córdoba, 1926) y George Reid Andrews, *The Afro-Argentines of Buenos Aires, 1800-1900* (Madison, 1980), págs. 165-67.

2 Miguel Etchebarne, en su excelente ensayo "La sugestión literaria del arrabal porteño", en su *Juan nadie* (Buenos Aires, s.f. [¿1965?]) sugiere que la sensualidad fue agregada al baile cuando éste comenzó a desplazarse desde el arrabal hacia el centro. Sin embargo, el asunto es bastante oscuro. Puccia, capítulo 6, contiene valiosa información sobre los primeros reductos porteños del tango.

3 Gladys Beattie Crozier, *The Tango and How to Dance It* (Londres, s.f. [¿1914?]), págs. 7-8. El furor tangófilo en los Estados Unidos fue iniciado por la pareja angloamericana de bailarines Vernon e Irene Castle, a principios de 1913: ver John Storm Roberts, *The Latin Tinge. The Impact of Latin American Music in the United States* (Nueva York, 1979), capítulo 3.

4 *El Hogar*, Buenos Aires, 20 de diciembre de 1911.

5 Para la carrera de Villoldo, ver Puccia, passim.

Además de su valor biográfico, este estudio constituye una maravillosa evocación de la Buenos Aires de la época.

6 Estos versos pertenecen a "La morocha", el más famoso tango de Villoldo.

7 Sosa Cordero, págs. 73-74.

8 Se suele afirmar que CG cantó "Mi noche triste" en el escenario del Esmeralda en la segunda mitad de 1917; incluso se ha sugerido una fecha, el 14 de octubre de 1917. Ello es imposible pues CG estaba en Chile en ese momento. El dúo no actuó en el Esmeralda entre enero de 1917 y abril de 1918; ver Morena, págs. 46, 56. Es importante enfatizar, sin embargo, que no hay (a lo mejor no puede haber) certeza alguna en cuanto a la fecha en que CG cantó "Mi noche triste" por primera vez. La cronología de Morena parece lógica y convincente. Otra hipótesis que no se puede descartar es que CG lo cantó durante sus actuaciones en el Teatro Esmeralda a fines de 1916 o a principios de enero de 1917 (antes de la visita de CG y Razzano a Montevideo, donde se quedaron hasta mediados de febrero). En este caso, por supuesto, un éxito inmediato no puede darse por descontado. Al parecer, Roberto Firpo y su orquesta grabaron la versión sin letra en abril de 1917 —¿con anterioridad a la grabación de CG?—, lo que induce a creer que el nuevo título ya era conocido.

9 Se debe suponer que CG lo grabó antes de partir para Chile. El disco se publicitó en *Caras y Caretas*, 12 de enero de 1918, en un aviso a toda página que anuncia cinco discos de Gardel-Razzano, uno de Roberto Firpo, nueve de Caruso, y ocho de Amelia Galli-Curci. La foto de Caruso está en la parte superior de la página; la de Gardel y Razzano al pie. Contursi registró la letra en la Biblioteca Nacional el 21 de febrero de 1918.

10 De Caro, pág. 78.

11 Ver Morena, págs. 56-72, para los detalles sobre el trabajo del dúo de 1918 a 1921.

12 Sosa Cordero, págs. 71-72.

13 García Jiménez (1951), págs. 238-43.

14 CG fue miembro del primer comité de la Sociedad.

15 Luis Ordaz, *El teatro en el Río de la Plata*, 2a. ed. (Buenos Aires, 1957), págs. 144-

45. Parte del discurso de García Velloso el 12 de agosto de 1919 se reproduce en sus *Memorias de un hombre de teatro* (Buenos Aires, 1942), págs. 276-77, al final de una evaluación favorable de Podestá.

16 García Jiménez (1951), págs. 114-15.

17 CG lo grabó de nuevo en 1930.

18 Chicas que arrostran en el tango
con languidez un tanto cursi
la desdicha de "Flor de fango"
trovada en letra de Contursi. ("Chicas de octubre")

19 Flores, en *Crítica,* 25 de junio de 1935: del Campo, págs. 180-81.

20 Corsini afirmó que había conocido a CG en un bar de Bahía Blanca en 1913, pero no se sabe si CG fue a esa ciudad ese año.

21 Corsini, hijo, pág. 56.

22 Maizani en *El Mundo,* 21 de junio de 1953: Couselo y Chierico, pág. 29.

23 *Cómo se pasa la vida,* 1923.

24 Charles Donville-Fyfe, *The States of South America* (Londres, 1920), pág. 6.

25 Ibid. Para una soberbia y bien documentada evocación de la ciudad de Buenos Aires en la década del 20, ver Francis Korn, *Buenos Aires. Los huéspedes del 20* (Buenos Aires, 1975).

26 Silva Cabrera, págs. 182-83. Los testigos de CG eran Razzano y un policía uruguayo entonces en Buenos Aires. Razzano debía de estar al corriente del fraude.

27 El periodista uruguayo Erasmo Silva Cabrera (Avlis) dedicó años de trabajo al intento de demostrar que CG había nacido en Tacuarembó y era hijo ilegítimo del coronel Carlos Escayola. Los resultados de su investigación se publicaron en *Carlos Gardel. El gran desconocido* (Montevideo, 1967). En el curso de su investigación, Silva Cabrera identificó muchos detalles interesantes (y a veces valiosos) de la carrera de CG, pero el peso de su argumentación depende más de las opiniones de quienes creían que CG era uruguayo que de pruebas sólidas. Como CG a veces se vio obligado a mantener la ficción en sus conversaciones (especialmente con uruguayos) no es sorprendente que varias personas (de nuevo, especialmente uruguayos) quedaran convencidas de que Tacuarembó era su pueblo natal. Hay demasiadas pruebas en contrario, sin embargo, para que esta idea se pueda sostener seriamente, y requiere varias suposiciones heroicas: (1) que el testamento de CG fuera deliberadamente falsificado por el albacea Armando Defino, un hombre cuya probidad está atestiguada por todos quienes estuvieron en posición de evaluarla; (2) que el testamento de Berta Gardes también se falsificó; (3) que Berta Gardes no fuera la verdadera madre de CG; (4) que en algún momento anterior a 1900, Berta hubiera convenido en criar a un niño uruguayo llamado Carlos además de a su propio hijo, Carlos, cuya existencia, dado el certificado de nacimiento de Toulouse, no es fácil de negar. Todo ello plantea demasiadas exigencias a nuestra credulidad. No debe suponerse que CG guardaba un silencio total sobre sus orígenes. Refiriéndose a Tania (nacida en España), le dijo una vez a Discépolo: "Conmigo, de Toulouse, y una gallega, el tango se para. ¡Qué embarrada para los argentinos!". Ver Tania, *Discepolín y yo. Memorias transcriptas por Jorge Miguel Couselo* (Buenos Aires, 1973), pág. 34. Vale agregar, quizás, que José Razzano nunca negó el nacimiento francés de su íntimo amigo, y que el mismo CG, en sus andanzas europeas, casi siempre recalaba en Toulouse. No es del caso aquí (es algo que tenemos que reservar para otra oportunidad) comentar con la detención que indudablemente merecen ciertos aportes más recientes —y mucho más serios que los de "Avlis"— a la tesis de una "historia alternativa" para CG. (A los lectores que se interesan por este tema, se les recomiendan los importantes trabajos de Ricardo Ostuni y Eduardo Paysée, cuyos títulos aparecen en la sección Referencias.) La mía, tengo que subrayar, no es de ninguna manera una "historia oficial". No soy ni argentino ni uruguayo ni francés, si bien me gustaría tener las tres nacionalidades

a la vez, además de la mía. Los cuatro interrogantes ya planteados siguen siendo ineludibles, por no decir un poco inexorables —los puntos clave de cualquier análisis futuro.

28 Folino, pág. 52. Ver también Richard J. Walter, *The Province of Buenos Aires and Argentine Politics. 1912-1943* (Cambridge, 1985), págs. 18-20.

29 *Sucesos*, pág. 16, presenta una foto de CG flanqueado por Barceló y Ruggierito.

30 Folino, pág. 77n. Juan Barena, mencionado en el capítulo 2, también afirmó haber contribuido a preparar documentos falsos para CG (Defino, págs. 54-55).

31 Silva Cabrera, pág. 140.

32 Ibid., págs, 184-85.

33 Del Campo, págs. 207; *Historia del tango,* 9:1608.

34 Defino, pág. 57.

35 García Jiménez (1951), pág. 182, afirma que Gardel y Razzano se alojaban ocasionalmente en La Porteña, la estancia de Güiraldes, e incluso bailaron con el viejo arriero que inspiró el personaje de Don Segundo Sombra.

36 Defino, págs. 58-59.

37 Citado en Pesce, págs. 1409-10.

38 García Jiménez (1951), pág. 187.

39 Ibid., pág. 195.

40 Citado en Morena: págs. 77-78.

41 Un tango que evoca el cabaret, "Una noche en El Garrón" de Manuel Pizarro, estuvo entre las canciones grabadas por CG en 1925. El maharajá de Kapurthala era un prominente hombre de mundo internacional de la época; su *garden party* anual era una fecha célebre en el calendario social parisino.

42 Esto no incluye títulos grabados por CG en Barcelona a fines de 1925.

43 Reproducido parcialmente en Morena, págs. 85-86.

44 García Jiménez (1951), pág. 223.

4. ESTRELLA DEL TANGO

1925-1930

Los cinco años que siguieron a la disolución del dúo fueron decisivos en la consolidación de la fama de Gardel como cantor de tangos. Fueron años de intensa labor. Gardel grababa con mayor frecuencia que la de otros artistas de la época; su trabajo en los escenarios argentinos ya no era el trajín continuo de años anteriores, es verdad, pero aún tenía su importancia; realizaba giras ocasionales a las provincias, como en otros tiempos, y se presentaba en Montevideo casi todos los años; también continuó (después de 1928) trabajando en radio de cuando en cuando. Más aún (y aquí hubo un importante cambio respecto de los años anteriores), comenzó a combinar su carrera en la Argentina con prolongadas visitas a Europa (dos a España, una a Francia) en un exitoso esfuerzo por propagar su fama. (Entre la disolución del dúo y fines de 1930, Gardel pasó un tercio de su tiempo en el exterior.) Gracias a sus discos, su reputación comenzaba a difundirse en toda Hispanoamérica. Pero quizá sea importante destacar que durante estos cinco años la Argentina y el Uruguay continuaron siendo su base principal; y aquí no sólo acrecentó su considerable influencia, sino que casi llegó a ser lo que una generación posterior habría llamado una superestrella.

El buque *Principessa Mafalda* (construido en 1908; 8.210 toneladas) de la Navigazione Generale Italiana era una nave con mala suerte. En octubre de 1927 se hundió frente a la costa brasileña, con la pérdida de 314 vidas. Sin embargo, en octubre de 1925, Gardel, que pronto se familiarizaría con el mundo de los transatlánticos en la era del apogeo de estas confortables travesías, viajó sin contratiempos a España, acompañado por su guitarrista José Ricardo. (Por razones que se desconocen, Barbieri, el

81

otro guitarrista, no fue con él.) Como en 1923, Gardel debía brindar el fin de fiesta para la compañía Rivera-de Rosas, que comenzó a actuar en el Teatro Goya de Barcelona el jueves 5 de noviembre de 1925. La primera aparición de Gardel en el teatro se produjo cinco días más tarde.

Trabajar en Barcelona fue una nueva experiencia. Allí no era muy conocido; el periódico *La Vanguardia* inicialmente lo anunció como Carlos Gardel.[1] Esto pronto cambió. Sólo dos días más tarde el mismo diario (en su lacónica y diaria reseña de la vida teatral) se refirió a "sus tangos, que tantos éxitos están teniendo"[2], una observación que sugiere que dicho éxito era muy conocido en la ciudad. Diez días después, una casa de discos colocaba anuncios en la prensa para promocionar los discos de Gardel y asociaba su nombre —¡gran elogio!— con el del gran tenor catalán Miguel Fleta. Fleta, cuya carrera operística pronto empezaría a declinar, estaba entonces en la cúspide de su fama, y por obvias razones era una suerte de héroe local. Gardel vio a menudo a Fleta durante esta visita. Cada vez que estaba en el exterior, de ahora en adelante, Gardel siempre trataba de encontrar (y habitualmente lo conseguía) un grupo de compañeros cordiales para beber y cenar, una especie de "barra" temporaria. Fleta ("un gran tipo", lo llamaría más tarde Gardel)[3] formaba parte, evidentemente, de la barra barcelonesa de Gardel. También frecuentaba al dramaturgo Santiago Rusiñol, que evocaba (al igual que Fleta) sus visitas a la Argentina. Todo indica que Gardel cenaba con frecuencia en La Barceloneta, uno de los mejores restaurantes de la ciudad, donde dejó una fotografía firmada con la dedicatoria: "De un estómago agradecido".[4]

A mediados de los años 20 España gozaba, bajo la dictadura relativamente benigna de Primo de Rivera, de un fugaz momento de expansión económica; el espíritu relajado de la década imponía su rúbrica, al menos en las ciudades más grandes. Barcelona, la industriosa capital de Cataluña, extendida entre el Mediterráneo y las montañas, era una ciudad muy activa y elegante. Sus teatros eran activos, su vida nocturna efervescente. Gardel se sentía muy cómodo allí (Barcelona guarda vagas semejanzas con Buenos Aires), y se convirtió en uno de sus sitios favoritos. Este afecto fue correspondido: su primera temporada en la capital catalana sin duda consolidó para siempre su reputación allí. Su contrato, originalmente firmado por diez días, se extendió. También visitó los estudios Odeón cuatro veces para grabar canciones; la demanda local de sus discos superaba ampliamente la oferta. Ésta fue la primera (aunque no la última) vez que grabó discos en el exterior, y la primera vez que cantó ante un micrófono en vez de una bocina; el sistema eléctrico comenzaba a reemplazar al viejo método acústico, un cambio muy importante, según veremos, para Gardel.

Barcelona, pues, fue otra ciudad conquistada. A principios del nuevo año (tras prometer, en una emisión por Radio Catalana, que sin duda regresaría algún día a Barcelona), Gardel se trasladó al Teatro Romea de Madrid. Allí, aparte de todo lo demás, tuvo que resistir la inclemencia del tiempo; enero y febrero pueden ser meses crueles en la capital española, pues vientos crudos barren la meseta desde la Sierra de Guadarrama. Los empresarios madrileños de esos tiempos hablaban de la "cuesta de enero", cuando los teatros se vaciaban y los madrileños, contra su costumbre, permanecían de noche en sus casas. No obstante, la fama de Gardel lo había precedido; aparte de sus recientes triunfos en Barcelona, muchos recordaban su primera visita de dos años antes, con Razzano. "Iba por diez días", comentaría más tarde Gardel, "y trabajé un mes, día y noche".[5]

Antes de irse de España, Gardel y Ricardo también visitaron la norteña ciudad de Vitoria para actuar diez días en el teatro principal. Al parecer, España estaba preparada para convertirse a la música argentina, sobre todo al tango. Los españoles obviamente consideraban a Gardel como el principal embajador de dicha música, alguien que por cierto brillaba más que los artistas menores que lo habían precedido. Por lo mismo, él estaba abriendo las puertas para futuros cantores (y orquestas) argentinos que no tardaron en seguir sus huellas. Entretanto, mientras el aplauso aún le vibraba en los oídos, regresó felizmente a Buenos Aires a bordo del *Reina Victoria Eugenia,* que arribó el 23 de marzo de 1926.

De todos los periódicos publicados en Buenos Aires en las primeras décadas de este siglo, ninguno produjo mayor impacto que *Crítica,* fundado en 1913. Era un periódico popular de gran calidad, un fenómeno infrecuente en toda época, y hoy, desde luego, casi totalmente desconocido. Su fundador y propietario, el uruguayo Natalio Botana, afectuosamente conocido por sus empleados como "el trompa", tenía olfato para el talento periodístico y sabía alentarlo. Los fenómenos populares como el tango eran de gran interés para este ágil diario. (En 1932 llegó a patrocinar un campeonato nacional de orquestas de tango, ganado, tal vez previsiblemente, por el gran Julio de Caro.) Era pues inevitable que *Crítica* enviara a alguien a entrevistar a Gardel un par de días después de su regreso. Gardel, de ánimo evidentemente expansivo, describió sus triunfos recientes: "El público me tomó lo que se llama verdadero cariño... Las damas de Barcelona organizaron una manifestación en mi honor, para la noche de mi beneficio, que... ¡vamos!". Sugirió que dedicaría un tiempo a grabar, así que tal vez tardara un mes en volver al escenario. "Y luego, tal vez vaya al Grand Splendid", comentó.[6]

En realidad sólo actuó allí en agosto, durante unos diez días con sus guitarristas, con Barbieri reincorporado al equipo. Cuando esto al fin ocurrió, el diario *La Razón* comentó: "Hacía tiempo que el señor Gardel no actuaba en público. Sus actividades estaban consagradas exclusivamente a la fonografía, que ha hecho de su nombre el más difundido entre los que cultivan la música popular criolla, no solamente entre nosotros, sino en Europa".[7] Esto era verdad. La actividad fonográfica de Gardel, en los diecisiete meses que pasó en la Argentina antes de regresar a España en octubre de 1927[8], era ciertamente notable. Un examen de su discografía muestra que en 1926 y 1927 batió récords en cantidad de grabaciones, pues fueron los únicos años en que superó las cien canciones.[9]

A fines de 1926 se produjo un importante cambio en este aspecto. Como vimos, Gardel ya había grabado eléctricamente en los estudios Odeón de Barcelona en diciembre de 1925 y enero de 1926. El año 1925 fue el más significativo en la historia del sonido grabado, desde su nacimiento hasta la llegada del LP a fines de los 40; los micrófonos ahora reemplazaban las bocinas en los estudios de grabación de todo el mundo. (Y la velocidad de reproducción de los discos se estandarizó internacionalmente en 78 rpm.)[10] La nueva tecnología, inventada en los Bell Telephone Laboratories de los Estados Unidos, fue imitada ese año por las principales compañías discográficas, con Victor y Columbia a la cabeza. El sello Odeón (el sello de la International Talking Machine Company, fundada en Berlín en 1903, y con la cual estaba asociada la empresa de Max Glucksmann) pronto siguió esa huella. En noviembre de 1926 los estudios de Glucksmann en el cine Grand Splendid adoptaron el nuevo sistema. Gardel y sus guitarristas fueron los primeros artistas que usaron micrófono para el sello Nacional-Odeón.

Las primeras grabaciones, lamentablemente, resultaron defectuosas, y los discos no se distribuyeron comercialmente. Gardel volvió (muy poco tiempo, por seis títulos) al viejo método acústico. Pero las fallas pronto se solucionaron; a partir del 30 de noviembre de 1926 todas las grabaciones del cantor fueron eléctricas. Desde el punto de vista del entusiasta o coleccionista, no hay duda de que su voz suena más clara en los discos que grabó después de noviembre de 1926. A partir de allí también es posible fechar cada grabación con exactitud, y ello a la vez nos indica con qué frecuencia grababa Gardel: hubo treinta y una grabaciones entre noviembre de 1926 y su siguiente viaje a España. A menudo grababa cuatro o cinco canciones en una sola sesión (habitualmente haciendo dos versiones de cada canción); en dos oportunidades durante este período, llegó a grabar siete.

Estos totales, impresionantes para la época, revelan cuán importante era el trabajo del cantor en el estudio, tanto para Gardel como para la empresa Glucksmann. Para Gardel (y su agente Razzano) significaba un cuantioso ingreso en regalías, ahora siete u ocho veces mayor que en tiempos del primer contrato de 1917. Glucksmann también consideraba los discos como una parte lucrativa de su imperio comercial. En consecuencia había buenas razones para celebrar, como lo hizo el 19 de diciembre de ese año, con una fiesta campera (sin duda con asado incluido) en San Isidro, al norte de Buenos Aires. Todo indica que fue una grata ocasión, a la cual asistieron Gardel y sus guitarristas, Razzano y cinco distinguidos directores de orquesta (Francisco Canaro, Roberto Firpo, Osvaldo Fresedo, Francisco Lomuto y Juan Maglio), así como el personal de la compañía fonográfica. La música estuvo a cargo de las orquestas de Canaro y Lomuto.

Sólo dos días después Gardel participó en otro acontecimiento preparado por Glucksmann. En 1924, el magnate había organizado una competencia nacional para descubrir los mejores tangos del año. El voto del público designaba a los ganadores. (Esto continuó todos los años hasta 1929.) En el cine Grand Splendid se celebró una Gran Fiesta del Tango para anunciar —y tocar— los mejores seis tangos de 1926; Osvaldo Fresedo y sus músicos estuvieron presentes para tocar los ganadores de los dos años anteriores, junto con los seis premios de 1926. Gardel cantó los tres primeros tangos de la nueva selección. Recibió una gran ovación y tuvo que repetir las piezas. El tercer tango que cantó esa noche quizá sea el único que hoy muchos recuerdan. Se trataba de "Bajo Belgrano", una evocación de los establos y studs de un barrio bien conocido por Gardel: la música pertenecía a Francisco Anselmo Alita, un director muy popular, y la letra a Francisco García Jiménez; este equipo produjo muchos éxitos, y Gardel grabó por lo menos una docena de ellos con el paso de los años. Otro éxito de la época (que Gardel grabó tanto acústica como eléctricamente) fue el delicioso "Siga el corso", con su ambiente carnavalesco: un hombre está desesperado por averiguar la identidad de una de las muchachas enmascaradas, y recibe una respuesta provocativa.

Te quiero conocer,
saber adónde vas,
alegre mascarita que me gritas al pasar:
"¿Quién soy? ¿Adónde voy?
Adiós, adiós, adiós,
yo soy la misteriosa mujercita de tu afán."

Con tantas canciones nuevas grabadas en 1926-27 sería fútil tratar de escoger una muestra representativa de los éxitos de Gardel en ese tiempo. Él, por su parte, casi había dejado de escribir canciones. En los tiempos del dúo, como vimos, él y Razzano habían compuesto varias piezas. Debemos suponer que ahora estaba demasiado atareado. Por lo mismo, estaba constantemente en busca de nuevas piezas para cantar y grabar. Los escritores lo acuciaban; nunca le faltó material.

Y con la gran boga del tango en los años 20, nuevos escritores surgían constantemente. Son demasiados para mencionarlos a todos, pero vale la pena destacar a dos de ellos, al menos por su importancia en el repertorio de Gardel. Enrique Cadícamo, que trabajaba en el Archivo Nacional (un empleo al cual pronto renunció por el tango), conoció al cantor en 1926, presentado por Razzano en un cine de la calle Lavalle; era el tipo de encuentro habitual, con Gardel burlándose de Cadícamo (que entonces tenía poco más de veinte años) por su aire juvenil.[11] Gardel ya había grabado una canción de Cadícamo, y los dos se llevaron muy bien desde entonces. Un personaje diferente, el mordaz y melancólico Enrique Santos Discépolo, al que muchos luego considerarían el mejor letrista de tango, nunca fue, por lo que sabemos, amigo íntimo de Gardel. Sus dos primeros tangos fueron fracasos —las cínicas letras no eran apreciadas por un público acostumbrado a cosas más ligeras—, pero la intuición artística de Gardel le dijo de inmediato que las canciones de Discépolo triunfarían, como en efecto ocurrió. Las nueve o diez canciones que grabó Gardel (Discépolo no era un autor prolífico) se han constituido en clásicos, algunas de ellas en clásicos absolutos.

La frenética actividad de Gardel en el estudio de grabación no lo alejó totalmente del escenario; en todo caso, siempre disfrutó del contacto directo con su enorme y afectuoso público. La temporada en el Grand Splendid en agosto de 1926 fue seguida por una quincena en el Empire y una semana en el Gran Cine Florida (en la calle del mismo nombre), ambas en setiembre. Hubo unas apariciones en el Cine-Teatro General Belgrano a mediados de noviembre. En marzo y abril de 1927 Gardel estuvo en Mar del Plata y Montevideo. En mayo visitó Santa Fe. Y a partir del 8 de junio se encargó del fin de fiesta con la compañía de Luis Arata, en el Teatro Cómico de la calle Corrientes, donde Ignacio Corsini también estaba en el espectáculo. Gardel cantó casi todo agosto en el espléndido y flamante cine Astral (también en la calle Corrientes); luego viajó a Córdoba y Rosario para complacer a sus fanáticos de provincias, antes de regresar al Astral en octubre.[12] Las salas cinematográficas habían recurrido por largo tiempo a los artistas en vivo; desde mediados de los 20 hasta la llegada del cine sonoro, éstos incluían orquestas y cantores de tango; era un momento maravilloso para ser músico de tango.

Como de costumbre, también hubo eventos y funciones especiales donde la presencia de Gardel era bienvenida, espectáculos para honrar a actores, cantores o visitantes ilustres del extranjero. El 25 de junio, en el Cómico, le pidieron que cantara para el dramaturgo italiano Luigi Pirandello, de visita en la Argentina, en el elegante Café Tortoni de la Avenida de Mayo, un café hasta el cual iba a veces el presidente Alvear, solo o con doña Regina, desde el palacio presidencial frente a la plaza donde empieza la avenida. (Esto puede parecer increíble para las generaciones posteriores, acostumbradas a la estrecha red de seguridad con que se rodean hoy los políticos.) El Tortoni, al margen de su indiscutible encanto arquitectónico, fue (entre 1926 y 1943) lugar de encuentro de un famoso e informal club de artistas e intelectuales originalmente conocido como la Peña de Artes y Letras, y luego, más simplemente, como la Peña del Tortoni. El club rendía homenaje, en esta ocasión, al célebre italiano. Homero Manzi, también magnífico escritor (sobre todo de tangos), nos ha legado una divertida viñeta del encuentro de Gardel con Pirandello.

Desfilaban ante los ojos azules y descreídos del genial urdidor del *grotesco* los nombres más altos de nuestro arte: actores, poetas, cantantes. Y los ojos de Pirandello estaban envueltos en bruma. De pronto entró Carlos Gardel al frente de cuatro guitarristas. Y cantó. Con las cejas levantadas en arco de picardía. Con la sonrisa apoyada en un punto de la guitarra. Y Pirandello recién despertó. *¿Quién es ése?* —Carlos Gardel...— *¡Bravo!* rubricó. Carlos interpretó dos tangos y se fue. Corriendo, como había llegado. Entonces Pirandello desenfundó la niebla de su tristeza y se volvió a dormir detrás del aburrimiento.[13]

No se saben muchos detalles específicos de la vida personal de Gardel en estos meses. Tenía un departamento alquilado en la calle Rincón, no lejos del Café de los Angelitos (ni del Tortoni). Pero su verdadero hogar era la casa que había comprado en la calle Jean Jaurès, a sólo dos cuadras del gran mercado. Su anterior propietario era un solterón, un tal Juan Gorina. El acuerdo de venta se concretó en junio de 1926. Gardel convino en pagar 50.000 pesos; depositó 5.000 pesos de inmediato, prometió 15.000 pesos más en cuotas, y cubrió la diferencia con una hipoteca de 30.000 pesos.[14]

Esta casa, de aspecto anticuado, era bastante cómoda por dentro, aunque el frente era pequeño. Consistía en una gran sala central, casi un patio, una sala de estar, un comedor, dormitorios y demás. Un reportero que entrevistó a Gardel allí en 1929 pensó que no estaba "arreglada con mucha simetría", y observó que la mesa del comedor estaba abarrotada de ropa. El dormitorio de Gardel, según este testimonio, era un "cuarto arreglado, pero muy modesto", con "una camita de bronce muy angosta", en cuyas paredes no había "nada de artistas, ni heroínas de la pantalla, ni admiradoras", sino "austeros retratos familiares de respetables antecesores con aspecto de hombres de trabajo".[15]

Por su parte, doña Berta había invitado a su vieja amiga y ex patrona Anaïs Beaux (y al esposo argentino de doña Anaïs, Fortunato Muñiz) a vivir con ella en Jean Jaurès 735. Esto no era un mero gesto de gratitud por la ayuda brindada por doña Anaïs en años anteriores; probablemente también estaba destinado a brindar compañía a doña Berta durante las ausencias del hijo, ausencias que sin duda se volverían más frecuentes de ahora en adelante. Su próximo viaje se acercaba. Músicos de tango y periodistas le brindaron una suntuosa cena de despedida en el club nocturno Chantecler. Partió hacia España el miércoles 26 de octubre de 1927.

El buque que escogió en esta ocasión fue el *Conte Verde* (18.745 toneladas) de la línea Italian Lloyd Sabaudo. Esta línea (fusionada con una empresa más grande, Italia, en 1931) se especializaba en rápidos cruces del Atlántico, y Gardel, a juzgar por sus viajes posteriores, tenía preferencia por ella. Entre los pasajeros de este viaje estaban la mezzo-soprano francesa Jane Bathori y un viejo amigo, Edmundo Guibourg. A partir de 1926, Jane Bathori realizó viajes anuales a Buenos Aires; pasaría la Segunda Guerra Mundial en la Argentina. Quizá se refería a este viaje años más tarde (después de regresar a Europa al terminar la guerra) en una conversación con el distinguido novelista argentino Julio Cortázar. Su recuerdo de Gardel aún era vívido. *Il était charmant, tout à fait charmant, le* dijo a Cortázar. *C'était un plaisir de causer avec lui. Et quelle voix!* ("Era encantador, realmente encantador. Era un placer conversar con él. ¡Y qué voz!").[16]

Edmundo Guibourg, cuyo contacto juvenil con Gardel se menciona en el capítulo 1, había reanudado sus relaciones con el cantor alrededor de 1915; desde entonces se volvieron muy amigos. Por su parte, Guibourg se había convertido en un notable periodista, uno de los mejores periodistas argentinos del siglo veinte. Ahora iniciaba una residencia de cinco años en Europa, donde vería a menudo a su amigo. Su esposa Anita y su hijastro de siete años también lo acompañaban en el *Conte Verde;* al hijastro a menudo se le permitía escuchar mientras Gardel ensayaba sus canciones, una experiencia que no olvidaría jamás.

Cuando el transatlántico hizo escala en Río de Janeiro, hubo un pequeño contratiempo, habitual para muchos viajeros marítimos en esos tiempos. Gardel alquiló un taxi para ir con Guibourg al bosque de Tijuca, una de las atracciones de la entonces capital del Brasil. Durante esta excursión reventó una llanta del taxi; nadie se detuvo a ayudar; pasó el tiempo; los turistas empezaron a temer que tendrían que alquilar una lancha de motor para perseguir al *Conte Verde;* por último (como solía ocurrir en estos casos) un buen samaritano los regresó justo a tiempo al muelle.

Al llegar a Barcelona, Gardel descubrió que era ilegal importar tabaco en España. Según recordaba Guibourg, llevaba varios habanos en un bolsillo de la chaqueta. Un puntilloso oficial de aduana se los quitó; Gardel se los arrebató hábilmente, los hizo trizas y los arrojó al suelo, exclamando: "Yo no los fumaré, pero ustedes tampoco".[17]

Guibourg también fue testigo del nerviosismo que Gardel sentía a menudo al comienzo de un nuevo compromiso, cuando el cantante y sus guitarristas (ambos lo acompañaban esta vez) iniciaron su actuación en el Principal Palace de Barcelona —un cine amplio y moderno al pie de las Ramblas, hoy una reminiscencia de glorias pasadas— el domingo 13 de noviembre. Gardel había hablado la noche anterior por Radio Catalana, "para acrecentar su bien cimentada fama y el número, nutrido y entusiasta, de sus admiradores", según el diario *La Vanguardia.* Señalemos que la edición de ese domingo presentaba un gran anuncio para recordar a los barceloneses que "Carlitos Gardel, el único, el incomparable creador del tango argentino", grababa exclusivamente para el sello Odeón. En realidad, no era preciso recordarlo. La posición de Gardel en España era muy firme. Observaba *La Vanguardia:* "Diariamente acude al Principal Palace un público numerosísimo, que aplaude largamente a Gardel, obligándole a cantar hasta doce o catorce canciones".[18] Esta temporada, no obstante, duraría menos que la de 1925. El viernes 25 de noviembre hubo una función especial en honor de Gardel en el teatro, y dos días después se despidió temporariamente de Barcelona.

No hay duda de que disfrutó enormemente su permanencia en la ciudad. Guibourg recuerda cenas tardías después de las actuaciones de Gardel, en el Principal Palace —"comíamos admirablemente bien"— y largos paseos por las calles desiertas a las tres o cuatro de la mañana. (Según Guibourg, Gardel a veces se permitía una segunda cena antes de acostarse.) Santiago Rusiñol, dramaturgo (y pintor), invitó al cantante a almorzar en su casa del Paseo de Gracia y lo llevó en un coche abierto —"parecía una caja de zapatos", comenta Guibourg, que estuvo con ellos— hasta su pintoresca casa de Sitges, a orillas del mar, a unos cuarenta kilómetros.

En diciembre Gardel viajó a Madrid para actuar nuevamente en el Teatro Romea, escenario de sus triunfos en enero de 1926. Allí continuó disfrutando de la compañía de Guibourg y también se encontró con su viejo amigo Francisco Canaro, la orquesta de cuyo hermano tocaba en una pista de baile de la ciudad. Canaro (a quien Gardel invariablemente llamaba Cana, pues abreviar el nombre de los amigos era una de sus costumbres) luego recordaría muchas "noches de jubilosa camaradería" en Madrid. Una noche fueron a un restaurante en la Plaza del Herrador, Gardel escoltando a Zazá, la cantante española de *music hall* con quien a menudo había compartido el programa en Buenos Aires unos años antes. Gardel le hizo probar a Cana el vino tinto Marqués de Riscal; su gusto sin duda era excelente. En vísperas de Año Nuevo, Canaro invitó a Gardel a otro famoso restaurante madrileño, El Mesón del Sevillano. La concurrencia de esa noche (además de Canaro, su esposa y hermanos y Gardel) incluía a los integrantes del trío Irusta-Fugazot-Demare, un grupo de artistas de tango (Agustín Irusta y Roberto Fugazot como vocalistas; Lucio Demare como pianista) que empezaban a causar impacto. Afuera caía la nieve invernal, pero adentro todo era bullicio y alegría cuando Gardel y el trío, de excelente ánimo, saludaron la llegada de 1928.[19] Como veremos, sería un año memorable para Gardel.

A principios del nuevo año regresó a Barcelona para grabar (unas treinta canciones) en los estudios Odeón y para hacer nuevas apariciones, esta vez en el Teatro Barcelona. Éstas concluyeron el 1º de febrero cuando "el eminente cantor argentino... y *Artista* predilecto del público aristocrático" (según la descripción de *La Vanguardia* ese mismo día) una vez más se despidió de Barcelona. Pasó buena parte de febrero en una gira por el País Vasco, actuando en teatros y cines de Bilbao, San Sebastián y Santander. Es más difícil seguir con precisión su trayectoria de las siguientes semanas. Es probable que haya pasado algún tiempo más en Barcelona[20], pues una de las grandes amistades que entabló en este viaje fue con José Samitier, el entonces legendario centro-delantero del equipo de fútbol de Barcelona. Una vez más se constituyó algo semejante a una barra instantánea, cuyos principales integrantes eran Samitier y otros miembros del equipo. Gardel se interesaba mucho menos en el fútbol que en las carreras de caballos, pero disfrutaba de la compañía de los deportistas, y en esta ocasión siguió ávidamente (y sin duda sinceramente) la suerte del equipo barcelonés.

En algún momento de la primavera europea de 1928, una vez concluidos sus compromisos en España, se trasladó a París.[21] No hay duda de que la idea de trabajar allí le resultaba muy atractiva. Evidentemente ya había pedido a Luis Gaspar Pierotti, empresario itinerante y agente teatral, que investigara las perspectivas. (Pierotti había tenido una conexión con Gardel desde hacía un tiempo.) El director Manuel Pizarro, principal atracción del cabaret El Garrón, también ansiaba traer a Gardel a la capital francesa. Pierotti, Pizarro y los hermanos de Pizarro concentraron todos sus poderes de persuasión en Paul Santolini, gerente de varios locales nocturnos más o menos de moda. Santolini —a quien una revista teatral había llamado atractivamente *le Napoléon des boîtes de nuit*—[22], que por razones publicitarias se hacía llamar Santo, estaba impresionado por los discos que le habían hecho escuchar los hermanos Pizarro, pero quería conocer a Gardel personalmente antes de comprometerse.

La aparición de Gardel en París cambió totalmente las cosas. Salvador Pizarro lo cuenta así:

Estábamos una noche con Paul Santolini y unos cuantos amigos argentinos, cuando llegó a nuestra mesa Carlitos Gardel acompañado de Pierotti. Se sentaron, y pronto la conversación reanudó su marcha espaciada. De pronto Carlos, con las manos en los bolsillos, en un gesto muy suyo, echó para atrás la silla donde estaba sentado, y comenzó a cantar: "Esa Colombina puso en sus ojeras...". No tengo palabras para reconstruir aquel momento... Baste decir que a raíz de ese tango, Paul Santolini lo contrató para actuar en el Florida.[23]

El contrato entre Santolini, Gardel y Pierotti (en calidad de administrador de Gardel) se firmó el 18 de mayo de 1928. Gardel se alojaba entonces en el 23 del boulevard des Batignolles. Se proponía regresar a París a principios de octubre; recibiría el 50 por ciento de las ganancias por todas sus apariciones; Santolini le garantizó un mínimo de 3.200 francos por día[24] y convino en pagar seis pasajes de ida y vuelta Buenos Aires-París (dos de ellos en primera clase).[25]

No todo fue negocios, sin embargo, en esa primavera en París. El equipo de fútbol argentino pasaba por allí en su viaje hacia las Olimpíadas de Amsterdam. (Los primeros partidos se jugaron a fines de mayo.) Tal vez inspirado por su reciente amistad con Samitier, el Mago del Fútbol, Gardel brindó su hospitalidad a los jugadores, los llevó a conocer la ciudad y (algo que jamás olvidarían) les pagó una cena en un costoso restaurante. La velada terminó con una ronda de champagne en el cabaret Palermo, cerca de El Garrón en la rue Fontaine, establecido dos o tres años antes.[26] Este gesto generoso era absolutamente típico.

Gardel regresó a Buenos Aires a bordo del *Conte Rosso*, otro buque de Lloyd Sabaudo, y arribó la noche del 14 de junio, tras una ausencia de siete meses. Durante el viaje le cablegrafió a su viejo amigo Alfredo Deferrari: QUE EL AVIADOR NO SE COMPROMETA CON NADIE PORQUE

LLEVO COCHE.[27] El coche era un flamante Graham Paige modelo 1928[28], obsequiado a Gardel, como prenda de estima, por sus admiradores de Barcelona. Era el primer coche que tenía. Pero necesitaba que alguien lo condujera, y de allí la mención del Aviador, a quien conocía desde hacía un tiempo. Se llamaba Antonio Sumaje; era un individuo fornido de orejas sobresalientes, y se había apegado a Gardel, primero como conductor de un coche tirado por caballos, dispuesto a esperarlo hasta altas horas frente al Café de los Angelitos para disfrutar del privilegio de transportar a su héroe, y más tarde como chofer de Gardel en coches presumiblemente alquilados. El deseo, a menudo expresado, de ser piloto explicaba el apodo conferido (huelga decirlo) por Gardel. Siempre leal a Gardel, el Aviador debió de estar encantado con el Graham Paige y su puesto ahora permanente de chofer.

El reportero de *Crítica* que entrevistó a Gardel un día después de su regreso a Buenos Aires comentó: "El mago del tango... vuelve casi como lo mismo que se fue, un poco más grueso y un poco más... ¿cómo diríamos?... 'europeizado'".[29] Gardel ya conocía la fecha aproximada de su siguiente viaje a Europa; le quedaban menos de tres meses antes de su regreso a París para cumplir su contrato con Santolini. Esas doce semanas estuvieron atiborradas de trabajo. El estudio de grabación, por supuesto, lo reclamó casi inmediatamente. Fue entonces cuando Gardel grabó (en realidad grabó en tres oportunidades: el 26 de junio, el 6 de julio y el 23 de julio) el primero y clásico éxito de Enrique Santos Discépolo, "Esta noche me emborracho", un crudo retrato, mechado de lunfardo, de una muchacha de vida ligera y su ex amante.

> *Sola, fané, descangayada,*
> *la vi esta madrugada*
> *salir de un cabaret...*
> *Y pensar que hace diez años*
> *fue mi locura.*

El 6 de julio Gardel regresó a la radio argentina por primera vez en varios años. Durante casi dos meses actuó en el aire dos veces por semana (los martes y jueves a las 20:30) por Radio Prieto. Razzano había arreglado el contrato, realizando un gran esfuerzo para administrar la carrera de su amigo. Razzano comentó después: "Eran tiempos en que aún muchos artistas de categoría se prestaban a actuar en radio sin retribución alguna. Cuando me vieron para llevar a Gardel al micrófono, pedí, sin titubear, quinientos pesos. *¿Por mes?*, me preguntaron los interesados. *No*, contesté. *Por audición, y no más de seis canciones*".[30] Huelga aclarar que Razzano hizo estipular el pago. Gardel podía exigir ahora tarifas mucho más altas que las pagadas a otros artistas argentinos. "La descollante actuación que ha tenido el señor Gardel en nuestros principales escenarios", como decía *La Razón* aludiendo a las emisiones de Radio Prieto[31], le estaba granjeando un reconocimiento general como artista dentro de una categoría propia.

Como de costumbre, el artista mismo continuaba escogiendo selectivamente su repertorio y preocupándose por la índole de su arte. Decidió que necesitaba un tercer guitarrista para complementar a Ricardo y Barbieri. El músico elegido para cumplir este papel fue José Aguilar, un uruguayo sólo seis meses menor que Gardel, y artista de vasta experiencia. Más tarde Aguilar diría que como lo único que quería hacer en la vida era tocar la guitarra, simplemente continuaba haciéndolo. Anteriormente había acompañado a varios dúos (incluido el notable Dúo Magaldi-Noda) y a veces había grabado con Ignacio Corsini. Se unió al equipo en julio, para dos actuaciones diarias en el cine Paramount de la calle Lavalle (la calle de los cines por excelencia en Buenos Aires) y también en el estudio de grabación. Algunos efectos especiales que se detectan en las grabaciones de Gardel a partir de ese momento se pueden atribuir al recién llegado. Aguilar usaba un plectro para mejorar el sonido y era hábil en la creación de efectos estilo mandolina. Técnicamente, era la mejor "escoba" que Gardel había empleado hasta entonces.

El tiempo de Gardel en Buenos Aires pronto se agotó. Su temporada en el Paramount terminó el 20 de agosto, y sus emisiones por Radio Prieto tres días después. Al final de ese mes actuó una semana en el Teatro Solís de Montevideo, antes de regresar a Buenos Aires para una última sesión de grabación y una emisión especial por Radio Prieto en la que se despidió temporariamente de los porteños. El cantor reunió sus fuerzas para la expedición a Francia: Pierotti (que sería su agente), Antonio Sumaje (el Graham Paige regresaba a Europa), los tres guitarristas y el hermano de dieciséis años de José Ricardo, a quien el guitarrista no deseaba dejar solo en Buenos Aires. (Cuando Ricardo preguntó a Gardel si el costo adicional de llevar a Rafael se justificaba, el cantor repuso: "Es que necesitamos alguien que nos cebe mate".)[32]

Después de la medianoche del 12 de setiembre, el *Conte Verde* soltó amarras en la Dársena Norte de Buenos Aires. Mientras el buque abandonaba las aguas argentinas, Gardel envió un mensaje alegre y optimista a los lectores de *Crítica:* "El piróscafo me lleva hasta la villa donde impera [Maurice] Chevalier, y como criollo, hoy parto a conquistar a ese país bacán y copero con nuestro gotán porteño. Hasta luego, muchachada posta de mi Buenos Aires querido".[33] Con este ánimo atravesó el Atlántico una vez más. El grupo desembarcó en Barcelona y siguió viaje a Francia en auto, pasando una noche en Toulouse para que Gardel pudiera visitar a sus tíos antes de iniciar la empresa más cara de sus sueños: la conquista de París.

El terreno estaba preparado, pues el tango argentino era muy famoso en París. En los días vertiginosos anteriores a la Primera Guerra Mundial, la ciudad había sido el centro desde donde el controvertido nuevo baile había esparcido su influencia a los cuatro vientos: en palabras de Edmundo Guibourg, "París universalizó el tango".[34] Después de la guerra, el interés en el tango revivió intensamente; una vez más París se convirtió en el punto focal fuera de la Argentina, y la música de tango desempeñaba un papel importantísimo en la exuberante vida nocturna de Montmartre, junto con las ahora ubicuas orquestas de jazz. Los sonidos de la noche parisina de los años 20 eran un contrapunto de jazz norteamericano y tango argentino.

París se había convertido en morada de varios músicos argentinos. En muchos sentidos, las figuras clave de este grupo eran el director Manuel Pizarro y sus cuatro hermanos: Salvador, Juan, Domingo y Alfredo, todos los cuales llegaron a tener orquesta propia.[35] Manuel Pizarro también trabajaba en El Garrón desde 1920. En 1925 un violinista recién llegado, Eduardo Bianco (que más tarde tendría la singular distinción de tocar música de tango en presencia de Mussolini y Hitler), unió fuerzas con el bandoneonista Juan Deambroggio (Bachicha), formando la orquesta Bianco-Bachicha para inaugurar el nuevo cabaret Palermo, cercano a El Garrón. Ese mismo año, el enérgico y emprendedor Francisco Canaro recaló en París con su orquesta desde la Argentina, actuando con éxito en el cabaret Florida, junto al Theatre Apollo de la rue Clichy; este cabaret, recientemente inaugurado, gozaba de cierta fama a causa de su "pista de vidrio, iluminada con luces de colores desde abajo".[36] El Florida, a juicio de Canaro, era "más aristocrático" que El Garrón; durante su permanencia allí frecuentaron el lugar, entre otros, Gloria Swanson, Arthur Rubinstein y Rodolfo Valentino, quien instó a Canaro a visitar los Estados Unidos. Así lo hizo, pero cuando llegó allá Valentino ya había muerto.[37] Cuando Canaro regresó a Buenos Aires, la orquesta se quedó, bajo la batuta de sus hermanos Rafael y Juan. Una constante procesión de músicos argentinos nómades pasaban por París en la época; habitualmente conseguían trabajo.

La vida nocturna relacionada con el tango se centraba principal, aunque no exclusivamente, en Montmartre, sobre todo en las calles que rodeaban la plaza Pigalle. Estaba mucho más comercializado que en los tiempos de la fama de ese *quartier* como refugio de artistas, cuando los cabarets habían surgido espontáneamente "a partir de la clientela de un café o del taller de un artista".[38] También era bullicioso. "La rue Pigalle está animada toda la noche", nos informa una guía francesa de la época. "El sonido de las orquestas de jazz brota en todas partes... Melodías y canciones, trompetas aullantes, y notas de tango caen ensordecedoramente desde las ventanas; la calle está llena de tumulto."[39] Los cabarets de Montmartre atraían a una clientela muy cosmopolita y eran bastante internacionales. Dos escritores ingleses de la época, al retratar una típica *boîte* de moda, se explayan más de la cuenta (y en tono ofensivo) al mencionar este aspecto: "El propietario es español, el gerente argentino, el

93

barman norteamericano es un negro portugués. Hay una pintoresca banda para tocar música de jazz, y una orquesta argentina para el tango. Un par de mozos pueden ser franceses. Los demás son suizos o italianos.... Los parisinos son tan raros como los ángeles".[40] Pero no se debe olvidar que París también tenía una floreciente tradición de *music hall*. En éstos y en los teatros de variedades, los parisinos no eran tan raros como los ángeles. El tango también estaba presente allí.

Sin embargo, París era sin duda un escenario internacional; las colonias extranjeras eran vastas. Aprovechando las tasas de cambio favorables, los sudamericanos ricos llegaban por millares a la ciudad, tal como lo habían hecho antes de la guerra. *Riche comme un argentin,* decían los franceses en esos días, describiendo verbalmente un tipo singular. Los argentinos, con el cabello a menudo aplastado con gomina (un fijador argentino introducido en París en 1925 y muy vendido allí a fines de los años 20 y durante los 30), eran muy conspicuos en el mundo social y naturalmente tendían a reunirse de noche en cabarets como el Palermo o El Garrón, donde podían escuchar su propia música. En 1925 un periodista francés comentó acerca de El Garrón: "Hay toda una categoría de franceses celosos que no quieren a estos argentinos, pero también debemos admitir que hay una categoría de franceses que los adora... Agreguemos también que la seducción argentina produce su mayor efecto en mujeres que comienzan a sufrir los tormentos de la menopausia".[41] Los muchos argentinos que se encontraban en la ciudad incluían diplomáticos, periodistas, playboys ricos, oligarcas de cierta edad, y hombres del turf. El gran jockey Mingo Torterolo (el de la famosa carrera de Palermo en 1918) trabajaba ahora en París, donde sus hermanos Juan y Gabriel administraban establos al servicio de ricos propietarios argentinos. (Los Torterolo y otros personajes del turf a menudo se reunían en el bar MacMahon, en la avenida del mismo nombre.) Cuando Gardel fue a conquistar París, no se encontró con el problema de la escasez de compatriotas.

Santolini había decidido lanzar a Gardel, de cuyo potencial como estrella no dudaba, en una función de beneficencia que se celebraría en el teatro Fémina (desaparecido hace tiempo: estaba en Champs-Elysées, justo enfrente del Rond-Point) el domingo 30 de setiembre. La función estaba

* Esto, al menos, informó la prensa, pero otras versiones de amigos de Gardel cuentan que M. Perrier fue al camarín de la estrella para agradecerle su actuación, así que tal vez llegó al espectáculo más tarde. Edmundo Guibourg cuenta que Gardel confundió al ministro con un empresario. El poeta chileno Pablo Neruda, que estuvo de paso en París en esta época, cuenta en sus memorias, *Confieso que he vivido* (1974), que entre los latinoamericanos en la capital francesa "los argentinos eran los más numerosos, los más pendencieros y los más ricos". En las ocasiones en que fueron expulsados de los cafés, "no les gustaba en nada... esas violencias que les desplanchaban los pantalones y, más grave aún, que los despeinaban. La gomina era parte esencial de la cultura argentina en aquella época".

destinada a recaudar fondos para socorrer a las víctimas del reciente huracán en la isla caribeña francesa de Guadalupe, y se contaría con la presencia de M. Léon Perrier, ministro de las colonias; M. Perrier finalmente no asistió, pues sufrió lesiones en un accidente automovilístico.* El nombre de Gardel resaltaba en grandes letras negras en los anuncios que Santolini colocó en la prensa. Lo anunciaban como *la célèbre vedette sud-américaine, le créateur de tous les tangos à la mode*. (La segunda parte de la descripción era un poco exagerada.) El público, que incluía a muchos sudamericanos, no quedó defraudado. El triunfo de Gardel fue inmediato y decisivo. La ovación fue tal que después el cantor se volvió a su leal chofer, el Aviador, para preguntarle: "Pero, iche...! ¿Estamos en París o en Buenos Aires?".[42]

Desde luego, estaban en París. La prensa parisina pronto reparó en la presencia de Gardel. *Le Figaro*, en su comentario (más largo que los habituales) sobre el *espectáculo* del Fémina, alabó las "modulaciones e inflexiones de su voz y el juego de su semblante singularmente móvil, ...medios de expresión ... que él usa con arte consumado. ...Se tiene la impresión de que ejerce una suerte de encanto magnético sobre el público". El columnista describía el modo de cantar de Gardel como "perfectamente cadencioso", con "matices y dulzura, ...acentos trágicos, gritos de orgullo y rebelión, alegría y entusiasmo, ...ternura y acariciante melancolía". En pocas palabras, concluía *Le Figaro*, Gardel se ha anotado un "éxito triunfal". El efecto de ese elogioso comentario se reduce sólo en parte por el hecho de que constantemente se hablara de *Garden* y no de Gardel.[43]

Tales comentarios se repitieron en los días siguientes, con el nombre correctamente escrito. Jacques Chabannes, el columnista de *music hall* de *La Rampe* —la principal revista francesa de teatro, muy lejos de todo sensacionalismo—, comentó que el arte de Gardel era "tan simple, directo y profundo que sorprende antes de encantar, y luego uno queda cautivado por el gran talento de este artista incomparable. Sí, un artista, un verdadero artista, en el sentido más profundo de esa trillada palabra".[44]

El principal compromiso de Gardel en París consistía en cantar en el cabaret Florida de la rue Clichy. Debutó allí el martes 2 de octubre. Uno de sus amigos viajó especialmente a París para estar presente; se trataba del compositor Enrique Cadícamo, que había pasado unas semanas en Barcelona, una ciudad donde, observaba, "todo lo que fuera argentino era moda"[45], en parte como consecuencia de las visitas de Gardel. Cadícamo visitó a Gardel en su camarín del Florida y lo encontró poniéndose el complicado atuendo gauchesco que nuevamente usaba para agradar al público europeo; el cantor "se hallaba sereno y de buen humor", y, sobreponiéndose rápidamente de la sorpresa de ver al amigo, improvisó unos compases de una canción de Cadícamo.[46] Cadícamo regresó a su lugar con el público y presenció el abrumador aplauso que saludó la aparición de Gardel en escena y la ovación que siguió a cada una de sus canciones. Este espectáculo se repetiría noche tras noche en los cuatro meses siguientes. Las canciones de Gardel en esa noche inaugural (y en muchas noches posteriores) incluyeron los tangos "Siga el corso" y "Esta noche me emborracho", así como una vieja canción de Arturo de Nava, "El carretero".

Días más tarde, Cadícamo, que había resuelto pasar unas semanas saboreando los placeres de París, fue a ver a Gardel en su cuarto del hotel Reynita de Montmartre. Mientras Luis Pierotti, el factótum, preparaba café en la *kitchenette*, Gardel contó sus esfuerzos para obtener el contrato en el Florida y alabó "el comportamiento generoso de los Pizarro para convencer a Paul Santo". Pierotti trajo el café, Gardel señaló por la ventana los tejados de París y declaró, sin mayor originalidad: "la *Ville Lumière* es como una mujer hermosa difícil de conquistar".[47]

Difícil o no, él logró conquistarla. La gente hablaba de él; era la última sensación en una ciudad que estaba muy habituada a una sucesión regular de últimas sensaciones. El instinto de Santolini no había fallado; el Florida hizo un excelente negocio, pues tanto parisinos como extranjeros acudían en tropel a escuchar al *chanteur argentin* vestido de gaucho que cantaba tangos y los atractivos acordes de "El carretero", que se convirtió en uno de los mayores éxitos de Gardel en este viaje. Se cuenta que esa canción se tarareaba y silbaba en todo París. A menudo, cuando Gardel entraba en un club nocturno, la orquesta lo saludaba tocando "El carretero". Es una canción sencilla con una letra sencilla.

> No hay vida más arrastrada
> que la del pobre carrero,
> con la picana en la mano
> picando al buey delantero.

Aunque no todos los oyentes entendieran la canción, cualquiera podía apreciar el refrán sin palabras, silbado y tarareado.

"El carretero" fue una de las ocho canciones que Gardel grabó en su primera visita de trabajo a los estudios Odeón de París, apenas una semana después del debut en el Florida. Sus actuaciones en el cabaret sin duda estimularon la demanda de sus discos. Regresó al estudio en siete ocasiones durante los seis meses siguientes, añadiendo más de cuarenta títulos a su lista parisina. La mayoría eran tangos. También permitió a sus guitarristas grabar algunas piezas intrumentales; esto simplemente reflejaba su hábito en el Florida, donde a veces se apartaba para dejar que sus fieles "escobas", Ricardo, Barbieri y Aguilar, exhibieran su virtuosismo. Pero Gardel, por cierto, era la principal atracción. La reseña de discos de *La Rampe* de enero de 1929 lo describió elogiosamente como *l'étonnante vedette d'Odéon ... dont le triomphe chaque soir à Florida est indescriptible.* [48]

Es obvio que Gardel disfrutó cada momento de su triunfo en París. Vivía muy bien. Poco después del debut en el Florida se mudó del hotel a un apartamento en 51, rue Spontini, un elegante edificio de siete pisos que databa de 1912, en una calle apacible del elegante decimosexto *arrondissement*. (La calle no puede haber cambiado mucho desde que Gardel residió allí; el vecindario sigue siendo tranquilo e irremisiblemente próspero.) Los tres guitarristas, entretanto, permanecieron en un hotel de la rue Fontaine. En sus cartas a Razzano de esa época, Gardel apenas podía contener la exultación ante lo que sucedía. "Vivo en París mejor que un millonario, en el mejor barrio y en uno de los más confortables apartamentos. Recibo los telegramas de *La Nación* todos los días, y los diarios en cuanto llegan, pues mi gran amigo y admirador Ortiz Echagüe tiene para mí esa atención, reservada solamente a las personalidades. En estos días cantaré ante la reina de España y sus hijas, a solicitud de la marquesa de Salamanca y de Ortiz Echagüe."[49] Aclaremos que Fernando Ortiz Echagüe era el director de la oficina parisina de *La Nación*. También aclaremos que Gardel tenía la desdichada costumbre de no fechar las cartas que escribía de su puño y letra; suponemos que escribió ésta a fines de octubre o fines de noviembre, cuando la reina Victoria Eugenia pasó por París camino a su nativa Inglaterra.

Semanas más tarde, Gardel le escribió de nuevo a su viejo amigo, comentando sus últimos triunfos. "La venta de mis discos en París es fantástica. En tres meses se han vendido 70.000; están asustados y no dan abasto. Una revista famosa llamada *La Rampe*, que sale en estos días, en lujosa edición de fin de año, llevará en la tapa mi fotografía en colores. También verás que los catálogos de discos de París —que te mando— llevan mi foto en la tapa. Es bueno caer parado."[50] Gardel no exageraba, su fotografía a todo color (un poco retocada) apareció, en efecto, en la tapa del número navideño de ese año de *La Rampe*. Lo muestra sonriendo, desde luego; viste una chaqueta oscura, una camisa crema y una corbata rayada (con un alfiler de perla de aspecto opulento), cerca de los labios sostiene un cigarrillo en una boquilla larga y estilizada. No es una fotografía demasiado buena (sobre todo, la cara parece bastante gorda), pero su publicación simbolizaba de modo contundente el impacto que estaba produciendo en París. Sólo estrellas muy populares aparecían en la cubierta quincenal de *La Rampe*.

Es bueno caer parado... y él había caído parado. Llevaba una vida social muy activa, codeándose (al menos parte del tiempo) con celebridades como la estrella cinematográfica norteamericana Norma Talmadge, las Hermanas Dolly (Jenny y Dolly), muchachas norteamericanas que últimamente se habían vuelto muy populares en el teatro de variedades de París, y el distinguido dramaturgo Henry Bernstein, que saludaba a Gardel efusivamente cada vez que se encontraban en un local nocturno. (H. Bernstein era un entusiasta aunque no muy competente bailarín de tango.) Gardel mencionó a estas figuras cuando lo entrevistaron en Buenos Aires a su regreso. Sin duda hubo muchas otras que lo felicitaron en su camarín o compartieron su mesa en los clubes nocturnos que visitaba cuando terminaba su actuación en el Florida.

Y siempre estaban los compatriotas con quienes pasaba el tiempo: los hermanos Torterolo, por ejemplo, en cuyos establos Gardel celebró una fiesta de Año Nuevo el 1° de enero de 1929, y con quienes pensó en asociarse (así le comentó a Razzano) para comprar caballos de carrera.[51] También visitaba ocasionalmente la oficina de *La Nación* en la rue Edouard VII —su salón de lectura era un sitio de reunión para los argentinos de París— y desde allí, el 19 de marzo, le habló a Razzano por la recién inaugurada línea telefónica París-Buenos Aires. Todo indica que Gardel a menudo terminaba su ronda diaria (o, mejor dicho, nocturna) de madrugada en el cabaret Palermo, donde se encontraba con amigos como Cadícamo. "¡Qué bien sonaban en el filo de la madrugada los tangos, ensamblándose uno detrás de otro, como las noches, como la vida que pasa, que vuela!"[52]

Al salir Cadícamo de París, de regreso a la Argentina, Gardel y su guitarrista Barbieri llegaron hasta el andén de la estación para despedirse de él: Gardel le pidió que llevara un catálogo Odeón a Razzano, mientras Barbieri le encargó varias muñecas parisinas para sus hijas —las estaba echando de menos— en el lejano Parque Patricios.

Para los argentinos que vivían en París, el éxito de ese popular compatriota era motivo de orgullo. César Vedani, coautor del popularísimo tango "Adiós muchachos", estaba entre quienes oyeron al cantor en ese período, en una velada en que Gardel participaba en una función de gala en el teatro vecino al Florida.

Corrí a visitar a Gardel a su camarín del Florida, donde se preparaba para intervenir en el gran festival del teatro. Me recibió con la generosidad de su abrazo, de su sonrisa, de su palabra cálida. "Pibe... ¡Cómo me alegra verte! Tu tango es una pegada fantástica... Contame cosas de Buenos Aires... ¿Cómo está Razzano? ¿Y todos los amigos?" Yo procuraba ir dándole noticias rápidas... Él me escuchaba atento sin descuidar sus preparativos. Ricardo, Barbieri y Aguilar templaban y afinaban sus guitarras, sin perder de vista el aspecto de la sala que se apreciaba perfectamente desde un pasadizo del camarín que daba a la tertulia alta del teatro. Aguilar comentó: "¡Cómo está el público, Carlos!". Me llamó la atención el tono del comentario y me acerqué a mirar. La sala impresionaba. En ese momento estaba actuando una famosa *jazz* estadounidense, y el público le acompañaba el ritmo ¡golpeando las cucharillas de las tazas de café...! Simultáneamente se presentó el *regisseur* en el camarín, llamando al cantor para su actuación. Gardel me miró, y se despidió de mí con estas palabras donde había una vaga preocupación: "Bueno, pibe, vamos a ver qué pasa...". Y bajó con sus guitarristas. Yo pasé a la galería alta y me quedé anhelante, asomado, esperando eso: ver qué pasaba ... Sonaban las matracas ... Y vi que en medio de un indescriptible rumoreo entraba al cuadro de luz escénica el anunciador cuya voz potente apenas se sobreponía al estrépito: *Mesdames, messieurs, le chanteur argentin Charles Gardel!* El rumoreo no cedió. Se ubicaron el cantor y sus acompañantes. Sonaron las guitarras. Empezó a cantar Gardel sobre aquel fondo confuso de murmullos y ruidos. Y a la primera estrofa se apagaron los ruidos. Y en seguida se acabaron los murmullos. Lo escucharon en un silencio más impresionante que el bullicio de antes. Lo ovacionaron al terminar. Y cantó otra vez y sucedió lo mismo. Y otra vez más... ¡dueño y señor del gentío cautivado! Yo estaba aferrado a la baranda de la galería, viendo el milagro, con mi corazón lleno de júbilo, con mi cara llena de lágrimas.[53]

Las apariciones de Gardel en el Florida continuaron hasta bien entrado el nuevo año, cuando recibió una nueva acolada. Lo invitaron a participar en una de las más importantes fechas anuales del calendario social y benéfico de París, el Bal des Petits Lits Blancs, celebrado en la Ópera. Gardel le escribió a Razzano: "El teatro de la Ópera de París, del que, desde muchachos, hablábamos tanto. ¡Quién pensaría, por aquellos pagos, hace dieciséis años, que llegaría a cantar en la Ópera, ante todas las personalidades, empezando por el presidente de la República y sus ministros!".[54] El Bal des Petits Lits Blancs, como implica su nombre, se realizaba en beneficio de organizaciones caritativas para niños. Era una función de gala, centelleante y espectacular, que tradicionalmente recibía la contribución de los nombres más destacados del mundo del espectáculo. En 1929 se realizó el 5 de febrero y, como en años anteriores, "reunió a la elite de París y las mayores celebridades mundiales actualmente presentes en nuestra capital", según comentó Le Figaro.[55]

Gardel y otras estrellas de la función se presentaron en el tradicional pont d'argent (puente de plata) que se extendía sobre el centro del gran auditorio; fueron presentados por el popular artista francés de variedades Saint Granier. Gardel no era el único representante del tango argentino que actuaba esa noche, pues Osvaldo Fresedo y su orquesta, que habían llegado a París poco después que Gardel y habían actuado en El Garrón, en thés dansants en el Lido en los Champs-Elysées, y en el Kursaal de Ostende, también estaban allí. Las canciones de Gardel cautivaron, una vez más, todos los corazones. El afable y astuto Gaston Doumergue, el querido presidente de Francia, envió un mensaje, pidiendo que Monsieur Gardel repitiera "El carretero". Monsieur Gardel accedió.

Sus triunfos se multiplicaron. Tres días después de la función en la Ópera, él y sus "escobas" iniciaron una actuación de diez días en el Casino de Cannes, a 4.000 francos por noche; ésta era la primera vez que Gardel iba a la Riviera francesa, y evidentemente quedó impresionado. El 22 de febrero regresó a París para actuar en la sala Empire, avenue de Wagram, donde encabezaba la lista. Su nombre sobresalía en grandes caracteres negros en los afiches. Este teatro —cette salle immense, como la describió una vez Maurice Chevalier— había sido construido por la compañía Pathé en 1924, y muchas estrellas famosas habían pasado por su escenario. Gardel cantó allí dos semanas, conquistando un previsible aplauso y muy favorables comentarios periodísticos. Jacques Chabannes, de La Rampe, pensaba que Gardel traía la Argentina a París con sus canciones: "Nos lleva por el camino de Buenos Aires".[56] *Le Figaro*, revelando la habitual ignorancia europea en cuanto a los orígenes de la tradición del tango, opinó que "el célebre cantor de tangos ... sobresale al expresar ... toda la melancolía de la pampa".[57]

Gardel le escribió a Razzano con exaltado orgullo. "Soy la 'vedette', el que lleva la gente, y hago una revolución, pues me piden hasta los 'bises'. Me consideran los diarios y el público un artista extraordinario."[58] Señalemos que el Empire era un auténtico *music hall*: además de Gardel, esa quincena actuaron Little Esther, "una Josephine Baker en miniatura", los acróbatas del patín Van Horn e Inez, y un chimpancé llamado Djibo, que hacía piruetas en el trapecio.

La larga serie de apariciones en el Florida terminó en la primera semana de abril. Hacía seis meses que Gardel estaba en París, y era tiempo de pensar en el regreso. La fascinación de la ciudad, sin embargo, era muy poderosa. Pensaba (en serio o por capricho, quién sabe) en comprar una residencia en París para el futuro, e incluso inspeccionó una casa con esta idea en mente. Como le comentó con entusiasmo a Razzano: "Compraré un 'chateau' colosal en el Bosque de Vincennes, con 3.000 metros de jardín y plantas: se parece al de Unzué en la Avenida Alvear.* Una gran ocasión de tener casa en París para que puedan venir los amigos a recrearse".[59] Pero no compró la casa.

El viaje europeo culminó con dos compromisos en España: veinte días en el Principal Palace de Barcelona, seguidos por diez días en el Teatro Avenida de Madrid. Gardel cobró generosamente por ambos. Durante su estadía en Madrid, él y su fiel guitarrista José Ricardo convinieron en separarse. Es posible que Ricardo no hubiera perfeccionado su técnica con los años, que ahora pareciera demasiado aferrado a sus hábitos en comparación con el más brillante Aguilar.

También puede ser que, al cabo de trece años con Gardel, Ricardo quisiera probar suerte independientemente, con su hermano menor, que revelaba un promisorio talento como guitarrista. Sea cual fuere la razón, la separación parece haber sido amistosa. José y Rafael Ricardo regresarían más tarde a París, donde trabajaron juntos como Les Frères Ricardo.

Gardel llegó a Buenos Aires a bordo del *Conte Rosso* el 16 de junio de 1929, al cabo de nueve meses de ausencia, la más prolongada hasta entonces. Por cierto los reporteros lo interrogaron sobre sus experiencias. Razzano se ocupó de los aspectos financieros de la gira de su amigo y señaló que se habían vendido 110.000 discos de Gardel durante la permanencia del cantor en París. Gardel dijo a los periodistas que estaba muy satisfecho con sus últimos triunfos europeos. "En general", explicó, "el público, y no me refiero, naturalmente, al que habla castellano, no entendía mis canciones, pero le bastaban la melodía y mi interpretación.

* Una de las más famosas mansiones de Buenos Aires.

Eso lo comprobaba sobre todo en mi camarín, después de los espectáculos, conversando con muchos de los que había visto en la platea aplaudirme calurosamente". ¿Cuáles eran los autores de mayor éxito entre el público de París? "Nava, con su 'Carretero', Delfino, Filiberto, Barbieri, Aguilar, Cadícamo, Matos Rodríguez ... Pero en general lo que tiene más aceptación es el tango."[60]

Entre octubre de 1927 y octubre de 1929, Gardel había pasado sólo tres meses en la Argentina. Ahora se quedó casi un año y medio antes de partir nuevamente hacia Europa. Con el beneficio de la retrospección, sabemos que ésta sería su última residencia prolongada en la Argentina, la última oportunidad en que pasaría más de un año calendario entero en su país. Desde luego él no lo sabía en el momento, aunque por lo que conocemos de su carrera posterior parece probable que hubiera planeado las cosas de esta manera. Por el momento, sin embargo, la vieja rutina de su vida en la Argentina se reanudó de modo inequívoco.

Era una rutina que se había expandido pero que no se había alterado mucho desde los tiempos del Dúo Gardel-Razzano: actuaciones en cines y teatros; giras a las provincias y al Uruguay; largas sesiones de grabación en los estudios de Glucksmann; contratos con las *broadcastings;* noches de juerga con su barra, con sus numerosos amigos del siempre fascinante mundo del turf; domingos mirando carreras (y apostando) en el hipódromo de Palermo. Gardel nunca se propuso cambiar este estilo de vida. Pero ahora se acercaba a los cuarenta años, un período de la vida en que muchos son propensos al autoexamen. Lo cierto es que Gardel ahora comenzaba a percatarse de su carrera y a preguntarse si su preeminencia local no se podría extender a la escena internacional, la escena que había experimentado en París. También advertía que su situación personal y financiera era menos satisfactoria de lo que debía haber sido. Como de costumbre en él, tardó un poco antes de sentir la necesidad (o de reunir la fuerza de voluntad) para actuar. Infaliblemente decisivo en cuanto concernía a su arte, titubeaba en cuestiones privadas o financieras.

Entretanto, sin embargo, las viejas rutinas de juego y trabajo se impusieron nuevamente. Gardel las adoptó con su gracia habitual. Ahora trabajaba con gran empeño, un elemento sobre el cual llamó la atención cuando un reportero de *La Nación* lo entrevistó a fines de junio de 1929.

Al ver a Carlitos Gardel rozagante, juvenil, despreocupado, os imagináis que hace una vida de holganza y emplea las veinticuatro horas del día en gastar —su fama de rumboso es proverbial— el dinero que le cae del cielo. Su vida es rumbosa ciertamente, gasta, se divierte, anda, da la impresión del hombre feliz. Pero lo que no sabéis, lo que ni siquiera se sospecha, es todo lo que trabaja durante las horas que no se lo ve. En seguida nos contesta: "La gente no se supone lo que yo trabajo. Cree que me gano el dinero sin hacer nada. Y lo gano, es cierto: gano mucho, pero trabajo también muchas horas del día. Para que se den cuenta, basta este dato: llego a grabar veinte canciones mensuales. Además de la grabación, que en esa forma tiene que ser casi diaria, cuéntense los ensayos, la instrumentación, la conjuntación de las guitarras, las modificaciones que siempre hay que introducir, para que el canto y los instrumentos vayan bien, y se tendrá lo que es mi vida. Muy agradable, no puedo quejarme, pero de trabajo continuo".[61]

Un rápido examen de los horarios de Gardel en el año siguiente confirma este acierto.[62] Estuvo en el estudio de grabación treinta veces entre junio de 1929 y junio de 1930. En julio de 1929 cantaba dos veces por noche en el cine Suipacha (en la calle del mismo nombre), y trabajaba tres veces semanales en Radio Excelsior y Radio La Razón, un contrato que duró dos meses. Esta rutina se interrumpió brevemente a mediados de julio a causa de una ligera infección de garganta. El 7 de agosto el cantor y sus dos "escobas" restantes (José Ricardo aún no tenía reemplazo) actuaron en el Teatro Apolo en una función de beneficencia para ayudar a la familia de un jockey fallecido recientemente. (Josephine Baker, que entonces visitaba Buenos Aires, también participó.) A mediados de setiembre Gardel actuó dos semanas en el Teatro 18 de Julio de Montevideo; aquí la demanda popular era tan grande que tuvo que trasladarse a otro teatro y permanecer una semana más. A mediados de octubre regresó al cine Suipacha, pero sólo por tres días, pues de pronto canceló sus apariciones. Los problemas que lo habían aquejado en julio se repitieron; le aconsejaron que se sometiera a una pequeña operación de nariz y garganta. No se sabe con certeza la fecha en que se realizó la intervención quirúrgica; fue quizá durante uno de sus largos intervalos en su programa de grabaciones de esa primavera.

Fuera cual fuese la índole de la operación, apenas alteró el frenético ritmo de trabajo de Gardel. En enero y febrero, los calurosos meses de verano, estuvo en Rosario, Córdoba, Mar del Plata y Bahía Blanca, así como en pueblos más pequeños; fue su gira provincial más larga en varios años. En marzo grabó por primera vez con un tercer guitarrista nuevo. Se había llamado a varios candidatos a Jean Jaurès 735 para que se sometieran a una prueba junto con Barbieri y Aguilar. "Me quedo con éste", dijo Gardel, señalando a Ángel Domingo Riverol, de treinta y seis años, el afable hijo de dos inmigrantes de las islas Canarias. Riverol antes había combinado su carrera musical con su trabajo como pintor y decorador, en el cual era muy hábil. De hecho, estaba dedicado a refaccionar el Café Los 36 Billares (célebre reducto de músicos de tango en la calle Corrientes) cuando Aguilar fue a anunciarle que Gardel tenía interés en contratarlo.

Riverol había trabajado últimamente con el Dúo Ferrandini-Conte, quienes no se opusieron a dejarlo en libertad, lo cual es un indicio de la estima que sentían por Gardel sus colegas. Domingo Conte comentaría más tarde: "Riverol, pese a la satisfacción de esta oportunidad, estaba preocupado al tener que abandonarnos, pero nosotros comprendimos la importancia que tenía para un guitarrista como él, y le dijimos que nos sentíamos felices de que fuera a actuar con Gardel, ya que era un paso trascendental".[63] Gardel pronto le cobró afecto a su nuevo acompañante, al cual apodó "el flaco". Los admiradores, y especialmente las admiradoras, a menudo daban a Gardel flores y chocolates después de las actuaciones; Gardel solía guardar las flores para doña Berta, pero desde entonces acostumbraba a pasar los chocolates a Riverol, que tenía una familia creciente. En algún momento, Riverol también asumió la tarea de *speaker,* es decir, el anunciador de los títulos de las piezas que cantaba Gardel.

Las primeras grabaciones con el nuevo equipo de tres guitarristas se realizaron el 20 de marzo. Pocos días después, el 1° de abril, Gardel añadió, experimentalmente, un piano y un violín (los ejecutantes eran dos excelentes músicos de tango, Rodolfo Biagi y Antonio Rodio) al tradicional acompañamiento de guitarras para las seis canciones que grabó ese día. Una de ellas era una regrabación de "Buenos Aires", un tango de melodía majestuosa y noble (Gardel lo había grabado en 1923). Otro fue el meditativo "Viejo smoking", con letra de Celedonio Flores, viejo amigo de Gardel, y música de su guitarrista Barbieri, que era un hábil compositor. Se trata de una viñeta: un gigoló retirado contempla su descolorido smoking y lamenta el paso del tiempo, un tema perenne en la música de tango.

A principios de abril, Gardel y sus guitarristas iniciaron una serie de programas en Radio Nacional, tres veces por semana durante dos meses. Ese mes el cantor también regresó al familiar escenario del Empire. En su comentario sobre este especial debut, *La Razón* lo describió como "el más conocido y estimado de nuestros cantores porteños" y añadió: "Un estilo muy personal, una expresión matizada, su simpatía y su acierto para elegir repertorio, han hecho de él, el más popular y cotizado de los intérpretes del tango".[64]

¿Cuánto había de cierto en ello? La pregunta puede parecer ociosa, pero a veces resulta tentador ver la influencia de la retrospección en algunas de las evaluaciones de la popularidad de Gardel en esa época. ¿Era sólo un intérprete más? ¿No había otros igualmente populares? ¿Sólo se distingue de sus rivales gracias a su posterior carrera cinematográfica y su situación casi legendaria de ídolo popular en la Argentina? Al margen de las grabaciones (que revelan la asombrosa gama emocional de Gardel y su pulido estilo), hay muchos comentarios periodísticos como el citado; muestran claramente que Gardel había ascendido a una reconocida posición de preeminencia. Así lo veían sus colegas. El público acudía en tropel a oírlo y a comprar sus discos, y también, intuitivamente, captaba que Carlos Gardel era algo más que un mero cantante popular. Afectuosamente lo llamaban el Zorzal. ¿Acaso no era, en cierto sentido, un símbolo del porteño, una encarnación de lo que cada porteño aspiraba a ser? Con sus modales provocativos, sus ropas elegantes, su estilo de vida "rumboso", ¿no era acaso la viva imagen del porteño triunfador? Ya estaba cerca de ser un ídolo popular.

Aun así, no deberíamos subestimar a otros cantores de tango que gozaban de gran popularidad a fines de la década del 20. Ignacio Corsini, el respetado amigo de Gardel, era uno de ellos. Agustín Magaldi era otro: diez años más joven que Gardel, tenía una clara voz (a veces casi de falsete) que despertó apasionado interés. Corsini llegó a viejo; Magaldi murió en 1938 a los treinta y siete años. Ninguno de ambos había llegado a gozar de tanta estima popular como Gardel, aunque a veces se le deben de haber acercado bastante. También había (especialmente en este período) una formidable falange de vocalistas femeninas a quienes tener en cuenta: Azucena Maizani, Tita Merello, Libertad Lamarque, Mercedes Simone, Sofía Bozán y otras. Entrevistada en agosto de 1929, Sofía Bozán sugirió que aunque Gardel era por cierto "admirable", Azucena Maizani era la mejor "intérprete dramática del tango".[65] Nadie, y mucho menos en Buenos Aires, podría negar la inmensa atracción de "la ñata gaucha", como llamaban los porteños a la Maizani. Quizá merezca ser recordada como la mejor intérprete femenina del tango. Aun así, como hemos visto, ella misma sentía no sólo afecto personal sino admiración profesional por Gardel.

Sí, el Zorzal era especial, y los porteños lo sabían. Lo que no sabían en 1930 era que Gardel empezaba a experimentar frustración e insatisfacción con su suerte. Las raíces de este malestar (que no reveló al público, y ni siquiera a muchos amigos) son difíciles de descubrir a esta altura. Hay razones para creer que el prolongado idilio de Gardel con Isabel del Valle comenzaba a decaer hacia 1930; lamentablemente, muy poco se puede afirmar sobre esta relación. Lo más seguro es que Gardel estuviera afrontando pesadas deudas y que su posición financiera fuera menos próspera de lo que el público imaginaba.

¿Cuál fue el origen de estas deudas? Leyendo su correspondencia posterior entre líneas, es justo suponer que Isabel del Valle vivía en una propiedad aparte mantenida por Gardel y que esto le costaba dinero. (Al parecer, la familia de Isabel también aprovechaba la situación, aunque no se sabe bien cómo.) El opulento estilo de vida de Gardel —un guardarropa constantemente renovado de creciente elegancia, fiestas de champagne con los amigos y demás— era manifiestamente antieconómico. Pero el mayor gasto, un drenaje constante en las ganancias de la estrella, provenía de su profundo amor por las carreras de caballos y las apuestas. En el próximo capítulo estudiaremos este tópico más detalladamente. Por el momento, baste señalar que Gardel ahora poseía un caballo de carrera (famoso pero no muy ganador) y que, en sociedad con Razzano, había intentado establecerse como propietario de un stud. El resultado fue que hacia 1930 había contraído serias deudas, a pesar de sus sustanciales ingresos como cantor.[66]

Al margen de este problema (y casi ciertamente en relación con él, aunque no se puedan comprender de modo cabal las conexiones exactas) había una creciente tensión entre Gardel y su viejo amigo y agente, José

Razzano. Al parecer, Razzano era un administrador meticuloso, quizá demasiado meticuloso. "José dirigía y administraba y Carlos acataba, casi incondicionalmente, sus resoluciones", observa Armando Defino.[67] Los años de trabajo duro y viajes intensos comenzaban a cobrar su precio; quizá Gardel se preguntó si Razzano había sido suficientemente prudente al administrar su carrera. También temía que su voz sufriera el mismo destino que la de Razzano. No sabemos cuál era exactamente el convenio financiero entre ambos, pero no hay razones para suponer que Razzano perdiera en esta asociación con Gardel. En esto también había causas para el resentimiento, un resentimiento que quizá creció con los años.

Hubo una riña bastante seria entre los socios en 1929, cuando Gardel actuaba en el Suipacha, y poco antes de que apareciera en escena. Razzano cuenta que salió del cine enfurecido y por casualidad se encontró con el actor Elías Alippi, con quien fue a cenar al restaurante Conte —favorito de Alippi, y uno de los preferidos por Gardel— para descargar su rabia contra Gardel. "¡Ésta es la última! ¡No lo vuelvo a hablar en mi vida!", exclamó Razzano. Cuando salían del restaurante apareció Gardel, quien abrazó a Razzano fervientemente. Alippi aplaudió, e hicieron las paces.[68] Hubo una curiosa secuela de este incidente el 31 de diciembre de ese año, cuando Gardel y Razzano grabaron dos canciones (ninguna de ellas era un tango) juntos, por primera (y única) vez desde la disolución del dúo.[69] Se tiene la tentación de interpretar esto como un gesto conciliatorio por parte de Gardel.

Al empeorar sus relaciones con Razzano, Gardel comenzó a acercarse a otro integrante de su barra, Armando Defino. Anteriormente Defino había sido cauto y deferente en sus contactos con el cantor, e incluso, al regresar a casa desde la escribanía donde trabajaba, hacía un rodeo para evitar el restaurante Conte donde Gardel invariablemente insistía en invitarlo a cenar. Pero era lo bastante amigo como para prestar a Gardel ciertos servicios legales de cuando en cuando. A fines de los años 20 intuyó que su relación con la estrella se estaba profundizando. Luego, en 1930, cuando Gardel necesitaba una gran suma de dinero en poco tiempo, preguntó a Defino si era posible hipotecar (supuestamente por segunda vez) su propia casa. Defino convino en enviar un prestamista y prontamente solucionó el problema. Notó que Gardel interpretaba este acto menos como una mera transacción comercial que como una "gauchada" de Defino, aunque la mecánica del trato se le explicó pacientemente. "Carlos pretendía no entender nada y sólo daba importancia a mi 'gauchada'."

Fue entonces cuando Gardel comenzó a consultar a Defino acerca de su trabajo y sus planes para el futuro —un indicio de genuina intimidad—, y también contó ciertos "hechos de su vida privada"; es casi seguro que contó a Defino acerca de Isabel del Valle. El tema del verdadero apellido del Zorzal también apareció en sus conversaciones. Defino sugirió que aclarara la situación legal, aunque no le parecía muy urgente. Gardel, por su parte, retomaba el tema cada tanto, como si estuviera ligeramente preocupado, pero no tardaba en olvidarlo. Defino se valió de su nueva intimidad para insinuar a Gardel que administrara su dinero con mayor cuidado y que guardara algo para una emergencia. "Carlos, inteligentemente, comenzó a corporizar estas ideas."[70]

Pero aún no se decidía a ponerlas en práctica. Exteriormente, su relación con Razzano era tan cálida como de costumbre; no había indicios de ruptura incipiente entre ambos hombres; Razzano continuaba siendo su administrador. Y las ofertas de los empresarios continuaban llegando. Las actuaciones en el Empire en abril y principios de mayo de 1930 fueron seguidas por breves períodos en cines, por diez días (en junio) con la compañía teatral de Luis Arata en Rosario, y por cuatro emisiones más (también en junio) en Radio Nacional. Gardel y sus guitarristas pasaron todo julio y los primeros días de agosto en Montevideo, brindando el fin de fiesta para la compañía Morganti-Pomar en el teatro Artigas.

Mientras Gardel estaba allí, Segundo Bresciano lo entrevistó para el periódico montevideano *El Imparcial*. Carlitos, al parecer, la consideraba una de las mejores entrevistas que había otorgado, aunque Bresciano insistió sobre el embarazoso problema de su lugar de nacimiento, y Gardel se vio obligado a perpetuar la historia de que era oriundo de Tacuarembó. También declaró haber recibido más de treinta mil cartas de sus admiradores, que nunca había tenido un "día amargo", y que su canción favorita era "El carretero". (Al menos dos de estos asertos deberían tomarse con reservas.) El reportero le preguntó si pensaba que aún podría cantar como de costumbre. Gardel respondió: "Sí, che. Después de la operación que sufrí en mi garganta, quedé como nuevo". También se tocó el tema de las finanzas de Gardel.

SB: Se dice que usted ha ganado mucho dinero en el teatro.
CG: Es cierto... Gané mucho, mucho, increíblemente mucho. Pero como todo buen criollo, me quedo sin nada.
SB: ¿No le asusta el porvenir?
CG: El porvenir es el presente. Quien lleva sangre criolla no se asustará jamás del porvenir.[71]

La presencia de Gardel en la capital uruguaya coincidió esta vez con el primer Campeonato Mundial de Fútbol. En la víspera de los primeros partidos visitó al equipo argentino (algunos de cuyos integrantes recordaban su "gauchada" parisina de 1928) en el Hotel La Barra, en el pequeño pueblo vecino de Santa Lucía. Los futbolistas reunidos en el comedor del hotel recibieron con afecto a Gardel y sus guitarristas. Gardel les deseó suerte y los agasajó con una selección de tangos. Como era inevitable, le pidieron su opinión sobre el resultado de la competencia. Su respuesta, un modelo de prudencia, debió de complacer a sus admiradores de ambas orillas del Plata. "En fútbol es más difícil de acertar que en las carreras, y ya sabemos que en el hipódromo no acierta nadie... Pero en fin, yo, sin aventurar nada y descartando, por no conocerles en el deporte, a los brasileños y a los yanquis, diré solamente que los rioplatenses serán los más difíciles de vencer y que si llegan a una final habrá que 'tirar la monedita' para saber quién gana. Ambos son buenos y juegan un fútbol maravilloso y artístico."[72] Ocurrió que los equipos argentino y uruguayo llegaron en efecto a la final, que se disputó un miércoles 30 de julio. El Uruguay derrotó a la Argentina por 4 a 2, un resultado que provocó un instantáneo duelo nacional en la orilla meridional del Río de la Plata.

Pero nubes mucho más oscuras se cernían sobre los cielos argentinos. El viejo presidente Yrigoyen, reelegido por una vasta mayoría en 1928 para suceder al tangófilo Alvear, enfrentaba el principio de la Gran Depresión. Las líneas de los gráficos económicos, hasta ahora en triunfal ascenso, ahora vacilaban, se achataban y bajaban. Cuando Gardel regresó a Buenos Aires, se vislumbraba una crisis política. Los conservadores veían una posibilidad de desalojar a los radicales, que estaban en el poder desde la victoria de Yrigoyen en 1916. La crisis se resolvió el 6 de setiembre. El ejército realizó un rápido golpe de Estado y depuso a Yrigoyen. Era el fin de sesenta años de imperio de la Constitución y el comienzo de un período mucho más triste para la República Argentina.

Gardel no confió al público su opinión sobre estos acontecimientos. Esa semana cantaba en el cine Gran Florida, brindando en vivo lo que Al Jolson brindaba desde la pantalla de plata. Menos de tres semanas después del golpe, sin embargo, Gardel grabó un tango que sus amigos Francisco García Jiménez y Anselmo Aieta habían escrito apresuradamente para celebrar la caída de Yrigoyen.

> La niebla gris rasgó veloz el vuelo de un avión,
> y fue el triunfal amanecer de la revolución.
> Y como ayer, el inmortal mil ochocientos diez,
> salió a la calle el pueblo, radiante de altivez...
> ¡Viva la Patria! y la gloria de ser libres...
> Orgullosos de ser argentinos
> al trazar nuestros nuevos destinos.

Lo mejor que se puede decir de esta letra (la melodía es vagamente agradable) es que no reflejaba la opinión de todos los argentinos.

También debemos señalar que Gardel no tenía intenciones de quedarse demasiado tiempo para experimentar personalmente los nuevos destinos de la Argentina. Su agente Luis Pierotti le había arreglado una nueva aparición en el Empire de París, y también había perspectivas de trabajo en la Riviera francesa. Originalmente, Gardel había planeado volver a Francia a fines de 1929; así lo había anunciado a la prensa al regresar a Buenos Aires en junio; de hecho, Pierotti firmó un contrato con el Empire. No obstante, el contrato eventualmente feneció y la visita se postergó un año entero. Sin embargo, ahora Gardel estaba decidido a partir hacia

Europa en diciembre. Entretanto debía cumplir con sus compromisos habituales: actuaciones en cines, grabaciones y una serie de programas radiales tres veces por semana (21 de octubre a 4 de diciembre) en Radio Rivadavia y Radio Splendid. Estas emisiones se recuerdan como algo especialmente notable, aun comparadas con otras de Gardel. (Mencionemos que sus emisiones por Radio Prieto en 1928 habían suscitado un interés excepcional.)

Y ahora había algo nuevo en el aire. Gardel estaba intrigado por las posibilidades que el advenimiento del cine sonoro ofrecía a los cantantes. En la Argentina aún no se realizaban filmes sonoros, pero los espectadores acudían en tropel a las salas para ver las últimas novedades de Hollywood. Se trataba, sin duda, de un medio que podía ampliar enormemente sus perspectivas. Allí estaba el gran éxito de Al Jolson. Era obvio que Gardel pensaba en ello desde tiempo atrás. De hecho, había declarado a *La Nación* en junio de 1929 (a su regreso de Europa) que tal vez pronto fuera a los Estados Unidos para rodar una película sonora; afirmaba que había recibido una tentadora oferta de la Paramount en París. (Esto podría ser cierto, pues eventualmente filmó con la Paramount.) En Montevideo, en julio de 1930, hizo una declaración similar a *El Imparcial*. Una nueva ambición cobraba forma en su mente.

En esta encrucijada, un grupo de amigos, entre ellos Francisco Canaro, habló con Gardel para proponerle la filmación de algunas de sus actuaciones. Ésta sería una de las primeras películas sonoras realizadas en la Argentina. Gardel aceptó con entusiasmo. El rodaje se realizó (durante octubre y noviembre) en los improvisados estudios (apenas un cobertizo) de la calle México a cargo de Federico del Valle, un notable pionero del cine argentino; los diez cortometrajes fueron dirigidos por el cineasta Eduardo Morera. Las canciones de Gardel, dos de ellas con acompañamiento orquestal de Canaro, el resto con el de sus guitarristas, incluían viejas favoritas como "Mano a mano", "Viejo smoking" (representado en un sketch) y "El carretero", así como un nuevo y celebrado tango de Enrique Santos Discépolo que Gardel había grabado hacía poco (el 16 de octubre) y cantado en la radio (21 de octubre). Se trataba de "Yira yira", una mordaz condena de la crueldad (según la veía Discépolo) de la civilización moderna. Esta extraordinaria canción, un verdadero clásico del género, se ha tomado a veces como un comentario sobre la Depresión; en realidad se escribió antes. Al margen de su origen exacto, es la quintaesencia de Discépolo.

> *Verás que todo es mentira,*
> *verás que nada es amor,*
> *que al mundo nada le importa,*
> *Yira, yira,*
> *aunque te quiebre la vida,*

aunque te muerda un dolor,
no esperés nunca una ayuda,
ni una mano, ni un favor.

Como parte de estos cortometrajes, Gardel mantuvo una breve conversación con los autores de las canciones: Celedonio Flores, Arturo de Nava y el mismo Discépolo. La introducción a "Yira yira" era la siguiente:

Gardel: Decime, Enrique, ¿qué has querido hacer con el tango "Yira yira"?
Discépolo: ¿Con "Yira yira"?
Gardel: Eso es.
Discépolo: Una canción de soledad y desesperanza.
Gardel: ¡Hombre! Así lo he comprendido yo.
Discépolo: Por eso es que lo cantás de una manera admirable.
Gardel: Pero, el personaje es un hombre bueno, ¿verdad?
Discépolo: Sí, es un hombre que ha vivido la bella esperanza de la fraternidad durante cuarenta años. Y de pronto, un día, a los cuarenta años, se desayuna con que los hombres son unas fieras.
Gardel: Pero, ¡dice cosas amargas!
Discépolo: No pretenderás que diga cosas divertidas un hombre que ha esperado cuarenta años para "desayunarse".[73]

Francisco Canaro llegó a afirmar que, al realizar estos cortometrajes, se podría considerar que él y Gardel fueron los fundadores del cine sonoro en la Argentina. También afirmó que las películas mismas fueron un éxito resonante.[74] No se proyectaron en los cines hasta marzo de 1931; luego se exhibieron con frecuencia por un período de varios años. La imagen de Gardel en la pantalla no era precisamente halagüeña; estaba una vez más excedido de peso, revelando "una abundancia de kilos fantástica", según García Jiménez.[75] Pero la experiencia sin duda confirmó cuáles eran sus proyectos en materia de cine. Quizá veía el cine como un medio de escapar de la rutina —teatros, emisiones radiales, grabaciones, cuartos de hotel, trenes— que era por fuerza el destino de una estrella argentina, aun de una superestrella, en los años 20 y 30. ¿Podría ser su salida, su camino hacia el progreso?

En noviembre, Gardel y sus guitarristas actuaron en el cine Palais Royal de la calle Santa Fe y también participaron en una lujosa función benéfica para la Asociación de Reporteros del Turf (¡algo que Gardel sin duda aprobaba!). Azucena Maizani y Tita Merello también estuvieron presentes esa noche. El 4 de diciembre su serie de programas radiales terminó; "Yira yira" fue una de las canciones que interpretó en su emisión final. El 5 de diciembre hubo una última sesión de grabación, y Gardel (apartándose, por segunda vez ese año, de su habitual arreglo para solista y guitarras) fue acompañado por la orquesta de Francisco Canaro, por primera vez desde 1925, quizá en un presagio de futuros experimentos. Luego, la noche del 6 de diciembre, Gardel y sus "escobas" partieron rumbo a Francia a bordo del *Conte Rosso;* era el tercer viaje de Gardel en ese buque de 17.048 toneladas de la Lloyd Sabaudo.

Esta partida significó un viraje decisivo en su vida. En los años restantes regresaría sólo dos veces a la Argentina: por dos meses en 1931, y para una permanencia de diez meses en 1933. A partir de entonces, sus actividades se centrarían principalmente en el extranjero. No parece probable que haya planeado su futuro con deliberación —no era su estilo—, pero tal vez había advertido que ya no podía ir más lejos en la Argentina. Sabía que era el indiscutido rey del tango, que estaba en la plenitud de sus fuerzas, que su popularidad nunca había sido mayor. Sin embargo, todo esto no bastaba. Europa, tal vez incluso América del Norte: éstos eran los sitios donde un zorzal de alto vuelo podía desplegar mejor sus alas. Y si ponía diez mil kilómetros de océano entre él y sus problemas financieros y emocionales, tanto mejor.

Europa. ¡Cuán fascinante era su magia! Hablando con un reportero poco antes de la partida, Gardel confesó con inusitada franqueza sus sentimientos al respecto.

A los pocos meses de estar en Buenos Aires, tengo unas ganas irresistibles de marcharme... Parezco un vagabundo, que no estuviera conforme con su destino. Buenos Aires es muy linda, che. Su Corrientes y Esmeralda tiene un encanto indefinible y poderoso que nos ata un lazo de acero. ...Pero cuando se ha conocido París, cuando se ha visto lo que es la Costa Azul, cuando se ha gustado los aplausos de reyes, no satisface del todo. ...No es que me disguste ni mucho menos. Pero cansa. ... ¡Es terriblemente monótona nuestra ciudad! Y la culpa es de los mismos argentinos, emperrados en una seriedad funeraria. ...Aquí la gente se ríe, con vergüenza, pidiendo perdón por el abuso. ...En Europa, en cambio, todos son más dados. ...Se divierten todos mejor allí. ...Pero Buenos Aires está muy adentrado en mi corazón, y si estas mismas palabras de reproche las escuchara en el extranjero, me sabrían a herejía. ...¡Haría un zafarrancho con quien así se expresase![76]

¿Pero podía su gran talento tener proyección internacional? ¿Podía la superestrella de Buenos Aires convertirse en figura mundial, trascender las barreras lingüísticas y culturales como Al Jolson y Maurice Chevalier?

Gardel ignoraba la respuesta, pero intentaría descubrirla.

NOTAS

1 Una deformación en que también incurre Plácido Domingo (cuya admiración por CG es bastante sincera) en su autobiografía *My First Forty Years* (Nueva York, 1983), pág. 202.

2 *La Vanguardia*, Barcelona, 12 de noviembre de 1925.

3 *Crítica,* 26 de marzo de 1926: Morena, pág. 92.

4 Cadícamo, 1975, pág.76.

5 *Crítica,* 26 de marzo de 1926: Morena, págs. 92-93.

6 Ibid., págs. 90-93.

7 Ibid., pág. 94.

8 En la entrevista del 25 de marzo, CG declara que desea volver a España en octubre de 1926, llevando consigo a Razzano. Este plan no se concretó.

9 Ciento seis en 1926, ciento diez en 1927; esto incluye discos grabados en Barcelona en 1926.

10 Antes no existía una pauta estándar, aunque la velocidad común era de 80 rpm.

11 Cadícamo, 1 (1978), pág. 90.

12 Ver Morena, págs. 94-130, para la cronología.

13 García Jiménez (1951), pág. 126.

14 Silva Cabrera, pág 191.

15 *La Nación* 30 de junio de 1929.

16 Cortázar "Gardel", *Sur*, N° 223 (julio-agosto 1953): 129.

17 Moncalvillo, págs. 111-12.

18 *La Vanguardia,* 22 de noviembre de 1927.

19 Canaro, pág. 159.

20 Morena (pág. 104) afirma que CG actuó en la radio barcelonesa en marzo de 1928; los programas radiales impresos en *La Vanguardia* no lo mencionan.

21 Extrañamente, casi ningún autor menciona esta visita a París (con la honrosa excepción de Edmundo Eichelbaum) y no figura en la cronología de Morena. No obstante, es obvio que fue allí esa primavera. Eichelbaum (1984), pág. 157, afirma que CG partió de España en forma repentina y furtiva, sin decir siquiera a sus guitarristas adónde iba. Es posible que CG haya cantado en El Garrón o el Palermo en este viaje, aunque no existen pruebas de que haya actuado en París antes de setiembre de 1928.

22 *La Rampe,* París,15-31 de octubre de 1928, pág. 23.

23 Citado en García Jiménez (1951), pág. 263. Muchos especialistas en CG suponen que este episodio ocurrió en setiembre de 1928, pero no hubo tiempo para ello, pues CG llegó a Francia sólo un par de días antes de su debut. Además, su contrato con Santolini se firmó en mayo. No sabemos si las reminiscencias de Pizarro son precisas. Cadícamo (1975), págs. 65-71, cuenta que Santolini lo fue a visitar al hotel. Sin embargo, resulta claro que los hermanos Pizarro desempeñaron un papel relevante en la contratación de CG.

24 Maurice Chevalier había recibido 3.000 francos por noche cuando se inauguró el Teatro Empire en 1924. CG, por supuesto, tenía que enfrentar varios gastos tales como el sueldo de sus guitarristas.

25 Contrato reproducido en García Jiménez (1951), frente a la pág. 225.

26 *Crítica,* 15 de junio de 1928: Morena, pág. 107.

27 Morena, pág. 104.

28 La compañía Graham Paige se había formado recientemente, cuando los hermanos Graham se apropiaron de Paige de Detroit. (Otra firma la absorbió en 1945.) Sus modelos estaban destinados a una clientela acaudalada.

29 *Crítica,* 15 de junio de 1928: Morena, pág. 106.

30 García Jiménez (1951), pág. 255. El siguiente contrato radial de CG en 1929 le dio 700 pesos por audición *(La Nación,* 30 de junio de 1929).

31 *La Razón,* 7 de julio de 1928; Morena, pág. 108.

32 Eichelbaum (1977), págs. 1565-66. Rafael Ricardo le contó a Eichelbaum esta historia en París en 1960.

33 Morena, pág. 111.

34 Guibourg, pág. 41.

35 Ver Cadícamo (1975), passim.

36 Ralph Neville, *Days and Nights in Montmartre and the Latin Quarter* (Nueva York, 1927), pág. 42.

37 Canaro, pág. 124.

38 George y Pearl Adam, *A Book About Paris* (Londres,1927), pág. 134.

39 *Paris-Guide et Annuaire France-Amérique 1931* (París, s.f. [¿1930?]), pág. 123.

40 Adam y Adam, París, págs. 134-35.

41 Jean Gravigny, *Montmartre en 1925* (París, 1925), págs. 132-33. El ameno libro de Gravigny contiene dibujos de los principales cabarets de la época.

42 Sumaje en *Aquí está*, N° 822, Buenos Aires (1944): Morena, pág. 111.

43 *Le Figaro*, París, 2 de octubre de 1928.

44 *La Rampe*, 15-31 de octubre de 1928, pág. 23.

El mismo número trae un artículo sobre CG a toda página, más lírico que informativo, escrito por Hernán del Carril, el gerente argentino del cabaret Palermo.

45 Cadícamo (1978), pág. 102.

46 Ibid., pág. 108. Cadícamo (1975) presenta una versión más larga de este encuentro; Cadícamo afirma que encontró a CG realizando ejercicios de preactuación.

47 Cadícamo (1978), págs. 108-9.

48 *La Rampe*. 15-31 de enero de 1929, pág. 45, que incluye una fotografía.

49 García Jiménez (1951), pág. 267.

50 Ibid., pág. 266.

51 Ibid., pág. 270.

52 Cadícamo (1975), pág. 99.

53 García Jiménez (1951), págs. 272-73.

54 Ibid., pág. 266.

55 *Le Figaro*, 6 de febrero de 1929.

56 *La Rampe*, 15 de febrero-15 de marzo de 1929, pág. 22.

57 *Le Figaro*, 26 de febrero de 1929.

58 García Jiménez (1951), págs. 266-67. Al regresar a Buenos Aires, CG declaró a *La Nación* (18 de junio de 1929) que en un momento el gerente del Moulin Rouge le había solicitado que reemplazara a Mistinguett (entonces en reposo) en ese teatro; sus otros compromisos se lo habían impedido.

59 García Jiménez (1951), págs. 266-67.

60 *La Nación*, 18 de junio de 1929.

61 *La Nación*, 30 de junio de 1929.

62 Véase Morena, págs. 121-25, para una cronología detallada de este período.

63 Citado en *Historia del tango*, 9:1503. No se sabe en qué fecha exacta Riverol empezó a trabajar con CG. El artículo aquí citado sugiere setiembre de 1929. La cronología de Morena no lo menciona antes de marzo de 1930.

64 *La Razón*, 10 de abril de 1930: Morena, pág. 125.

65 Ramírez, pág. 75.

66 En Barcelona, en 1928, Enrique Cadícamo descubrió que la firma de Glucksmann aparentemente transfería a CG y Razzano derechos que se le adeudaban. Cadícamo sospechaba que esto era para cubrir anticipos que la firma le hacía a CG. Le entabló pleito a Glucksmann pero perdió el caso: Cadícamo (1975), págs. 79-81, 111, 116-17. Edmundo Guibourg también recordaba anticipos y préstamos hechos a Gardel por diversas empresas (Moncalvillo, pág. 102).

67 Defino, pág. 62. Guibourg consideraba a Razzano "un pésimo administrador" (Moncalvillo, pág. 122).

68 García Jiménez (1951), págs. 281-82.

69 Entre abril de 1929 y enero de 1932, Razzano grabó una docena de canciones como solista, quizá creyendo que podría reiniciar su carrera de cantante. No fue así.

70 Defino, págs. 61-63.

71 *El Imparcial,* Montevideo, 13 de julio de 1930: Silva Cabrera, pág. 81.

72 *La Razón,* 12 de julio de 1930: Morena, pág. 128.

73 Horacio Ferrer y Luis Adolfo Sierra, *Discepolín* (Buenos Aires, 1965), págs. 139-40. Desde hace algunos años, los cortometrajes se pueden conseguir en video.

74 Canaro, págs. 354, 253.

75 García Jiménez (1951), pág. 275.

76 CG, hablando con Mario Dillon, *Sintonía* (1930): Couselo y Chierico, pág. 86.

5. EL CANTOR Y LA CANCIÓN

El cantor...

¿Qué dio a Carlos Gardel su gran éxito como cantor y (cada vez más hacia fines de la década del 20) su situación de ídolo popular en los países rioplatenses?

La respuesta es obvia: su arte. Se debe conceder de inmediato que Gardel no habría alcanzado su inmensa reputación sin poseer *ese* gran talento —tenemos que denominarlo genio— que suscita atención y admiración. El talento excepcional tiene siempre algo de misterioso e inexplicable; tenemos que aceptarlo con gratitud y sin insistir en ello. Este genio, un talento supremo combinado con la absoluta integridad de sus esfuerzos artísticos (aunque en un arte generalmente considerado menor), dio al cantor la fama y la fortuna que ganó (y, en el caso de la fortuna, que perdió) tan espectacularmente.

El empeño también ayudaba. En la actualidad, como sabemos, es posible manufacturar ídolos populares en gran escala. Cantores y grupos musicales de escaso talento pueden elevarse a la fama universal de la noche a la mañana gracias a la perfección técnica de la moderna maquinaria publicitaria, aunque no siempre puedan hacerlo sin una buena melodía. Carlos Gardel vivió en una época más inocente en que las relaciones públicas estaban en pañales, una época en que los artistas populares (por no mencionar a los políticos en sociedades presuntamente democráticas) aún no eran empacados y comercializados como el detergente, los cereales para el desayuno o las gaseosas. El público aún no estaba ablandado por el bombardeo de saturación de los medios electrónicos y era más exigente con sus artistas. Gardel, como hemos visto, tuvo que trabajar duramente para llegar a la fama; una vez que la ganó, tuvo que seguir trabajando para mantenerla.

No obstante, al margen de su arte y determinación, siempre hubo otra dimensión de sus logros. También su personalidad se reconocía en la época como algo fuera de lo común, de atracción magnética para el público y las personas que conocía. Debemos tener en cuenta su arte, por cierto, pero también debemos preguntarnos qué se puede decir del hombre mismo.

¿Cómo era en verdad?

En los cientos de fotografías de Gardel que se publicaron en vida del cantor, el rasgo más común es la célebre sonrisa. Huelga decir que hay fotos del Zorzal en otras actitudes —meditativo, preocupado, incluso a veces melancólico—, pero el rasgo predominante, casi una marca registrada, es esa sonrisa amplia, generosa, cordial, con un centelleante despliegue de perfectos dientes blancos. Gardel, dice Enrique Cadícamo, tenía "alma de niño y sonrisa de ángel". Edmundo Guibourg, cuando a principios de los 80 le pidieron que resumiera el carácter de su amigo muerto tiempo atrás, comentó: "Un ser angelical... Con eso le digo todo".[1]

¿Angelical? Casi todos los que conocían a Gardel captaban de inmediato su encanto y afabilidad personal. El aura que irradiaba como estrella —su carisma, por usar una palabra hoy tan trillada, o su *mana*, como dirían los neocelandeses— parece haberse fundado en muy definidas cualidades de bondad y generosidad. Ello no significa que todas sus relaciones personales fueran fáciles o que pudiera hacer migas con todos los que conocía. La amistad con Razzano, sin duda una de las cosas más importantes de su vida, terminó rudamente a principios de la década del 30. Gardel también tuvo fuertes desavenencias con uno de sus guitarristas, José Aguilar; se despidieron como enemigos, aunque más tarde se reconciliaron, al menos en parte.

No obstante, tales episodios no eran habituales en la vida de Gardel. Con la mayoría de las personas que conoció entabló inmediatamente una relación amable y cordial. Era alguien que poseía, en gran medida, esa cualidad que los españoles llaman "don de gentes". El giro describe una habilidad básica para granjearse la confianza de casi todo el mundo, y Gardel por cierto tenía esta habilidad, una simpatía abierta y estimulante. Era capaz de agradar a hombres y mujeres de toda clase y condición. El actor Elías Alippi, su amigo durante muchos años, diría más tarde: "He sido muy amigo de Gardel. ¿Pero quién que lo conociera un poco no se ha sentido muy amigo suyo?".[2] (Alippi era sin duda uno de los verdaderos amigos del cantor.) El periodista Israel Chas de Cruz confirma esta opinión. "Yo no fui íntimo amigo de Gardel. Pero bastaba hablar dos veces con él para gozar de su amistad."[3] Muchos otros, en rigor una multitud, habrían podido decir lo mismo; muchos pensaban que Gardel hacía un culto de la amistad.

Exteriormente, Gardel era siempre el alma de un optimismo jovial, casi infantil. Cuesta creer que la famosa sonrisa fuera a menudo forzada. Todo lo que sabemos sobre él parece indicar un temperamento sencillo y cordial con un fuerte elemento de simplicidad, el "alma de niño" a que aludía Cadícamo. Pero había otros que sospechaban que tenía una tendencia subyacente a la melancolía. Otros han razonado que, siendo la melancolía una emoción frecuente en el tango, era de esperar que su exponente supremo comprendiera muy especialmente la naturaleza de dicha emoción. ¿Cuánta verdad hay en todo esto?

Después de la muerte de Gardel, José Razzano realizó diversas declaraciones acerca del verdadero temperamento de su amigo. "El público mismo siempre lo vio sonriendo. Pero los que cultivamos su amistad, sabíamoslo retraído, absorto, y en algunos instantes contemplativo, llevando siempre dentro algo así como una tristeza tortuosa, oscura",[4] declaró en una ocasión. Sin embargo, el veredicto de Armando Defino, tan importante para Gardel al fin de su carrera como Razzano al principio, se aparta notablemente de esta opinión. "Carlos no era triste; yo he participado de sus momentos íntimos y todo era optimismo en él; tenía, sí, la inquietud del pájaro migratorio, necesitaba otros horizontes."[5]

Otros, que no conocieron al cantor tan bien como Razzano ni Defino, suelen respaldar, en general, la opinión del primero. El músico Terig Tucci, que trabajó con Gardel en Nueva York en 1934-35, llegó a la conclusión de que era "más bien un hombre introspectivo, dado a hondas reflexiones. Exteriormente ... poseía una aura de tristeza que se manifestaba hasta en su sonrisa y en su actitud más bien tímida, casi reticente. ¡Cuántas veces lo sorprendíamos con su mirada perdida en el espacio, sumergida en el mar sin fondo de su espíritu...!".[6] Francisco García Jiménez, que frecuentó a Gardel por un período más largo que Tucci, pensaba que "en el fondo del muchachón riente y dicharachero" que él conocía acechaba una vena de tristeza "que alguna vez le sorprendíamos en un gesto o en su repentino retraimiento en medio de una reunión jovial".[7] García Jiménez se cruzó una vez con Gardel en la Costanera del norte del centro de Buenos Aires (que en la actualidad flanquea el ruidoso aeropuerto municipal de la ciudad). Estaba inclinado sobre el parapeto, mirando el río bañado por la luna. "Tuve un día de tristeza", le dijo a su amigo. "Ni sabría decir por qué. ... Y agarré para este lado. Pero nada de 'sospechetas', ¿eh? Si estuviera para el suicidio, me hago acompañar por un marinero de la Prefectura que sepa nadar."[8]

Esto quizá sólo indique que Gardel tenía sus días, como la mayoría de la gente. ¿Por qué no iba a tener sus altibajos? En general dominaba las inquietudes psicológicas que quizá lo perturbaban de cuando en cuando. No obstante, había otro aspecto de su naturaleza, una debilidad de carácter en la cual repararon tanto Razzano como Defino. Se trata de su falta de decisión en lo referente a asuntos personales (o financieros). Esto incluso afectaba su carrera; pues, al margen de los nervios que todo verdadero artista del espectáculo sufre ante una actuación, Gardel se inclinaba a veces al pesimismo, al menos a corto plazo, en este sentido. "Necesitaba, según Razzano, que alguien a su lado le hiciera sentir la voluntad que por momentos lo abandonaba. Era un fatalista."[9] Defino llegó a una conclusión similar en ese sentido: "A pesar de su firmeza de carácter para todo lo que importara un sacrificio y decisiones terminantes en lo concerniente a su arte, creo que no la tuvo para romper con situaciones violentas a las que estaba ligado, en principio, por su lealtad".[10] El prolongado idilio de Gardel con Isabel era sin duda una de esas "situaciones violentas". Quizá, desde el punto de vista de Defino, su tan durable relación de negocios con Razzano era otra. Ninguna de estas situaciones se resolvió con rapidez ni con decisión.

Estos aspectos del temperamento de Gardel eran, desde luego, invisibles para muchos (quizá la mayoría) de sus amigos, y totalmente desconocidos para su público. El Gardel que conocían —sin duda muy cercano al "verdadero" Gardel, sea esto lo que fuere— era un hombre muy grato y entrañable. Al margen de su encanto intrínseco, tenía un excelente sentido del humor y una inmensa generosidad. Abundan las anécdotas sobre ambas cosas: muchas de ellas son sin duda apócrifas, pues el magnetismo de un temperamento como el de Gardel siempre crea anécdotas además de admiradores. Pero es obvio que era infaliblemente generoso con sus amigos más necesitados; y no hay duda de que hubo quienes se aprovecharon de esta célebre característica.

Uno de los más famosos ejemplos de la espontánea munificencia de Gardel fue presenciado por el director Julio de Caro, que en los años 20 a veces se encontraba con su amigo en el gimnasio de la Asociación Cristiana de Jóvenes. Una vez, después de hacer ejercicios juntos, cuenta de Caro que

subíamos la barranca de la calle Tucumán, charlando. De pronto nos topamos con un hombre joven, rotoso y sucio, que al reconocer a Gardel exclamó: "¡Carlitos! ¡Carlitos! ¡Ayudame!". Porque Carlitos era más que un cantor popular. Era un ídolo; la gente creía que él todo lo podía..., y a él también le gustaba que lo creyeran. Me miró, preguntándome: "Julio, ¿querés gastarte unos mangos? Vamos a poner en circulación a este muchacho". Y sin siquiera esperar mi respuesta, lo tomó del brazo y nos llevó hasta una sastrería de la calle Reconquista, donde vendían trajes usados. Carlitos se dirigió al asombrado vendedor: "¿Tiene zapatos también? Vístalo de pies a cabeza. ¡Ah! Pero antes déle una toalla mojada para que se limpie". Jamás podré olvidar esa escena. En el local había un espejo grande, y cuando el pobre muchacho se vio en él, con su nueva indumentaria, lloraba y reía al mismo tiempo, sin saber qué decir. Carlitos no le dio más tiempo a reaccionar. Pagó, y nos arrastró hasta una peluquería. "Aféitelo, péinelo y perfúmelo", le dijo al oficial. Y luego, volviéndose hacia mí: "Esto lo pagás vos. A mí se me acabó la plata. Además, vamos a dejarle un 'diez' para que pueda movilizarse y buscar trabajo". Así, mientras el peluquero hacía su trabajo, nosotros desaparecimos.[11]

Del mismo modo, otras anécdotas (muchas sin duda apócrifas) ilustran el tema del humor de Gardel. Su risa era persistente y contagiosa. Podía entretener a su barra durante horas con divertidos cuentos; muchos de ellos, en los círculos predominantemente masculinos que Gardel frecuentaba casi siempre, deben de haber sido lo que el mundo hispánico denomina "verdes" y el mundo anglosajón considera "azules" *(blue)*. Según Edmundo Guibourg, el humor de Gardel incurría en "chistes a veces un poco escatológicos", y el periodista Israel Chas de Cruz confirma que sus "chistes y ocurrencias... a veces eran bravos".[12] En esto, sin embargo, Gardel sabía adaptar su modalidad humorística a la compañía. Su barra era una cosa; los argentinos y europeos de alta sociedad con quienes se codeó en sus años de fama eran otra. Pero, en cualquier compañía, Gardel era incapaz de permanecer serio y ceñudo por largo tiempo. Muchos reconocían su humor como típicamente porteño. Era muy hábil con la "cachada", esa gentil burla en que alguien es víctima de una broma sin advertirlo, algo que siempre se disfruta en Buenos Aires.

También era aficionado a las bromas y las payasadas; aquí se destacaba el aspecto más infantil de su naturaleza. Las memorias de Francisco Canaro registran un incidente (que el director, sin embargo, no afirma haber presenciado) durante uno de los viajes de Gardel a España. Un lustrabotas de Madrid preguntó al cantor cómo se las apañaba para mantener los dientes tan blancos y el cabello tan lustroso y liso. Gardel aconsejó al joven que se cepillara los dientes con jabón y que usara jalea de membrillo en el cabello. Poco después Gardel se hizo lustrar los zapatos por el mismo joven, quien se quejó amargamente: "Cuando me lavé los dientes con jabón me hizo vomitar, y en cuanto al peinado con la mermelada de membrillo, el cabello me quedaba más bien pegado, pero las moscas no me dejaban vivir". El cantor repuso simplemente: "La falta de práctica, pibe". Enrique Cadícamo evoca una ocasión en una *broadcasting* de Buenos Aires a principios de los años 30, en que él y Celedonio Flores complementaban las canciones de Gardel con recitados en lunfardo. Mientras Flores recitaba, Gardel se puso a desovillar el tapizado de un viejo sofá del estudio, y al final arrancó un mechón de lana con el cual se improvisó un bigote. Reclinándose para que el "bigote" no se le cayera, "simulaba pretender escuchar muy seriamente, con cómica atención. ... Flores, tentado por la risa, a duras penas podía continuar".[13] Tales payasadas eran una conducta constante en Gardel...

Lo que parece haber sido su payasada más espectacular no puede, lamentablemente, ser fechada con precisión, pero al menos no parece ser apócrifa. Sucedió en una de sus giras europeas, cuando él y sus guitarristas fueron presentados al rey Alfonso XIII de España. Gardel había advertido que el monarca solía echar la cabeza hacia la derecha mientras saludaba a una hilera de artistas. Una vez saludado por el rey, se ocultó detrás de sus guitarristas, echó la mano entre cada uno de ellos a medida que el rey pasaba, y así estrechó la mano real dos o tres veces más. Los acompañantes de Alfonso estaban azorados; Alfonso, ya porque notara lo que sucedía o porque se lo hicieron notar después, lo tomó con buen humor.[14]

La informalidad de Gardel, su carácter agradable y divertido —tanto con "el mozo de café, el canillita de la esquina, o... sus mejores amigos o conocidos", según Defino— daba a veces una equívoca impresión de intimidad. Cuenta Defino que a menudo había quienes interpretaban mal su informalidad para hacerle preguntas indiscretas. Gardel aprendió a eludir cortésmente tales preguntas sin ofender; más tarde, entre sus amigos, se tocaba la cabeza significativamente y comentaba: "Pero, che, ¡este coso tiene agua en la bóveda!".[15]

Es obvio que Gardel se preocupaba por proteger su intimidad. Era reticente en cuestiones personales, excepto con sus amigos realmente íntimos (que quizá sólo constituyeran un reducido grupo). Desde 1920 en adelante, como hemos visto, tuvo muy buenas razones para eludir preguntas indiscretas en por lo menos un tema, su origen y verdadera nacionalidad. Todos los documentos que usó después de 1920 (incluidos los pasaportes para viajar al exterior) eran técnicamente falsos e ilegales, y de allí sus respuestas evasivas a las preguntas sobre el tema. El único lugar natal que admitía públicamente era Tacuarembó. No es de extrañar que Gardel evitara hacer declaraciones explícitas al respecto; desde luego, a veces no podía eludir las preguntas directas y tenía que responder algo, al menos para quitarse a los reporteros de encima.

Esta reticencia era muy marcada en lo concerniente a su vida amorosa. Ningún aspecto de la personalidad de Gardel ha suscitado tantas ni tan ociosas especulaciones. "Tuvo sus aventuras galantes, como es fácil suponer", declaró Defino en una entrevista después del fallecimiento de su amigo, afirmando que Gardel también se había enamorado de veras al menos en una ocasión.[16] Defino no dio nombres ni se explayó sobre el tema. Gardel mismo no era proclive a comentar este aspecto de su vida, excepto en términos muy generales, "algunas vagas referencias o palabras sueltas dichas en tono confidencial", como lo expresa uno de sus biógrafos argentinos.[17] Nada sabemos sobre sus primeros romances, como el de la muchacha de la calle Nueva Granada, en cuya casa Razzano lo encontró ese famoso día de 1913. La información sobre su prolongada (al principio idílica, luego problemática) relación con Isabel del Valle es un tanto precaria; y no cabe duda de que Gardel quería que fuera así. Los amigos que estaban al corriente de este secreto (e Isabel misma) fueron notablemente fieles a su memoria en este sentido. Por cierto, muchos de los conocidos de Gardel poco o nada sabían sobre esa relación. "Nunca llegué a conocer a esta niña que tanto quería Carlos, pero sí estoy cierto de que ella existía", declaró más tarde Julio de Caro.[18]

Existía; en efecto. Ella misma comenzó a conceder entrevistas solamente a mediados de los años 80, y algunos documentales filmados la muestran como una dama de personalidad atrayente. Por lo que sabemos, era muy joven cuando Gardel la conoció; a principios de la década del 30, por lo que indican las fotografías, era regordeta. Nunca sabremos con certeza cuáles eran las intenciones de Gardel respecto de ella. Razzano le mostró a García Jiménez una carta donde Gardel (quizá escribiendo desde el exterior a mediados de los años 20) sugería que "sus íntimos deseos serían formalizar el casamiento".[19] Aunque esto fuera verdad, las ideas de Gardel sin duda habían cambiado a fines de los años 20. El testimonio de Armando Defino al respecto parece convincente, aunque también exasperantemente vago. "Atado a lo que creyó un gran amor y que no le dio el descanso espiritual anhelado, le resultaba difícil deshacerse de esa mujer... Prácticamente él y ella no hacían vida en común. Carlos prefería su libertad y su deambular sin rumbo fijo. Su verdadero hogar era el de su madre."[20] Por último, según veremos, Gardel puso fin a la relación, aunque sólo cuando estaba muy lejos de Buenos Aires, y con ayuda de Defino.

Al margen de la relación con Isabel, todo lo concerniente a las "aventuras galantes" de Gardel está condenado lamentablemente a la especulación. Él, como cabía esperar, no revelaba nada. Cuando regresó de París en 1929, le pidieron que contara al público "algunos episodios un poco pintorescos" de su larga permanencia en el exterior, y él comentó: "No puede ser, porque siempre hay alguna dama de por medio... Ustedes comprendan mi situación. Si me pongo a revelar esas cosas, en seguida adquiero fama de indiscreto". No obstante, accedió al fin a decir unas palabras sobre "un pequeño romance" que había tenido en París con una joven *marquise* francesa que había comenzado a tomar lecciones de español para conocerlo mejor. Aún le escribía, en español. "Me parece que de todo mi paso por París es lo que más vale la pena recordar", concluyó.[21] ¡Pero sin nombres ni indiscreciones!

Desde luego, Gardel no podía evitar esas preguntas, pero siempre fue muy poco específico. En una entrevista de 1935 declaró: "En casi todos mis amores he sido feliz". En la misma entrevista le preguntaron acerca de sus preferencias en cuanto a las mujeres. "Prefiero las latinas, indudablemente, por ser de mi misma raza y por lo tanto comprender más mi temperamento, pero todas las mujeres atractivas, inteligentes, me agradan. No obstante, las mujeres sajonas, que tienen fama de frías y calculadoras, cuando encuentran un hombre que las enamora y comprende, son tan sensibles y apasionadas como las latinas y, por lo tanto, también me seducen."[22] Esta declaración puede significar cualquier cosa, y parece menos una genuina revelación autobiográfica que una respuesta trillada a una pregunta periodística estándar.

Los periodistas a veces asociaban románticamente el nombre de Gardel con el de las eminentes cantoras de tango o el de las actrices que actuaron con él en las películas que filmó en los años 30. No hay pruebas para sospechar ningún lazo emocional profundo. Azucena Maizani, cuya vida privada fue bastante trágica, siempre se empeñó en negar todo apego íntimo. "Fuimos grandes amigos", declaró una vez. "Yo lo quería mucho, pero ¿quién podía dejar de querer a Carlos Gardel? Fue un creador, un orientador, un maestro."[23] Tita Merello opinaba algo similar: "Conocer a Gardel era quererle".[24] Mona Maris, una de sus coprotagonistas, también le profesaba gran afecto —y sugirió que podría haber habido un romance si lo hubiera conocido más tiempo—, pero manifestó que "gran parte de los admiradores de Gardel eran hombres. Las mujeres tenían delirio por él y hasta lo abrumaban con su admiración".[25]

Es justo añadir que las relaciones de Gardel con el sexo opuesto resultaban un tanto ambiguas para algunos de sus contemporáneos. El actor Vicente Padula, su compañero en algunos de los filmes que rodó en los años 30, tenía una opinión que vale la pena citar:

Ha sido... posiblemente el actor argentino que más admiradoras ha tenido... Sin embargo, Carlos Gardel jamás se enamoró de mujer alguna. Así por lo menos me lo confesó una vez en España, cierta noche en que yo le confiaba un "mete-jón". Desplegó ancha su soberbia sonrisa, y palmeándome aconsejó: "Seguí mi ejemplo... todas las mujeres valen la pena de enamorarse, y darle la exclusividad a una es hacerles una ofensa a las otras". Se dio vuelta y dejó caer un piropo porteño... Había pasado una madrileña.[26]

También vale la pena citar la opinión de Terig Tucci:

Este hombre, en el teatro del mundo, fue más bien un espectador que un actor. Permítasenos declarar aquí que nuestro artista era un varón en todo sentido. Se sentía atraído hacia el sexo opuesto con la intensidad de su vigorosa hombría, sin ambages, y con la confianza en sí mismo que le daban su gallarda figura y su popularidad de artista estelar. Pero, caballero discretísimo, jamás se jactaba de ello.[27]

El periodista Silvestre Otazú va aun más allá y sugiere que Gardel tenía menos interés del que se cree en las aventuras amorosas. Escribe Otazú: "Gardel fue el anti-Don Juan. Era en efecto tan varonil que estaba por encima del amor. A la aventura pasajera prefería la rueda con sus amigos, la ternura en que su alma se explayaba al calor de un sentimiento mucho más hondo y perdurable".[28]

Sin negar que Gardel haya tenido varias "aventuras galantes" a través de los años —su atractivo no puede ponerse en duda y los recuerdos de Irineo Leguisamo y del colombiano Nicolás Díaz insinúan frecuentemente que tales "aventuras" se concretaron de vez en cuando—, es probable que Otazú haya tocado una verdad esencial. Pues bien podría ocurrir que los apegos humanos más fuertes de Gardel fueran su madre y su barra de amigos. Por lo que sabemos, vivió mucho tiempo con doña Berta a partir de la adolescencia ("Su verdadero hogar era el de su madre"), y sus alusiones públicas a ella eran siempre cálidas. En una entrevista de 1930 tocó el tema casi bordeando la elocuencia:

Cuando necesito de paz, de tranquilidad, de sosiego, ... cuando muchos copetines y muchas farras me han cansado, vengo a ver a mi viejecita y a su lado recobro fuerzas. ... ¡Qué amigos ni amores, ni copetines, ni gloria, ni triunfos, ni "burros", nada por el estilo, al lado de una madre...! El más modesto pucherete hecho por sus manos vale más y es más sabroso que el más caro de los platos del mejor de los hoteles del mundo... Son muy agradables los aplausos del público..., pero ¿de qué valen al lado de un "has cantado muy bien" de la viejecita?[29]

Esto puede parecer sentimental, pero sin duda era sincero. Gardel pasó mucho tiempo con su madre. Como se verá, tenía intenciones de llevarla con él a su retiro, aunque esto no sería posible.

No obstante, los amigos, los copetines y los "burros" eran también muy importantes para Gardel. Aquí llegamos a un aspecto fundamental de su estilo de vida, y deberíamos situarlo en su contexto apropiado. La Buenos Aires de Gardel poseía (en una medida inconcebible en una capital anglosajona) una "cultura de la noche", un remolino de actividad nocturna que no se concentraba exclusivamente en el mundo del espectáculo, pues literatos, artistas, periodistas y muchos más participaban también de ella. La ciudad rebosaba de barras como la de Gardel, o de grupos informales similares de personas con esa mentalidad, que habitualmente paraban en ciertos cafés o restaurantes. La noche, dado que los argentinos suelen cenar tarde, generalmente incluía las horas de la madrugada. Este ámbito nocturno nunca floreció tanto como en las décadas del 20, el 30 y el 40; el periodista Ulyses Petit de Murat lo ha evocado bellamente en su ensayo *La noche de mi ciudad,* publicado en 1979. Petit de Murat (que conoció a Gardel) describe al cantor como un "nochero absoluto", un hombre cuyo ritmo estaba más sintonizado con las horas de la oscuridad que con las del día. Gardel reprodujo este estilo de vida como mejor pudo en las otras ciudades en que vivió: en París, en Barcelona y (quizá en menor medida) en Nueva York, cuando llegó allí.

El principio básico de su vida era muy simple: acostarse tarde y levantarse tarde. La experiencia del periodista Francisco Loiácono (Barquina), que conoció a Gardel y un grupo de amigos en el restaurante La Terraza (alrededor de 1926), fue muy típica. "Mirá qué debut tuve yo. Llegué a mi casa a las siete de la mañana."[30] El patrocinador de Loiácono en esa ocasión fue un compinche de Gardel, Carlos Muñoz, periodista en el diario *Crítica* de Natalio Botana y crítico dotado de una pluma fluida que defendía el tango y la cultura popular. Parece obvio que Gardel sentía una fuerte predilección por la compañía masculina. La barra era una institución masculina, una prolongación de la pandilla adolescente en la vida adulta. (Otros grupos que él frecuentaba podían ser más mezclados, especialmente en círculos literarios o teatrales.) Gardel parece haber necesitado mucho de la compañía ajena, aunque no sabemos cuántos de sus compañeros se podrían denominar amigos. Reflexiona Francisco Antonio Marino, autor del tango "El ciruja": "Vivía extrañamente solo. Pero tenía un terror ciego a la soledad, y por eso buscaba permanentemente estar rodeado de amigos. Lo encontraba a veces cuando salía del teatro, y me pedía que lo acompañara, como si algo lo asustara o necesitara ahuyentar algún secreto pesar".[31] Cabe sospechar que Marino haya dado demasiada importancia a sus encuentros nocturnos con el cantor. Tales declaraciones, realizadas mucho después de la muerte de Gardel, se deben tomar con cautela. Así como la leyenda de Gardel desea incorporar una dimensión delictiva a la adolescencia del astro, también gusta de enfatizar el aspecto melancólico de su naturaleza. El extraordinario encanto de Gardel le permitía rodearse fácilmente de camaradas. Su tolerancia era considerable. En una ocasión un amigo le reprochó que invitara a su mesa a un hombre que frecuentemente hablaba mal de él. Gardel replicó a su amigo que no se preocupara por esas cosas. "Ya va a terminar morfando solo", le dijo.[32]

Gardel gozó de excelente salud a lo largo de su vida. El balazo de diciembre de 1915 no parece haber tenido consecuencias de largo plazo; la operación de garganta y nariz de 1929 no afectó su capacidad de vocalista. En la gira española de 1925-26 estuvo, al parecer, indispuesto unos días; José Ricardo lo cuidó en esa ocasión. Debemos presumir que Gardel a veces tuvo resfríos u otros problemas menores, pero no se ha registrado ninguna enfermedad grave. Por otra parte, su tendencia a la obesidad fue un problema que lo afectó (y a veces lo obsesionó) desde la adolescencia. En oportunidades (como hemos visto) llegó a pesar ciento veinte kilos. Gardel combatió esta tendencia con gran energía, no sólo haciendo ejercicios en la Sociedad Cristiana de Jóvenes, sino también mediante caminatas, sobre todo cuando estaba en ciudades extranjeras. En el exterior, salía a correr regularmente; no sabemos con certeza si lo hacía en Buenos Aires, aunque algunos testimonios sugieren que a veces corría en el parque de Palermo. Por cierto hay testimonios de que practicaba ejercicios en su apartamento neoyorquino, años después. Los masajes también constituían una rutina más o menos regular.

En diciembre de 1930 cumplió cuarenta años (los festejó en alta mar). ¿Cómo encaró lo que el poeta inglés W. H. Auden denomina *the fattening forties*? Los ejercicios continuaron, quizá con mayor regularidad e intensidad, pues Gardel iniciaba ahora una nueva fase como estrella de cine y necesitaba lucir bien en la pantalla. No se lo podría describir como delgado en ninguna etapa de su vida adulta, pero al entrar en los cuarenta lucía bastante esbelto, con un aspecto físico que permitió que algunos, al menos, hablaran de su eterna juventud. En mayo de 1933 estaba cantando en La Plata. Uno de los que fue a saludarlo al camarín fue Manuel Ferreira, un futbolista que había estado en el equipo agasajado por Gardel en París en 1928. Ferreira preguntó al astro cómo lograba mantenerse tan joven. "¡Pero viejo!", replicó Gardel, "es que el público está equivocado. El que cantaba con Razzano no soy yo, era mi hermano."[33]

Gardel creía que el ejercicio le mejoraba la voz. También le mejoraba la silueta y el aspecto general. Y sin duda, al volverse más famoso, comenzó a valorar (al menos intuitivamente) la importancia de su imagen pública. Puede decirse que en cierto sentido Gardel y su imagen se aproximaron cada vez más con los años, a medida que la estrella se adaptaba inconscientemente al papel que su público le había otorgado. Su atuendo formaba parte esencial de este síndrome, si eso era. Buenos Aires era una ciudad muy atildada; la ropa elegante era admirada y (en lo posible) imitada por los porteños menos acaudalados. Gardel por cierto satisfacía las expectativas en este sentido. Prestaba suma atención a su guardarropa y gastaba en él mucho dinero, habitualmente en las mejores sastrerías porteñas. En años posteriores compró al menos parte de su vestuario en Londres.

Su aspecto era siempre impecable. Su cabello, cortado regularmente, estaba tersamente "engominado"; su centelleante dentadura blanca se mantenía en buenas condiciones. Vestía trajes elegantes de corte cada vez más caro y (si las fotografías son indicio de algo) tenía una vasta colección de corbatas, incluyendo varias corbatas de moño con pintitas, que al parecer le agradaban. Sus zapatos invariablemente brillaban por el lustre. Como la mayoría de los hombres de esa época, rara vez salía sin sombrero, y su tipo favorito era el trilby, que usaba grácilmente ladeado. En el escenario, por supuesto, excepto cuando se requería el ligeramente espurio atuendo gauchesco, vestía de riguroso smoking, en el cual lucía extraordinariamente apuesto.

También le agradaban las joyas caras, una característica en que repararon varios de sus amigos a través de los años. Una tarde, en la Asociación Cristiana de Jóvenes, en presencia de Razzano y Enrique Glucksmann, Gardel descubrió que había perdido un alfiler de corbata que contenía una gema de 5.000 pesos. Su único comentario fue: "Y bueno. Puede ser que al que lo encontró le hiciera mucha falta".[34] Cuando Luis Pierotti dejó de ser su agente europeo, Gardel le obsequió un reloj de pulsera; cuando más tarde lo examinó un joyero de Buenos Aires, resultó ser de un diseño casi exclusivo y casi imposible de evaluar.[35] Abraham Thevenet, un pianista que trabajó con Gardel en Nueva York, recuerda ocasiones en que, en visitas a un cabaret del Greenwich Village, el cantor ostentaba una gran cigarrera de oro incrustada con esmeraldas y otras piedras, así como un impresionante reloj de oro.[36]

Gardel era consciente de que un estilo de vida "rumboso" podía promover su imagen popular. Fue muy explícito al respecto cuando comentó su visita a París en 1928-29 y sus contactos sociales con gente aristocrática y acaudalada de allá: "No era cuestión de hacerse el pequeño, de andar con miserias y de quedar mal por unos pesos sin importancia. Había que hacer el gran señor y se hizo". Señalando que a menudo lo invitaban a cócteles y acontecimientos similares, y que tenía que invitar, a la vez, a "lo mejor de París" a su apartamento, explicó: "Había que hacer las cosas bien, y se hicieron. ... Pero lo pasé tan bien... que no me arrepiento. Al contrario. Todo lo que gasté lo doy por bien empleado".[37]

Estos contactos con la alta sociedad (o el sector de la alta sociedad conectado con el mundo del espectáculo) fueron obviamente placenteros para Gardel. Parte de la fascinación que le producía la misteriosa marquesa francesa se originaba en la posición social. "Me ha interesado más en primer lugar porque es una marquesita de la auténtica aristocracia francesa", admitió con sinceridad.[38] Dicho comentario no significa que Gardel se volviera esnob, o que adoptara deliberadamente los modales halagüeños de un advenedizo, pues hay muchas evidencias de lo contrario. Por cierto, uno sospecha que un asombro casi infantil formaba parte de su actitud mental ante estas incursiones en la alta sociedad, un deleite de estar allí. ¿Lo cambiaron mucho tales experiencias? O, por decirlo del modo más porteño: ¿"engrupió" el éxito a Carlos Gardel?

Algunos pensaron que sí. Arturo López Peña una vez se encontró con Gardel en una emisora radial de Buenos Aires.

Lo vi allí distribuyendo palmadas cordiales a cuantos se le acercaban. Sonreía, sonreía siempre, con una sonrisa levemente torcida. Había en su modo de ser simpatía y sencillez, pero de su personalidad fluía la suficiencia del hombre que... se siente superior e importante. Se percibía en su cordialidad una bondadosa condescendencia, similar a la del alto funcionario que desciende hasta sus empleados inferiores, departe con ellos amigablemente y les concede la gracia de una confianza... Su actitud en suma era la del que podía convivir igualitariamente en el llano, pero sin llevar a nadie consigo a las alturas. Su modestia era consciente y sincera, su orgullo inconsciente y traidor.[39]

Es justo señalar que este veredicto es inusitado, y contrasta bastante con estimaciones más generosas como esta de Vicente Padula: "Sencillo como nadie, carecía del empaque petulante que hace antipáticos a tantos favoritos del público".[40] El escritor Nicolás Olivari vio a Gardel en la cumbre del éxito, como "popular y gran señor al mismo tiempo... Gran señor en el más lujoso paddock de los hipódromos del mundo, al lado del Aga Khan, con quien rivalizó en elegancia... Gran señor en la desempedrada calle a la que iba, dejando su lujoso automóvil lejos para no humillar a sus viejos amigos con su riqueza de ahora".[41] Y aquí se debe enfatizar que Gardel no abandonó a sus viejos amigos; a pesar de sus triunfos en la alta sociedad local y extranjera, siempre regresaba a su barra, al menos hasta 1930.

No: el éxito no "engrupió" a Carlos Gardel. No obstante, gozaba de un éxito rotundo, y era la viva imagen del porteño sagaz que había llegado a la cima, y, como tal, alguien que disfrutaba plenamente su nuevo papel. No es probable que haya reflexionado sobre su éxito desde un punto de vista político o sociológico. Sus ideas políticas no parecían muy claras. Edmundo Guibourg, una de las pocas fuentes autorizadas en esta cuestión particular, describe a Gardel como "socializante", es decir, con ideas vagamente socialistas, "aunque sin devoción política de ninguna clase, ni fanatismo por ningún caudillo". A veces se ha sugerido que estaba secretamente afiliado al Partido Socialista Argentino —en su pico de florecimiento en vida de Gardel—, pero ello no parece demasiado plausible. Guibourg refiere que los líderes socialistas Juan Bautista Justo y Nicolás Repetto resultaban demasiado serios para Gardel, quien prefería al popular (y a menudo heterodoxo) colega Alfredo Palacios, aunque no al extremo de sentir fanatismo por él.[42] La preferencia de Gardel por el doctor Palacios, con quien a veces conversó, es plenamente comprensible. Famoso por su sombrero y su mostacho, era un político innegablemente atractivo cuya carrera fue larga y pintoresca. Célebre duelista en su juventud, se convirtió, en la vejez, en simpatizante de la Revolución Cubana.

No existen razones para dudar de la evaluación de Guibourg acerca de la posición política de Gardel. No obstante, los contactos políticos más salientes de Gardel, desde los tiempos de los comités suburbanos en adelante, estaban en el lado conservador del espectro. Le complacía estar en compañía, como hemos visto, de Alberto Barceló, el caudillo de Avellaneda, de quien tal vez recibió favores. Le complacía, por lo que sabemos, cantar y grabar "¡Viva la patria!", el tango que celebraba el golpe de Estado de setiembre de 1930. En los años siguientes cantaría ante los dictadores de Uruguay y Venezuela sin manifestar desagrado. Tales actos no sugieren una conciencia política sofisticada ni "progresista". Las vagas inclinaciones izquierdistas de Gardel surgían más de su bondad y generosidad esenciales que de una evaluación intelectual de las realidades políticas de su tiempo.

Edmundo Eichelbaum es quizá el escritor argentino que mejor sintetiza (aunque con cierta ampulosidad) esta dimensión de la vida y el comportamiento de Gardel.

Gardel no se diferenciaba de las elites culturales argentinas de su tiempo. ... Nunca se propuso sino la superación individual y como artista solitario. Y en ese sentido, tampoco se diferenció del tipo medio que conoció en el conventillo y que aspiraba a superar su situación de clase mediante el triunfo personal en el orden económico o vocacional. Si fue sensible a ciertos dramas colectivos, si pudo medir injusticias y desigualdades —los tangos también las mencionan, siempre como una situación o una fatalidad de condición social, a veces con protesta— fue con la condición, muy propia del hombre "hecho en la calle" de esos tiempos, de no concebir una reivindicación concreta desde el punto de vista de las masas. Había aceptado el paternalismo de otros, que le ayudaron en su ascenso, y luego fue paternalista él mismo, cuando sus medios se lo permitieron.[43]

Decir que Carlos Gardel era un hombre de su tiempo linda, desde luego, con lo trillado. No obstante, era tanto un hombre de su tiempo como un hombre de su ciudad. En lo concerniente al público porteño, parte de su atractivo personal consistía en que el cantor encarnaba y ejemplificaba rasgos reconocibles de la cultura local: en su atuendo, en su agudo humor, en su estilo derrochón, en su amor por el mate, en su predilección por las expresiones coloquiales. Como rezaría uno de sus obituarios: "Todos, absolutamente todos, admirábamos a Gardel como símbolo de algo muy netamente criollo".[44] Y eso era, en efecto. Hay destinos peores.

Nunca fue más "netamente criollo" o más fiel a su origen porteño que en su permanente adicción al mundo de las carreras hípicas, el mundo que los argentinos, imitando al país que estableció las pautas internacionales en estas cuestiones, denominan el mundo del "turf". Otros deportes lo atraían menos, aunque los deportistas como Firpo (más tarde un próspero importador de automóviles) y Samitier a menudo formaban parte de su barra, en Buenos Aires o en el exterior. "Solía concurrir a los partidos de fútbol, aunque no asiduamente", nos confía Defino.[45] El joven Aníbal Troilo, a quien más tarde muchos considerarían una figura del tango sólo inferior al mismo Gardel, una vez vio al cantor en un partido de fútbol de segunda división en la cancha de San Lorenzo, en Avenida La Plata. Troilo notó que las tribunas estaban casi desiertas, excepto por un sector, donde una apretada multitud se había apiñado alrededor de Gardel, que entretenía a su improvisado público con cuentos graciosos. El público se había olvidado del fútbol.[46]

Gardel también lo olvidaba casi siempre. Sus verdaderas aficiones deportivas se concentraban en la gran pista de Palermo —el Hipódromo Argentino por darle su título formal— y en el mundo de establos y studs que había detrás. El entusiasmo de Gardel por el turf comenzó muy tempranamente. Como vimos, su desaparición "desde el domingo que fue a las carreras" fue la razón por la cual doña Berta visitó el Departamento de Policía en 1913. Podemos estar absolutamente seguros de que Gardel visitaba Palermo con regularidad desde mucho antes, y de que su adicción era plenamente compartida por José Razzano. Ambos estaban obsesionados por las carreras y, menos afortunadamente desde un punto de vista financiero, por las apuestas que acompañaban a las carreras. Millares de personas compartían esa obsesión, pues las carreras eran una verdadera manía porteña de la época.

Hacia 1920, Palermo poseía algunos de los mejores edificios hípicos del mundo. El stand principal (reservado para miembros del exclusivo Jockey Club) rebosaba de mármol blanco y centelleante. Las carreras se realizaban en domingo y días feriados y eran grandes acontecimientos sociales. Un visitante escribió, a mediados de los años 20: "El terreno exterior a la pista está embellecido por flores, por césped, árboles; ... una excelente orquesta toca música; ... [hay] una multitud de gente alegremente vestida, los hombres (al menos los argentinos) en impecable atuendo, las damas en elegantes vestidos parisinos, con un generoso despliegue de joyas".[47] Muchos amigos de Gardel y muchas personalidades del espectáculo compartían ese afecto por el turf: actores como Elías Alippi y

Carlos Morganti; viejos amigos de la barra como Ernesto Laurent; directores de orquestas típicas, como Francisco Canaro y Julio de Caro. Estas y otras celebridades a menudo se reunían con Gardel y Razzano en las tardes dominicales de Palermo. Gardel también cultivaba la amistad de varios jockeys famosos, incluido Mingo Torterolo. Éste era un mundo que fascinaba sin cesar al cantor. Aparte de su arte, era sin duda su pasión más intensa.

A principios de los años 20, Gardel conoció a dos hombres del turf que se volverían muy buenos amigos. Uno era un entrenador de genio, Francisco Maschio, conocido como el "brujo de Olleros" (su principal establecimiento estaba situado en la calle Olleros de Belgrano) y un poder en ascenso en el mundo del turf. El segundo, casi ciertamente uno de los tres o cuatro amigos más íntimos de Gardel, era un jockey de genio, Irineo Leguisamo, o Legui, según se lo conocía popularmente. Hombre parco y taciturno, con el cuerpo menudo tan común en su profesión, Leguisamo había nacido en 1903 en el Uruguay. Se inició en Palermo a mediados de agosto de 1922 y pronto se convirtió en favorito de la comunidad turfística porteña, eclipsando con su fama aun al legendario Torterolo y convirtiéndose en el jockey más célebre de ambas márgenes del Plata en la primera mitad del siglo veinte. El grito de "¡Leguisamo!"... reverberaba en las tribunas un domingo tras otro. Gardel trabó amistad con él antes del debut, y a partir de entonces a menudo se los veía juntos.

Los reiterados triunfos de Leguisamo, aunque no eran exactamente la estofa de los tangos, pronto provocaron una canción elogiosa de la pluma de Modesto Papávero. El compositor se la envió a Gardel, quien por razones obvias estaba ansioso por grabar la pieza, y así lo hizo en Barcelona en diciembre de 1925, y de nuevo en Buenos Aires un poco después.

> *Lleva los pingos a la victoria*
> *con tal dominio de su profesión*
> *que lo distinguen con mucha gloria,*
> *mezcla de asombro y de admiración,*
> *Leguisamo...*

Había noches (bastante raras, lamentablemente) en que Gardel cantaba este tango con especial vehemencia: las ocasiones en que sus propios caballos ganaban una carrera con Legui en la silla. Su infatuación con el turf no se limitaba a mirar carreras, apostar o intimar con jockeys o entrenadores. Sus ingresos crecían y sintió deseos de comprar un par de caballos. Maschio trató de disuadirlo, tal como Leguisamo a veces reprochaba a su amigo que apostara en exceso. No obstante, Gardel persistió en su plan, y Maschio finalmente convino en buscarle algo adecuado. Lo que encontró, y compró para su amigo, fue un alazán tostado que había sufrido una lesión menor en su camino hacia las ventas anuales. Éste era Lunático, hijo de Saint Emilion y de Golden Moon, y el caballo orgullosamente adquirido por Gardel debutó en la tercera carrera (más de 1.200 metros) de Palermo el domingo 26 de abril de 1925. Montado (naturalmente) por Leguisamo. Lunático salió tercero.

Es justo decir que, entre todos los caballos de carrera argentinos de la primera mitad del siglo, sólo el legendario Botafogo superó a Lunático en fama y popularidad. (Otro caballo célebre, Old Man, suele figurar tercero en esta particular competencia.) Esto debe menos a la cantidad de victorias de Lunático (más respetable de lo que se suele creer pero aun así poco destacada) que a la identidad de su famoso propietario. Lunático no era un campeón y nunca ganó un premio importante. Participó en treinta y cuatro carreras (entre abril de 1925 y mayo de 1929) y salió primero en diez de ellas; Legui lo montó en nueve de estas victorias. Llegó segundo en cinco ocasiones, y tercero en ocho.

Gardel se preocupaba constantemente por el bienestar de su caballo, y a menudo lo acariciaba suavemente y le ofrecía terrones de azúcar. A veces, cuando Lunático estaba inquieto, Gardel recibía un llamado telefónico y se presentaba en los establos de Maschio, donde cantaba tangos hasta que el caballo se calmaba. Desde luego, el cantor seguía la fortuna de su caballo muy atentamente. En una ocasión famosa, cuando Lunático corría en Palermo y cuando su propietario cantaba en Montevideo, se formó una cadena humana entre una agencia noticiosa cercana y las alas del teatro, para que se pudiera mantener a Gardel al corriente de lo que sucedía en la pista.[48]

Lunático corría bajo los colores del stud Yerúa de Maschio (*Yerúa* es una palabra guaraní que significa "pájaro de la suerte"); dichos colores estaban reservados para propietarios misceláneos, de poca monta como Gardel, que no competían con los grandes magnates del turf argentino. Pero Gardel era infinitamente ambicioso en este terreno y ansiaba poseer su propio stud. Una vez más, Maschio quiso disuadirlo, pero Gardel no era fácil de disuadir. En sociedad con Razzano, llegó a ser copropietario de Las Guitarras, un stud que produjo un puñado de caballos de carrera con nombres apropiadamente musicales como La Pastora, Amargura y Cancionero. Han subsistido pocos detalles de esta empresa; fue financieramente desastrosa para ambos hombres y sin duda contribuyó a los contratiempos de Gardel a fines de los años 20. En tiempos de su viaje a París en 1928-29, Gardel estaba evidentemente ansioso por retirarse. "Liquidá, que los caballos son para los bacanes", aconsejó a Razzano desde Francia.[49] Esto no marcó el fin de sus aventuras financieras; en años posteriores continuó teniendo caballos —Explotó y Guitarrista, alojados en los establos de Maschio—, pero sin mayor éxito.

Después de la muerte de Gardel, Francisco Maschio rindió un elocuente homenaje a la profunda asociación de su amigo con el turf.

Pueden decir que durante su permanencia en Buenos Aires, apenas había una hora libre en la vida de Gardel que no transcurriera entre nosotros. Con Leguisamo y conmigo era un trato fraternal el suyo... En las fiestas del stud, reuniones en que todos los de la casa tomábamos parte festejando cualquier hecho grato, la presencia de Carlitos era indispensable. Y la voz del Ruiseñor, tan cotizada justamente en todas partes, sonaba generosamente para el recreo de sus amigos. En vez de pedirle que cantara, teníamos muchas veces que obligarlo a callar, arrancando el embeleso con que regalaba a los modestos obreros de turf que lo rodeaban; más de una vez sentimos temor... por causar alguna lesión en su garganta.[50]

¡La vieja historia!

El establecimiento de Maschio en Olleros 1664 era para Gardel el centro de reunión de una barra alternativa, tan fuerte como otras con las que se asoció a lo largo de los años. Aparte de las apuestas a los caballos, nunca tuvo mayor interés en el juego, pero en este ámbito cordial a menudo participaba en partidas de truco de seis jugadores (un juego de naipes muy popular en la Argentina) con un pequeño grupo de habitués que incluían a Razzano, Maschio, Leguisamo y dos médicos fanáticos del turf. El dinero perdido en estas ocasiones formaba un fondo común para apuestas sobre caballos seleccionados por Leguisamo. Todo indica que las ganancias nunca fueron sustanciales, a pesar de la famosa pericia de Leguisamo para escoger ganadores.[51]

El domingo 13 de diciembre de 1931 Legui realizó una de las mayores hazañas jamás registradas en los anales del turf argentino. Gardel estaba de vuelta en Europa, pero su gran amigo marcó la ocasión enviándole un telegrama celebratorio.

Carlitos. Corrí en las ocho. Gané siete y en la otra entré segundo. Te dedico el día glorioso. Legui.[52]

Leguisamo, que seguiría montando caballos ganadores hasta la década del 60, nunca conoció un momento mejor; en cuanto a Gardel, sin duda debe de haber considerado ese cable como uno de los más emocionantes (y estremecedores) que jamás recibió. ¡Y cómo debió de lamentar no estar en Palermo ese día!

Pero ante todo era un artista: simplemente, como indica su entrañable apodo, el Zorzal, un soberbio cantor popular.

En opinión de Osvaldo Sosa Cordero, Gardel era "un tremendo enamorado de su arte".[53] Es una apreciación atinada. Gardel meditaba mucho cada paso; ponía en juego toda su inteligencia cuando tenía que tomar decisiones puramente artísticas: decisiones concernientes a su repertorio, el acompañamiento, el matiz estilístico necesario para llevar una canción al público. También ensayaba sus actuaciones con mucho cuidado. A fines de los años 20, según admitió, los tres guitarristas estaban con él por lo menos tres horas diarias la mayor parte de los días de la semana, a menudo desde las 15:00 hasta las 18:00, el intervalo entre el momento que Gardel dedicaba a los ejercicios y el almuerzo y los compromisos teatrales nocturnos. Esta rutina variaba en los días en que Gardel y los guitarristas se presentaban en el estudio de grabación.

Como músico, era en buena medida autodidacta. Desde sus primeros años, sin embargo, supo observar a sus colegas con atención y aprender de ellos recursos técnicos. Su curiosidad por otros músicos, tanto populares como "serios", fue siempre considerable, tal como su capacidad para imitarlos o parodiarlos. En sus años de fama, a veces consultaba a expertos e incluso tomó lecciones de canto, aunque no sabemos con cuánta frecuencia. Uno de los que ciertamente dio lecciones a Gardel fue Eduardo Bonessi, que más tarde realizó una admirable descripción del dominio vocal de su alumno más famoso. Según el maestro Bonessi,

[su voz] es de una calidad extraordinaria y un timbre maravilloso para el tango. Tenía un registro de barítono brillante y jamás desafinaba. En cuanto a su tesitura, su extensión alcanzaba a "dos octavos", que manejaba a plena satisfacción. Es una buena extensión para un cantor popular. Gardel poseía un gran temperamento —expresivo al máximo— y estaba dotado naturalmente de un instrumento en la garganta. Un instrumento que luego perfeccionó y supo conservar... Era un hombre conocedor de su valer, que no derrochaba su voz, como muchos suponen. Tenía una laringe completamente sana y ésa era una de las razones por las cuales le resultaba fácil pasar de los graves a los agudos y viceversa... Era estudioso y responsable. Sabíase único en el género y cuidaba su voz... Si Gardel hubiera llegado a vivir cien años, hubiera seguido cantando igual.[54]

Cabe suponer que Bonessi no presenció las noches de Gardel en el Café de los Angelitos o en los establos de Maschio, cuando la animosa afabilidad del cantor pudo haberlo llevado a cantar en exceso; no obstante, sin duda tiene razón en un sentido general. Sin embargo, había un aspecto en que la actitud de Gardel sobre el cuidado de la voz difería de la mayoría de los cantores de tiempos más recientes. Era un fumador empedernido. (Caruso también era un gran fumador.) "¿No le hace mal el tabaco?", le preguntaron una vez. "¡Ya lo creo! Pero ¡quién es capaz de dejarlo!", respondió. El reportero en cuestión interpretó esta réplica como un buen ejemplo de "fatalismo criollo".[55] Es posible —pero no lo sabemos con certeza— que Gardel moderara su consumo de cigarrillos en los años 30.

Las letras, por cierto, nunca pueden capturar plenamente las cualidades esenciales de un gran talento vocal. Gardel tenía un extraordinario sentido del ritmo, ideal para cantar tangos. Su dicción era excelente, aunque conservaba varias características irritantes, casi ciertamente malos hábitos adquiridos al principio de su carrera, y las más obvias eran su mala pronunciación de las consonantes. La palabra *frente*, en una de sus canciones más famosas, se convierte en *frerte*, con la n reemplazada por una r. Hay otros ejemplos de esta tendencia. Una característica vocal de

Gardel que debe subrayarse es sin duda su gran expresividad. "Ese hombre", dijo un ejecutivo del cine norteamericano al oírlo por primera vez en los años 30, "tiene una lágrima en la garganta". No era una voz potente, aunque Gardel obviamente sabía proyectarla bien, pues su carrera escénica antecedió a la era de los micrófonos y los amplificadores, y sin embargo siempre era poderosamente convincente.

La capacidad de Gardel para meterse en las canciones que interpretaba era notable. Y obviamente estudiaba las letras con suma atención. "Le importaba mucho, y mucho, eso sí, que la obra a cantar contuviera un mensaje. Si no lo había, prefería no hacerla", observa Osvaldo Sosa Cordero.[56] Ello no significa que cada canción interpretada por Gardel fuera un clásico; su repertorio incluye muchos temas triviales y frívolos, algo que ocurre con cualquier cantor popular que graba mucho. Significa que Gardel reaccionaba favorablemente ante palabras que comunicaban una fuerte emoción, que describían situaciones bien trazadas o que sabían sintetizar algún aspecto de la vida porteña. Él mismo lo confirmó en uno de sus raros pronunciamientos sobre el tema. "Yo siento devoción por el tango. Creo en él siempre que se le den argumentos reales", dijo en 1931.[57]

Al margen de su vocación suprema de cantor, en la cual volcaba buena parte de su creatividad, Gardel era un hábil compositor. Gardel y Razzano escribieron varias piezas para el repertorio tradicional cultivado por el Dúo Gardel-Razzano, y Gardel adaptó su habilidad de cancionista a las nuevas demandas del tango sin aparente dificultad. No sabía escribir música, y dependía para ello de la ayuda de expertos (a veces sus guitarristas) cuando necesitaba dar forma final a una melodía. Desde mediados de los años 20 dejó de componer por un tiempo (aunque no del todo), y seleccionaba sus nuevas canciones de diversas fuentes: canciones presentadas por autores consagrados o aficionados, canciones encargadas por él (generalmente a través de Razzano) a autores promisorios, o —y hay varios ejemplos de esto— canciones que otros intérpretes ya habían popularizado. Por ejemplo, en una visita a Rosario en 1927, Gardel fue a saludar a Sofía Bozán, que también actuaba en la ciudad, y descubrió que ella conquistaba aplausos con "Compadrón", uno de los primeros éxitos de Cadícamo. Gardel se apresuró a llamar a Buenos Aires para pedir a Razzano que le arreglara un contrato de grabación de esa pieza.[58] Como veremos, Gardel comenzó a componer nuevamente en serio en 1931, produciendo tangos que sólo se pueden describir como clásicos absolutos.

En cuanto a las letras, Gardel tenía una idea muy clara de lo que le gustaba cantar. Prefería las expresiones coloquiales a las literarias. (Las primeras letras de tango estaban más salpimentadas de términos lunfardos, por ejemplo, que a fines de la década del 20.) Francisco Antonio Marino, autor de "El ciruja", hizo más tarde declaraciones sobre las desavenencias entre el cantor y él mismo sobre la letra de su célebre tango (regrabado por Gardel en 1926). A pesar de las objeciones de Marino, Gardel lo cantó con sus propias modificaciones al texto. (Quien escuche sus discos y consulte los textos originales notará frecuentes variaciones en las interpretaciones de la estrella.) También Celedonio Flores cuenta que él y Gardel discutían atentamente el vocabulario de las letras de tango. El análisis de una canción como "La gayola", de Armando Tagini y Rafael Tuegols, revela que la versión de Gardel grabada en 1927 se aparta del texto del letrista en por lo menos media docena de palabras, con el efecto general de "coloquializar" la pieza. Así, *contemplar* se convierte en *campanear*, *trabajar* en *laborar*, y demás. Ni *laborar* ni *campanear* (al menos en su sentido porteño) figuran en diccionarios convencionales del español. Al parecer, Gardel siempre se preocupaba por adaptar el texto de las canciones a las convenciones del lenguaje cotidiano.[59]

Esto cambió un poco en años posteriores; y aquí hay una evolución del estilo de Gardel que debemos tener en cuenta. Tras un mayor contacto con públicos extranjeros, con una creciente ambición de convertirse en estrella verdaderamente internacional, el cantor comenzó a modificar su repertorio, a podar su vocabulario porteño (aunque nunca del todo) y a pulir su estilo. Como ha señalado Octavio Ramírez, lo que perdió en autenticidad local "lo ganaba en refinamiento, en gusto, sin perder nunca la emoción".[60] No todos lo consideraron una mejora. El distinguido novelista Julio Cortázar, al reflexionar sobre esto veinte años después, manifestó que la fama de Gardel en los últimos años exigió "renunciamientos y traiciones" y sugirió que se podía detectar una abrupta declinación en autenticidad si el oyente comparaba las grabaciones preeléctricas con las que vinieron después, especialmente en los años 30. "Un vuelco en nuestra historia moral se refleja en ese cambio", dijo Cortázar.[61] Es difícil no irritarse ante este juicio. Las últimas canciones de Gardel reflejan tanto arte como las primeras. La integridad de su esfuerzo no se rebajó, sino que tal vez se realzó. Su público estaba cambiando. No había razones para que él quedara anclado al molde de los años 20. Un artista tiene derecho a evolucionar, a enfrentar nuevos desafíos. La crítica de Cortázar está fuera de lugar.

Sería totalmente imposible contar el número de veces que Gardel cantó en público (o siquiera en privado). Por cierto, son millares. Su trabajo en el estudio de grabación resulta, obviamente, mucho más fácil de rastrear. Durante su carrera Carlos Gardel realizó alrededor de 1.500 grabaciones. Las investigaciones discográficas[62] más precisas nos dan un total de 1.443 pero probablemente hubo más. No se conserva una cuenta exacta, ante todo, de las primeras sesiones de grabación. La suma total resulta un poco inflada porque Gardel a menudo cantaba dos o tres (a veces hasta cuatro) versiones de la misma canción en una misma sesión; todas ellas se registraban, pero no todas se distribuían comercialmente. También estaban las canciones que él grabó en diversas ocasiones, a veces con diferente acompañamiento. El número de canciones grabadas se reduciría así a alrededor de 800. Por las pautas de la época, sigue siendo una cifra impresionante. Bing Crosby, en una carrera tres veces más larga que la de Gardel (si se toma el contrato de Glucksmann de 1917 como el punto de partida real) grabó sólo poco más de 1.600 piezas.[63]

Gardel grabó con tres sellos: Columbia, muy brevemente, en 1913; Odeón, por la mayor parte de su carrera; y Victor, hacia el final de su vida. No vivió el tiempo suficiente para aprovechar las técnicas de alta fidelidad que surgieron hacia fines de la era del disco de 78 rpm. Sus grabaciones no resultan para el oyente moderno tan claras como quizá pudieron ser, aun por las pautas de la época. No obstante, los discos han contribuido muchísimo a mantener vivo el nombre de Gardel; constituyen por cierto el único modo que tenemos de juzgar sus cualidades de vocalista. Sin ellos, Gardel hoy sólo sería un nombre de la historia, tal vez recordado vagamente; sus logros se habrían perdido para siempre. Así, el entusiasta moderno sólo tiene que tocar un botón para disfrutar del arte del Zorzal. ¡Cuán afortunados somos!

... y la canción

¿Cómo eran —cómo son— sus canciones? ¿Sobre qué canta?

En los primeros años de su carrera, según vimos, Gardel (junto con Razzano) desarrolló un repertorio tradicional de música argentina folclórica y provinciana: estilos, cifras, zambas, tonadas y demás. Las letras de estas canciones solían ser ligeras y poco exigentes. Desde 1923 en adelante los tangos superaron ampliamente en número a todas las demás canciones en sus grabaciones (y en escena). Sin embargo, Gardel no abandonó del todo su repertorio anterior, y siempre suplementó sus tangos con valses, foxtrots, shimmies y toda una variedad de formas, sin olvidar las piezas simplemente descritas con la vaga denominación de "canciones". Interpretaba casi todos los temas en español, es decir, la forma porteña del español. A fines de su carrera grabó un puñado de piezas (cinco en total) en francés, una en dialecto napolitano, y una en inglés (que no se distribuyó comercialmente). La tradición del tango, a cuya creación Gardel por cierto contribuyó, aunque no se lo pueda considerar su único creador, es muy especial, y tiene su propia atmósfera. Ha adquirido la reputación de ser extremadamente sombría, "una casi ininterrumpida lamentación", como observa el ensayista Osvaldo Rossler.[64] Es verdad que las letras de tango convencionales enfatizan aspectos desagradables de la condición humana: la traición amorosa, el inevitable desgaste del tiempo, la fugacidad de la dicha y demás. Ésta es una parte ineludible de la tradición; ha inducido a algunos autores a sobrestimar demasiado algo que, a fin de cuentas, es una tradición de música popular destinada al entretenimiento ligero. El escritor norteamericano Waldo Frank, que se especializaba en detectar vibraciones "cósmicas" en los sitios más improbables, lo hizo durante una charla radial que dio en Buenos Aires en 1942. "El tango... es una expresión estética popular del sentido trágico de la vida. El sentido trágico de la vida es el verdadero sentido de la vida. Es el único poder real, la única victoria humana posible sobre el pesar ... y el pueblo que, en sus populares y cotidianas costumbres, ha creado esta palabra profunda, es un pueblo con un destino."[65]

Al margen de la visión de Frank acerca del papel del tango en el destino nacional argentino, quizá podamos aceptar que hay huellas de un sentido trágico de la vida en muchas de las canciones. "El tango es un pensamiento triste que se baila", dijo una vez Discépolo. ¿Y que también se canta? Sin embargo, no conviene exagerar en esto, ni suponer que la melancolía es la clave para comprender estas canciones. "El tango no es triste; es serio", escriben Luis Adolfo Sierra y Horacio Ferrer.[66] Tienen razón, y el distingo es perspicaz. La seriedad —quizá deberíamos hablar de la impresionante integridad artística que caracteriza tantos tangos— no sólo surge de su meditación sobre los problemas de la vida (algo que comparte, después de todo, con muchas tradiciones musicales populares), sino también de sus lazos sólidos y profundos con el universo urbano de Buenos Aires, del cual nació el tango.

Pues el tango es ante todo la canción de una ciudad, y de la vida de esa ciudad; es esencialmente una creación urbana. Al mismo tiempo, no refleja directamente su universo urbano, así como una pintura japonesa no refleja directamente los verdaderos contornos de los paisajes japoneses. El reflejo, en ambos casos, forma una figura resueltamente estilizada. ¿Cuáles son las características del mundo del tango, el mundo tan maravillosamente evocado por Gardel? ¿Cuáles son sus temas principales? Huelga decir que a menudo se han analizado y clasificado las letras, e incluso se las ha sometido a una dosis un tanto excesiva de exégesis teórica.[67] No se puede describir este material en un par de párrafos. No obstante, el mundo del tango (visto por el prisma de sus letras) tiene convenciones y reglas muy definidas, y algo se debe decir sobre ellas.

Aquí sería más preciso hablar de diversos grupos superpuestos de típicos temas de tango en vez de hablar de un solo esquema coherente. Uno de dichos grupos (el mayor) se concentra en las incesantes *vicisitudes del amor*. Los tangos rara vez son canciones de amor directas. Un tema mucho más común es el abandono ("Mi noche triste" es el arquetipo) o la traición amorosa. Algunas expresiones de este tema a veces rozan peligrosamente la sensiblería, como en los versos añadidos a "La cumparsita" de Gerardo Hernán Matos Rodríguez, el tango más famoso que se escribió. (Es al tango lo que "El Danubio Azul" es al vals, aunque la melodía no es tan agradable.) Gardel lo grabó por primera vez en 1924, y se constituyó en una de sus piezas más populares:*

---

* Aunque *cumparsita* es el diminutivo de *cumparsa* (grupo de gente que participa en una procesión, habitualmente en carnaval), dicha cumparsa no se refleja en la letra: aludía en realidad a los miembros de una cumparsa compuesta por miembros de la Federación Estudiantil del Uruguay, para quienes se escribió la melodía en 1917.

> *ya ni el sol de la mañana*
> *asoma por la ventana*
> *como cuando estabas vos,*
> *y aquel perrito compañero*
> *que por tu ausencia no comía*
> *al verme solo el otro día*
> *también me dejó.*

Éste es quizá un caso extremo.

El gran tema del abandono y la traición tiene ramificaciones casi infinitas. A veces hay un reencuentro, o un atisbo de la amante perdida al cabo de un largo tiempo, como en "Esta noche me emborracho" de Discépolo, donde el encuentro induce al protagonista a ahogar sus penas en alcohol, un procedimiento que se repite con tediosa frecuencia en un sinfín de tangos. El amante abandonado también puede manifestar una lealtad indeclinable, una esperanza de conciliación o la voluntad de ayudar ("Mano a mano" es un buen ejemplo). Más gravemente, los sentimientos heridos de un amante abandonado pueden derivar en deseos de venganza, ya sea contra la mujer infiel (es lo más común) o contra el rival que la ha arrastrado a la infidelidad. *Las muertes por venganza* (a menudo con cuchillo) se destacan en las letras de tango, a veces descritas en detalle, o bien, como en el reflexivo "Silbando", apenas sugeridas. En "Fondín de Pedro Mendoza", atractivamente cantado por Gardel en su grabación de 1931, el ambiente es un fondín portuario, descrito con afecto, pero la historia central es inconfundible:

> *frente a frente*
> *me la encontré;*
> *no pude más y vencido*
> *contra esa puerta*
> *yo la maté.*

Junto con la venganza, los temas amorosos del tango se superponen con otro gran grupo centrado principalmente en la *nostalgia*. En ciertos sentidos, la nostalgia es una emoción más fundamental que la melancolía en el tango. Los duelos a cuchillo y las venganzas amorosas (por no mencionar a los compadres y malevos) eran un lugar común de la cultura de los arrabales, o se creía que lo eran. Cuando se escribió la mayoría de estas canciones (como hemos visto, la década del 20 fue la primera en que se produjeron en masa), el modo de vida del arrabal se estaba convirtiendo rápidamente en un recuerdo; la expansión y las mejoras cívicas de Buenos Aires se habían encargado de ello. El tango mismo se había desplazado tiempo atrás desde su cuna. De algún modo, sin embargo, la fugaz cultura suburbana cautivaba la imaginación porteña, con fuertes reflejos no sólo en la música popular sino en la literatura. El mayor escritor

137

argentino moderno, Jorge Luis Borges, en los últimos versos de su poema "El tango", quizá el poema más bello y preciso jamás escrito sobre el tema, captura este aspecto del mundo del tango:

> El recuerdo imposible de haber muerto
> peleando, en una esquina del suburbio.

La nostalgia por el mundo evanescente del arrabal y su evocación afectuosa y lírica en un sinfín de canciones quizá sean, en cierto modo, el equivalente porteño de la gran infatuación norteamericana con el mundo igualmente efímero del Salvaje Oeste, pero el porteño de los años 20 estaba en cierto modo más cerca (en el tiempo y el espacio) del arrabal de lo que la mayoría de los norteamericanos estuvieron jamás del Salvaje Oeste. El recuerdo de algún modo infundía un elemento vital a la tradición del tango. Para Edmundo Eichelbaum, "la razón profunda de la supervivencia del tango" reside precisamente "en la expresión de la nostalgia, no ya de lo desaparecido, sino de lo que estaba desapareciendo... Y sus personajes eran mitos nacientes, siempre con alguna figura corpórea y palpitante como origen y fuente".[68]

La nostalgia también puede cobrar una forma más directa: en muchas letras, la contemplación de viejas vestimentas, como en "Viejo smoking" o "Aquel tapado de armiño", suscita sentimientos de lamentación por el pasado. Dichos sentimientos también pueden despertar mediante un regreso al escenario de antiguos encuentros amorosos ("El bulín de la calle Ayacucho" es un buen ejemplo) o mediante la visión del barrio visitado tras una larga ausencia. Este último tema es recurrente, y está exquisitamente ejemplificado en "Barra querida", grabado por Gardel en octubre de 1928:

> Siento llorar, compadre, el corazón,
> al regresar al barrio en que nací,
> al recordar mis años de purrete —
> mi madrecita, mi hogar, todo perdí.
> Recuerdo mi lejana juventud
> que iluminara el sol de la ilusión,
> cuando un gotán nos transportaba al cielo.

Tales emociones nos conducen a un tercer grupo de letras: las que lamentan en forma elegíaca, como "Barra querida", el *inevitable paso del tiempo*. "Nubes de humo", un popular tango de Manuel Romero y Manuel Jovés, grabado por Gardel en 1923, ejemplifica lo que podría considerarse la posición esencial en este tópico:

> *Fume compadre, fume y charlemos*
> *y mientras fuma, recordemos*
> *que como el humo del cigarrillo*
> *ya se nos va la juventud.*

Por momentos este sentimiento puede volverse extremadamente sombrío, como en el clásico "Adiós muchachos" de Julio Sanders y César Vedani, una de las canciones más famosas de Gardel, que describe estremecedoramente la cercanía de la muerte.

> *Adiós muchachos, ya me voy y me resigno,*
> *contra el destino nadie la talla,*
> *se terminaron para mí todas las farras,*
> *mi cuerpo enfermo no resiste más.*

Esta letra es bastante deprimente, aun dentro del tango, y la pieza más tarde se transformó (al menos por un tiempo) en objeto de superstición para algunos músicos, que rara vez la tocaban. Por alguna razón, esto ocurrió principalmente en la década del 40.

La desilusión, el cinismo, la fuerte sensación de que el mundo no está a la altura de las expectativas humanas, son temas interrelacionados y también elementos muy comunes en las letras de tango. Enrique Santos Discépolo (todo comentario sobre el tango tarde o temprano tiene que detenerse en él) se especializó en el tratamiento de la desilusión, y hasta incluyó críticas sociales oblicuas en piezas soberbias como "Yira yira", "Cambalache" (el cual Gardel nunca grabó; apareció sólo al final de su vida) y "Qué vachaché", quizá la más mordaz de las tres. Gardel grabó "Qué vachaché" en dos ocasiones: su versión de Barcelona (1927) me parece la más vigorosa.

> *¿Pero no ves, otario engominado,*
> *que la razón la tiene el de más guita?*
> *¿Que la honradez la venden al contado,*
> *y la moral la dan por moneditas?*
> *¿Que no hay ninguna verdad que se resista*
> *frente a dos mangos, moneda nacional?*

Es dudoso que estos y otros tangos de Discépolo se puedan interpretar (como se ha hecho a veces) como canciones de protesta. Aunque muchos tangos expresan críticas a la sociedad, no lo hacen deliberada ni sistemáticamente, y menos aún con sentido político; los tangos directamente políticos se pueden contar con los dedos de una mano, o quizá de las dos. (La religión también desempeña un papel marginal en las letras de tango.) Las canciones de Discépolo contienen un gran desprecio por la sociedad moderna, sin duda, pero a fin de cuentas se pueden considerar decla-

139

raciones existenciales, casi protestas contra la vida misma. (Enrique Discépolo era un individuo melancólico, además de mordaz y efusivo.) Su excelencia, en todo caso, impide considerarlos tangos típicos. En muchos sentidos son los mejores clásicos del género.

La *comedia*, como puede sospecharse por lo dicho hasta ahora, no es un rasgo destacado de las letras de tango. Es verdad que existen algunos tangos del absurdo, como el gratamente jocoso "Naipe marcado", que juega con las palabras de títulos de tango y se basa en la impensable idea de que el tango huyó de Buenos Aires.

> *¿Dónde te fuiste, tango?...*
> *Fui por Florida ayer*
> *y por Corrientes hoy,*
> *me han informado*
> *que te habías piantado*
> *con tu bandoneón.*

No obstante, la comedia en los tangos suele estar entrelazada con la ironía o la sátira. "Victoria" (otra pieza de Discépolo) retrata los sentimientos de alegría de un hombre recién abandonado por la esposa; pero Discépolo nunca se encontró a sus anchas con el humor.

El encantador "Haragán" es quizá una pieza más genuinamente cómica, con su retrato de un vago porteño:

> *Del reo batallón vos sos el capitán,*
> *te crees que naciste pa' ser un sultán.*
> *Te gusta meditarla panza arriba en la catrera*
> *y oír las campanadas del reloj de Balvanera.*
> *Salí de tu letargo, ganate tu pan ...*
> *Sos un haragán.*

Desde luego, la letra sola no basta. No hay palabras que puedan hacer justicia al ímpetu burlón de la melodía (escrita por Enrique Delfino) ni a la pegadiza interpretación que hace Gardel de su atractiva letra (obra de Manuel Romero). Josephine Baker causó una pequeña sensación cuando cantó este tango durante su visita a Buenos Aires en 1929.

En sus descripciones de episodios y personajes tomados del universo urbano de Buenos Aires, las letras suelen recaer casi siempre en una serie de estereotipos claramente reconocibles o situaciones estándar. El amante traicionado o abandonado es uno de los estereotipos más inevitables, la muerte por venganza es una de las situaciones más comunes. Hay otros que no podemos dejar de mencionar. La *maternidad* es exaltada en muchas canciones. La figura de la *vieja*, virtuosa y confiable, contrasta abruptamente con los hijos ingratos y pendencieros (aunque a veces arrepentidos) que a menudo le causan pesar; invariablemente siguen la mala senda con gran obstinación. Los hijos varones se arruinan en una vida de placeres o en episodios delictivos y violentos; las hijas, tentadas por los deleites del cabaret, se arriesgan fatalmente a ser corrompidas por jóvenes ricachones o por viejos verdes. ("Flor de fango" de Contursi fue un importante aporte en esta vena.) El teatro argentino de los años 20, muy influido por el tango, recurría insistentemente a estos estereotipos, al extremo de que un anuario teatral de 1927-28 se quejaba amargamente: "Los argentinos ni somos todos niños bien, ni somos todos matones; nuestras mujeres no son todas milonguitas, ni son todas lavanderas".[69] Los estereotipos perduraron en el tango mucho después que desaparecieron del teatro.

Destaquemos un último grupo de temas: los relacionados con *Buenos Aires y el tango mismo*. (Esta categoría abarca las canciones ambientadas en carnaval, las que evocan determinados barrios, las que describen el mundo del turf.) Buenos Aires como gran ciudad, como cuna del tango, suscitó varias piezas notables que a menudo combinaban la nostalgia con la abierta adoración. En "Anclao en París" de Cadícamo, con música de Guillermo Barbieri, la ciudad es afectuosamente recordada desde lejos.

> *Lejano Buenos Aires, qué lindo que has de estar.*
> *Ya van para diez años que me viste zarpar.*
> *Aquí en este Montmartre, faubourg sentimental,*
> *yo siento que el recuerdo me clava su puñal.*

Otra parte de este tango alude fugazmente a las mejoras urbanas realizadas en la época en que se escribió (1931), sobre todo el ensanchamiento de las calles, un proceso que en los años siguientes afectó el centro espiritual del tango, la calle Corrientes.

Desde luego el tango mismo fue tema de ciertas canciones, a veces invocadas en piezas cuyo tema es otro. "Lo han visto con otra" de Horacio Pettorossi, grabado por Gardel en abril de 1930, es un buen ejemplo.

> *Lo han visto con otra, te han dicho esta tarde,*
> *¡lo han visto con otra, con otra mujer!...*
> *Tango, tango,*
> *vos que fuiste el amigo confidente de su amor,*
> *tango, tango,*
> *hoy preciso de tu ayuda para calmar mi dolor.*

Y hoy, quizá inevitablemente, ciertas canciones que proclaman con sencillez, orgullo y llaneza la fama universal del tango argentino, como ocurre con "Canción de Buenos Aires" (cuyo título no podía ser otro), grabado por Gardel en enero de 1933.

Canción maleva, lamento de amargura,
sonrisa de esperanza, sollozo de pasión;
éste es el tango, canción de Buenos Aires,
nacido en el suburbio, que hoy reina en todo el mundo.

Ninguna reseña del populoso mundo de las letras de tango podría ser exhaustiva. Algunas piezas serán siempre inclasificables, pero la gran mayoría entran en algunas de las categorías aquí esbozadas. Resulta interesante ver cuán rápidamente se establecieron las reglas y convenciones del género, y hasta qué punto el tango permaneció fijado en su molde original por largo tiempo. Esto no es sorprendente. En las décadas del 20 y del 30, la tradición del tango era tan vigorosa y dinámica que los músicos sentían una confianza casi ilimitada en ese marco básico. Los letristas acudían casi automáticamente a los tópicos ahora convencionales. La tradición se reforzó a sí misma, quizá inevitablemente, de modo que se volvió inconcebible ir más allá de los límites establecidos por Contursi y un puñado de autores al comienzo. Así, los temas perennes de la traición, la nostalgia, la venganza, el amor maternal, la desilusión, Buenos Aires, el tango y demás, se reprodujeron sin cesar. En la década del 30, algunas letras parecen casi conscientemente estilizadas, y a veces se percibe un aire de divertida parodia, y aun de autocaricatura. Algunas canciones compuestas por el mismo Gardel en los 30 pueden verse bajo esta luz.

Hasta fines de los 40, las letras de tango de alta calidad (así como una gran cantidad de letras mediocres o simplemente malas) continuaron afluyendo en gran torrente. Los 40 fueron en verdad los últimos años en que se escribió una cantidad apreciable de tangos realmente clásicos (a menos que los audaces esfuerzos de Horacio Ferrer y Astor Piazzolla a fines de los 60 se acepten como parte de la gran tradición, a lo cual sin duda aspiraban). Una de las muchas razones para lamentar el prematuro fin de la carrera de Gardel es que no hay modo de saber cómo habría encarado algunos de los grandes tangos de años posteriores. ¿Cómo habría cantado "Malena", "Sur" o "Barrio de tango"? ¿Con qué sentimiento habría abordado "A Homero", ese delicado tributo al letrista Homero Manzi, o "Che Bandoneón"? ¿Cómo habría interpretado ese clásico de Piazzolla-Ferrer, "Balada para un loco", escrito en el año en que Neil Armstrong dejó la primera huella humana en la Luna? Tal vez haya en los Campos Elíseos algún rincón porteño para la realización de tales probabilidades. Esperemos que sí.

Lo cierto es que el aporte de Gardel a la tradición del tango sólo se puede describir como incomparable, como una categoría propia. No sólo desempeñó un papel importantísimo en la creación de la tradición, sino que también compuso algunos de sus clásicos y, de un modo indefinible, llegó a simbolizar la tradición misma, terminando por ser su figura suprema e irreemplazable. En opinión de Eichelbaum, era "como alguien que *habitaba* sus canciones".[70] Consciente o inconscientemente, destiló la experiencia, el sentimiento y el espíritu esencial de una gran ciudad en un arte popular. Como escribe Osvaldo Sosa Cordero: "Todo Buenos Aires —su Buenos Aires—, en su pequeñez o en su grandeza, transitó por la magia de su canto".[71] ¡Todo Buenos Aires! Bien, quizá no todo, pero sí lo suficiente. De algún modo (y en última instancia, por cierto, es un misterio que lo consiguiera), Gardel logró encarnar actitudes, aspiraciones, ilusiones y fantasías porteñas en un grado jamás igualado por nadie. En la sencilla frase de su gran amigo Edmundo Guibourg: *"Gardel-Buenos Aires. La ecuación permanece inmutable".*[72]

En cuanto concierne a Buenos Aires, quizá siempre permanezca inmutable; pues Gardel fue un ídolo popular que no tenía pies de barro. En cuanto al hombre mismo, sin embargo, la ecuación no permaneció inmutable. Como bien nos recuerda Shakespeare, "Una historia honesta funciona mejor cuando se la cuenta con sencillez", y nosotros debemos regresar ahora a la historia de su vida.

NOTAS

1 Cadícamo (1978), pág. 128; Moncalvillo, pág. 124.

2 *Crítica*, 25 de junio de 1935: del Campo, pág. 176.

3 *Antena*, N° 1109, Buenos Aires (24 de junio de 1952): del Campo, pág. 178.

4 *Caras y Caretas*, julio de 1935: Couselo y Chierico, pág. 33.

5 Defino, pág. 65.

6 Tucci, pág. 59.

7 García Jiménez (1951), pág. 229.

8 García Jiménez (1976), pág. 17.

9 *Caras y Caretas*, julio de 1935: Couselo y Chierico, pág. 33. Sin embargo, mientras estaba actuando en el teatro, CG casi siempre mostraba una gran confianza en sí mismo. Tania, la compañera de Discépolo, coincidió una vez con CG en un festival de beneficencia, y escuchó lo que les dijo a sus guitarristas: "Después de la ovación nos vamos". Tania, *Discepolín y yo. Memorias transcriptas por Jorge Miguel Couselo* (Buenos Aires, 1973), pág. 34.

10 Defino, pág. 65.

11 *Mundo Argentino,* 12 de junio de 1957: Couselo y Chierico, págs. 25-26. Guibourg tenía la fuerte impresión de que CG era muy generoso con sus allegados (Moncalvillo, pág. 102).

12 Moncalvillo, pág. 113; *Antena*, N° 1109, Buenos Aires (24 de junio de 1952): del Campo, pág. 178.

13 Canaro, págs. 191-92; Cadícamo (1978), pág. 128.

14 Eichelbaum (1984), págs. 160-61.

15 Defino, pág. 59.

16 *La Prensa*, Nueva York, 10 de enero de 1936.

17 Del Campo, pág 15.

18 Citado en *Sucesos*, pág. 58.

19 García Jiménez (1951), págs. 301-2. Tanto García Jiménez como Guibourg (Moncalvillo, pág. 107) afirman que CG pagó para que su novia fuera a Italia (Milán) a

estudiar canto: ver también Eichelbaum (1984), pág. 176. García Jiménez añade que ella visitó a CG en Europa mientras viajaba hacia allá; al parecer Guibourg la conoció en Europa, quizás a principios de la década del 30. Isabel del Valle luego se casó y fue a vivir al Uruguay. Solamente después de la muerte de su marido empezó a formular declaraciones sobre su relación con CG. En 1987 realizó un viaje a Medellín, Colombia, acompañada por el talentoso cantante-guitarrista Héctor Blotta. Doña Isabel falleció en mayo de 1990, en la ciudad de Buenos Aires.

20 Defino, págs. 65-66.

21 *La Nación*, 30 de junio de 1929.

22 *El Diario Nacional,* Bogotá, 18 de junio de 1935: Morena, págs. 201-2.

23 Citado en *Sucesos*, pág. 58.

24 *Crítica*, 25 de junio de 1935: del Campo, pág. 186.

25 Citado en *Sucesos*, N° 4, pág. 58. Ver también Enrique Lafourcade, *Carlitos Gardel. Mejor que nunca* (Santiago de Chile, 1985), pág. 42. Edmundo Guibourg creía (Moncalvillo, pág. 107) que CG había tenido un idilio con Mona Maris, y ciertamente había tenido uno con Rosita Moreno. Pero CG estaba entonces en Nueva York y Guibourg no tenía modo de saberlo. Eichelbaum (1984), pág. 166, sugiere que CG tuvo una relación muy estrecha, y quizás un romance, con la actriz francesa Gaby Morlay. Su relato se basa parcialmente en reminiscencias de algunos allegados de CG en París compiladas a principios de los 60.

26 Citado en del Campo, pág. 103n.

27 Tucci, pág. 59.

28 Citado en *Sucesos*, pág. 58.

29 CG hablando con Mario Dillon, *Sintonía* (1930). Couselo y Chierico, págs. 85-86.

30 Petit de Murat, pág. 188. Esto no es sorprendente. El *maître* de El Tropezón, recordando muchos años después las frecuentes visitas de CG al restaurante, comentó que él solía cenar allí alrededor de las 2:30 de la mañana, siempre en la misma mesa, en un rincón. CG a veces también visitaba el lugar alrededor de las 16:30 para tomar un refrigerio. (*Historia del tango*, 16:3085).

31 *Sucesos,* pág. 58.

32 Eichelbaum (1977), págs. 1552-53.

33 Morena, págs. 157-58.

34 García Jiménez (1951), pág. 214.

35 Cadícamo (1978), págs. 150, 156-57, 172-73. Pierotti vendió este reloj a Cadícamo, quien a su vez lo vendió a un director de cine amigo, el cual lo regaló en España.

36 Zubillaga, pág. 36. Francisco Flores del Campo, otro colaborador de Nueva York, también notó el amor de CG por las joyas: Miguel Arteche, comp., *Gardel. Tango que me hiciste bien* (Santiago de Chile, 1985), pág. 25.

37 *La Nación,* 30 de junio de 1929.

38 Ibid.

39 Citado en *Historia del tango*, 9:1614.

40 *Caras y Caretas*, julio de 1935: del Campo, pág. 188.

41 *Historia del tango*, 9:1630.

42 Moncalvillo, pág. 106.

43 Eichelbaum (1977), pág. 1586.

44 *La Razón,* 26 de junio de 1935: del Campo, pág. 190.

45 Defino, pág. 64.

46 *Historia del tango*, 9:1603.

47 Annie S. Peck, *The South American Tour* (Londres, 1926), pág. 237. Para una evocación del mundo hípico en la época de CG, ver Carlos Dedico, *Era otro turf aquel* (Buenos Aires, 1943) y la novela de Manuel Gálvez, *La Pampa y su pasión* (varias ediciones).

48 García Jiménez (1951), pág. 250. Lunático murió en 1940.

49 Ibid., pág. 252.

50 *Crítica*, 26 de junio de 1935: del Campo, págs. 185-86.

51 García Jiménez (1951), págs. 245-46.

52 García Jiménez (1965), pág. 200.

53 Sosa Cordero, pág. 75.

54 *Tanguera*, 24 de junio de 1963: Couselo y Chierico, pág. 41.

55 *Crítica*, 25 de marzo de 1926: Morena, pág. 93.

56 Sosa Cordero, pág. 74.

57 Citado en Del Priore, pág. 32.

58 Cadícamo (1978), pág. 92.

59 Eichelbaum (1977), págs. 1572-74.

60 Ramírez, pág. 65.

61 "Gardel", *Sur* N° 223, julio-agosto l953: 127.

62 Ver Morena, págs. 263-342, para una lista exhaustiva de las grabaciones de CG. La principal investigación discográfica sobre CG fue realizada por Boris Puga, del Club de la Guardia Nueva de Montevideo, un grupo que desde principios de los años 50 contribuyó en gran medida a crear interés en la historia del tango. Una publicación reciente, altamente recomendable, es S. Nicolás Lefcovich, *Estudio de la discografía de Carlos Gardel* (Buenos Aires, 1986), que tiene un acopio impresionante de detalles.

63 Lawrence J. Zwisohn, *Bing Crosby. A Lifetime of Music* (Los Ángeles, 1978), da la discografía. Bing Crosby fue un gran admirador del arte de CG.

"Nunca oí una voz más bella", se dice que comentó *(New York Times,* 30 de julio de 1985).

64 *Buenos Aires dos por cuatro* (Buenos Aires, 1967), pág. 89.

65 *South American Journey* (Londres, 1944), pág. 59.

66 *Discepolín* (Buenos Aires, 1965), pág. 61.

67 Tal vez la investigación más exhaustiva se encuentre en Idea Vilariño, *Las letras del tango* (Buenos Aires, 1965). Ver también José Gobello y Eduardo Stilman *Letras del tango de Villoldo a Borges* (Buenos Aires, 1966).

68 Eichelbaum (1977), pág. 1577.

69 Citado en Luiz Ordaz, *El teatro en el Río de la Plata,* 2a. ed., (Buenos Aires, 1957), pág. 168.

70 Eichelbaum (1977), pág. 1550.

71 Sosa Cordero, pág. 74.

72 Defino, pág. 14.

6. PARÍS Y BUENOS AIRES

1930-1933

Carlos Gardel y sus guitarristas no eran por cierto los únicos argentinos que viajaban del verano meridional al invierno septentrional en diciembre de 1930. Entre otros que seguían perversamente (desde el punto de vista del clima) el mismo rumbo aunque en otro vapor, estaban Manuel Romero y Luis Bayón Herrera, dos autores de comedias ligeras que encabezaban una compañía de revistas del Teatro Sarmiento en una gira por España y Francia. (Romero era también un prolífico autor de letras de tango.) Antes de zarpar de la Argentina, Gardel (casi seguramente) había hablado con estos dos hombres sobre la posibilidad de colaborar en una película, un largometraje protagonizado por él, una vez que la compañía teatral llegara a Francia. La idea de filmar —en cualquier parte, de cualquier modo— lo obsesionaba. Francia, no la Argentina, parecía el lugar obvio para lanzar esta nueva carrera, aunque Gardel, al partir de Buenos Aires, aún tuviera sólo una vaga idea de cómo hacerlo.

Con el beneficio de la retrospección, se podría argumentar que su evaluación de las perspectivas era miope. Es verdad que en los primeros años del cine sonoro la Argentina fue inundada por filmes del exterior. (A principios de los 30 se afirmó que era el país que más películas importaba de los Estados Unidos después de Gran Bretaña.) No obstante, aceptó el desafío: la década del 30, en realidad, resultó ser bastante buena para los cineastas argentinos. Si se hubiera avenido a esperar un par de años, Gardel podría haber filmado en su país en vez del exterior. A mediados de esa década, como veremos, advirtió un cambio en su país y pensó seriamente en desempeñar un papel allí.

147

En diciembre de 1930, sin embargo, sus cálculos eran al menos comprensibles. Las oportunidades inmediatas se encontraban en el exterior. (La primera película sonora argentina realmente buena, *Tango,* no apareció hasta 1933.) Las compañías cinematográficas norteamericanas estaban muy interesadas en conservar la hegemonía que habían ejercido desde un principio en el mercado latinoamericano, y para ello estaban dispuestas a suplementar su producción estándar con producciones especiales en español. Hollywood ya estaba produciendo algunos filmes en español. La poderosa corporación Paramount se inclinaba fuertemente en esa dirección, con estudios no sólo en Nueva York y California, sino también en Francia. La instalación francesa de la Paramount (construida sobre un presupuesto de 10 millones de dólares) estaba en Joinville-le-Pont, un anónimo suburbio al sudeste de París. Georges Sadoul, distinguido historiador del cine francés, ha descrito el complejo de seis estudios establecido allí, que quizá aspiraba a ser una Hollywood europea de costos más bajos, como *une gigantesque usine d'images, véritable Babel.*[1] Eso era: producía filmes en (o adaptaba bandas sonoras a) muchas lenguas diferentes, y algunas películas salían hasta en catorce versiones. Los críticos nunca han tenido una alta opinión del aporte de Joinville al arte cinematográfico. No obstante, desempeñaría un papel importante en el proceso de transformar a Carlos Gardel en el más célebre astro cinematográfico de Hispanoamérica en los años 30.

Él no conoció en seguida esta Torre de Babel suburbana. Sus primeros compromisos al regresar a Europa fueron más convencionales. Él y sus tres "escobas" comenzaron con una quincena en el Empire de París (26 de diciembre al 8 de enero), con los últimos días de actuación ensombrecidos por la muerte del héroe nacional de Francia, el mariscal Joffre. Una vez más se anunció a Gardel como *le célèbre chanteur argentin,* aunque no sabemos con qué impacto; había estado ausente del escenario parisino por dieciocho meses y tenía que restablecerse. En todo caso no se demoró en la capital, pues la Riviera lo tentaba con un compromiso mucho más largo en el Palais de la Mediterranée de Niza. Esto era una bienaventuranza. Este casino, que ocupaba un sitio privilegiado en la Promenade des Anglais, era en muchos sentidos el más espléndido de la Costa Azul: "el rey de los casinos, así como Niza es la reina de la costa", decía *La Rampe* en febrero de 1931.[2] Últimamente se había arreglado parte de la planta baja como una cancha de golf interna; una figura como Mistinguett fue fotografiada jugando allí ese mes.

A pesar de la Depresión, la Riviera continuaba siendo el centro de diversiones de los ricos y ociosos de Europa, como había sido por mucho tiempo. Su temporada invernal atraía una horda cosmopolita de aristócratas y millonarios, a los meramente acomodados y aun a la realeza. En Niza misma, durante la temporada de 1931, el septuagenario rey Gustavo V de Suecia (que llegó para su visita anual el 6 de febrero) frecuentaba las canchas de tenis a las ocho de la mañana, y también durante esa temporada la duquesa de Vendôme y el duque de Connaught inauguraron ceremonialmente la recién ensanchada y embellecida Promenade des Anglais. Los hoteles y casinos de la Costa Azul hacían excelentes negocios. Pero la temporada invernal no sólo atraía a gente rica y mundana a la relativa (sólo relativa) calidez del Mediterráneo; también atraía a artistas, las estrellas del mundo del espectáculo francés. Gardel, conquistador de París en 1928, montó su exitosa ofensiva sobre la Riviera.

Uno de los que trabajaba con él en el Palais de la Mediterranée era un músico francoarmenio, Kalikian Gregor, director de una orquesta entonces en boga. Entrevistado unos meses más tarde en Buenos Aires, Gregor evocó líricamente los triunfos de Gardel en Niza:

¡Niza! ¡Oh Niza...! Niza es para mí el paraíso bíblico. Creo que debe serlo también para Carlitos ... porque allí realizó la más olímpica de sus hazañas: conquistar, por asalto, el ambiente más hermético y "sui generis" de toda Francia. Aquella sociedad selecta y cosmopolita de la côte d'Azur, accesible sólo a contadísimas excepciones, tuvo para Gardel una acogida cordial e inolvidable. Actuar en un casino de la categoría del Palais de la Mediterranée creo que debe colmar la aspiración de cualquier artista que se estime. Allí se consagran y se derrumban ídolos. Dos meses consecutivos hemos actuado en él, Carlitos Gardel y yo. Dos meses cuyo encanto no podré olvidar nunca. Nos llamaban los reyes del jazz y el tango. ¡Oh Niza...! Carlos recibió las más grandes ovaciones, cantando canciones francesas. Este gesto, que en él era una caballeresca manera de retribuir distinciones, no pasó desapercibido para aquellas gentes...[3]

La introducción de canciones en francés en su repertorio era una nueva innovación para Gardel. Gregor pensaba que en este sentido su nuevo amigo era "superior a Chevalier cantando en inglés". No todos estaban de acuerdo, como pronto veremos.

Para Gardel, no obstante, un repertorio más amplio sólo formaba parte del esfuerzo por convertirse en una estrella más internacional, aunque no tuviera ninguna intención de abandonar el idioma español ni el tango, el cimiento de su fama. En verdad, su continuo interés en renovar su repertorio de tangos se manifiesta en el hecho de que el guitarrista Barbieri, sin duda a instancias de Gardel, escribiera a Enrique Cadícamo, que pasaba unas semanas en Barcelona, tras acompañar a la compañía Romero-Bayón Herrera desde la Argentina, para pedirle letras nuevas. Cadícamo, sentado en el comedor del Hotel Oriente, garrapateó los versos de "Anclao en París" y los envió al día siguiente a Francia.[4] Gardel quedó muy complacido con el tango resultante (con música de Barbieri), que fue un gran éxito.

Como era de esperar, Gardel vivió muy bien durante sus semanas junto al Mediterráneo, alojándose en el lujoso Hotel Negresco, frente a la explanada. Dos acontecimientos, uno muy agradable, el otro no tanto, signaron esta visita. El acontecimiento grato fue que Leguisamo apareció en Niza, lo cual desde luego significó varias noches de alegría y champagne antes que el jockey continuara sus vacaciones en Europa. (En París, por cierto, salió con los Torterolo.) El episodio menos afortunado fue una riña entre Gardel y su guitarrista José Aguilar. Probablemente, Aguilar nunca había estado tan cerca del cantor como sus demás "escobas". Ninguno de ambos comentó públicamente la causa del entredicho, pero el resultado fue que Aguilar se despidió en malos términos y regresó a la Argentina en el primer buque disponible, que resultó ser el *Conte Verde*.

Entre las personas que Gardel veía a menudo en la Riviera había una mujer a quien frecuentaría desde entonces. Se trataba de Mrs. Sadie Baron Wakefield, una acaudalada mujer de mundo, de origen norteamericano, que era, como dicen tan delicadamente los franceses, *d'un certain age* (tenía poco más de cincuenta años); además (por lo que se ve en las fotografías) era regordeta. Mrs. Wakefield vivía en Niza y desempeñaba un activo papel en el mundo social de la Riviera; también vivía parte del tiempo en París.* La índole de su relación con Gardel suscitaría algunas especulaciones; previsiblemente, no hay respuestas claras a las preguntas obvias. (Gardel siempre eludió toda alusión de los reporteros a ese tema.) Es probable que la amistad se hubiera iniciado antes, en el anterior viaje del Zorzal a Europa; en ese caso, ahora estaba muy consolidada.

Tras concluir su temporada en el Palais de la Mediterranée, Gardel regresó a París para tratar de seguir adelante con sus planes de filmación. La compañía de revistas Romero-Bayón Herrera había llegado a la capital francesa. En realidad, había comenzado a actuar en el teatro Palace a mediados de febrero como La Revue Argentine de Buenos Aires, recibiendo muy buenas reseñas. Gardel y los dos dramaturgos comentaron los problemas formales de una película (el tema sería definitivamente argentino) y se acercaron a la organización Paramount. Fueron ayudados por Adelqui Millar, un cineasta chileno que había abandonado su país por falta de oportunidades, y cuyos contactos en Joinville-le-Pont fueron, se suele creer, vitales para el éxito de las negociaciones que ahora se iniciaban.

Antes de llegar a un trato, sin embargo, Gardel regresó a la Riviera. Su viejo amigo Julio de Caro, director de lo que se solía considerar como la

---

* Ella era una de las tres hijas de Bernhard Baron, magnate del tabaco y filántropo, judío nacido en Rusia, que (después de un largo período en los EE.UU.) se instaló en Inglaterra en 1895 y luego dirigió la compañía cigarrera Carreras (Craven A era una de sus marcas populares de cigarrillo). Murió en 1929, dejando casi 5 millones de libras esterlinas. El esposo de Sadie era George T. Wakefield, un industrial norteamericano (ex propietario de la Kaynee Company, Cleveland, Ohio). Murió Sadie cerca de Nueva York en noviembre de 1942 a los 64 años, tras regresar a los Estados Unidos en 1940; su esposo le sobrevivió. Los escritores argentinos, que nunca identificaron cabalmente a Mrs. Wakefield, suelen considerarla viuda y (quizá confundidos por su apellido de soltera) baronesa; no era ninguna de ambas cosas, aunque su hermano Louis Bernhard Baron (muerto en 1934) era *baronet*.

mejor de las orquestas de tango, iniciaba una gira por Europa y debía actuar en el Palais de la Mediterranée. La orquesta de Julio de Caro debutó en el casino el jueves 26 de marzo, en una centelleante función de gala. De Caro mismo cuenta la historia:

Instalada la orquesta en el escenario ... y yo, a punto de hacer mi primera presentación en el Palais de la Mediterranée, impresionado por la dimensión de aquel salón colmado de público, sentí vacilar mis piernas... y no era para menos poder, a duras penas, mantenerse en pie... por sobrehumano esfuerzo. En ese crucial instante, abierto el cortinado, se dejó oír una voz en francés, partiendo de la multitud, requiriendo un minuto de silencio. "Señoras y señores, he viajado ex profeso desde París hasta esta maravillosa Costa Azul, no esta vez para admirar su paisaje, sino para acompañar en su noche de debut a este compatriota mío, gran intérprete del tango argentino ... que, al igual que yo, les brindará lo mejor de su espíritu en la música, y ya que ustedes me dispensaran el aplauso del éxito, pido otro para Julio de Caro." Terminado el discurso, ya acostumbrado a la luz de los reflectores, pude localizar a Carlos Gardel, parado al lado de su kilométrica mesa, cuyos invitados serían unas cien personas, destacándose elegantísimo dentro de su impecable frac.[5]

Más calmado, de Caro atacó su primer tango, reflexionando sobre el "milagro de evolución" operado en su amigo, el oscuro cantor de barrio, el Morocho del Abasto, que se había transformado mágicamente en este aplomado hombre de mundo que se codeaba grácilmente con la alta sociedad de Europa.

Al escribir sus memorias muchos años después, de Caro tenía la impresión de que Charlie Chaplin estaba en el público esa noche. Sin duda confundía esta ocasión con otras noches posteriores en el casino. La estrella de cine más célebre del mundo llegó a Niza sólo unos días después. Chaplin, que iniciaba un peripatético año lejos de Hollywood mientras gozaba de la gloria de *Luces de la ciudad*, había recibido los halagos de Londres y París; ahora venía a visitar a su hermano Sydney, que vivía en la Riviera. Tanto Gardel como de Caro disfrutaron de la emoción de codearse con él en el Palais de la Mediterranée, y es muy probable que Gardel cantara para él por lo menos en una ocasión, pues a principios de abril Mrs. Wakefield agasajó al gran actor inglés en su casa. May Reeves, una bailarina con quien Chaplin estaba iniciando un breve (y no publicitado) romance, describe así el episodio: "Había unos cuarenta invitados". [El cuarto estaba iluminado por lámparas chinas.] "Chaplin estaba en muy buena forma. Un cantor argentino, acompañado por un guitarrista, cantó en su honor, mientras Chaplin, instalándose detrás del bar, se llevaba a la boca una enorme botella de coñac y cortaba una torta gigantesca con un cuchillo descomunal."[6] Más tarde, para deleite de los presentes, Chaplin improvisó algunos sketches cómicos.

Estos festejos en la Riviera, por gratos que fuesen, no podían durar para siempre. Tanto Gardel como de Caro tenían que trabajar. Oportunamente se separaron: de Caro y su orquesta siguieron rumbo a Italia, Gardel regresó a París, donde las negociaciones con los estudios cinematográficos avanzaban de prisa. El 1° de mayo, Gardel, que entonces se alojaba en el Hotel Meurice, firmó el primero de sus diversos contratos con la Paramount. Recibiría 125.000 francos por desempeñar el papel protagónico en un filme de dos horas "en idioma hispano-argentino" y recibiría 6.000 francos por cada día adicional de filmación que fuera necesario al margen de las tres semanas previstas en el contrato. El rodaje comenzó poco después.

Quizá mayo de 1931 haya sido el mes más atareado jamás vivido por Carlos Gardel. Al margen de su trabajo en cine, una actuación de gala en el teatro Palace el sábado 9 de mayo marcó el inicio de lo que la prensa anunció como "la nueva revista parisina, Parade des Femmes, una verdadera selección de beldades nacionales e internacionales, con el célebre cantor Carlos Gardel a la cabeza de un elenco de cien artistas de ambos sexos".[7] El compromiso de Gardel en el Palace duró varias semanas, y fue, simplemente, otro triunfo más. Como señaló Le Figaro en su reseña del espectáculo, Gardel había "realizado un considerable esfuerzo para renovar su acto", y cantaría algunas piezas en francés.[8] Esta innovación no suscitó una aprobación unánime. El columnista de music hall de La Rampe, aunque elogiando la perfecta dicción de Gardel, opinó que "se lo entiende mejor en español. Ése es su mérito. Es en verdad una manía muy tonta por parte del público querer imponer a los cantantes de music hall un idioma que no es el propio. Nosotros buscamos exotismo, no una copia de nuestros propios cantantes".[9]

Otras críticas de Parade des Femmes pasaron por alto ese detalle y simplemente expresaron deleite de que Gardel estuviera de vuelta en el escenario parisino. Le Figaro comentó el 23 de mayo: "Este gran artista, conocido y admirado por toda París, ha hecho una triunfal rentrée en la sensacional revista ... cuyo éxito ha celebrado toda la prensa". Gardel, concluía el autor de este breve comentario, era el enfant gâté de París. En una extensa reseña del espectáculo del Palace unas semanas más tarde, Gérard d'Houville señaló que el público estaba encantado con Gardel y su "cálida voz, que expresaba penas ardientes", y también observó, más tácticamente, cómo se destacaba la gran guitarra amarilla contra el traje negro del artista. Al margen de ello, "sus anchos pantalones nos hacen pensar, cuando flexiona las rodillas, que está tocando el acordeón con las piernas".[10] No sabemos si Gardel antes había flexionado las rodillas de este modo; se señalaría varias veces a partir de esta ocasión.

Ésta sería su última aparición en un importante teatro de París. Sin duda podría haber continuado encabezando los afiches del music hall y el varieté; si hubiera decidido instalarse en París, habría podido convertirse fácilmente en la una de las más populares estrellas de la canción parisina de los años 30. La impresión que produjo fue perdurable; se había con-quistado un sitio en la historia del espectáculo parisino, como aún lo admiten los cronistas. Pero, en la primavera de 1931, Gardel veía una tentadora perspectiva de fama más universal. Mientras aparecía en escena, también estaba rodando su primera película, *Luces de Buenos Aires,* y la experiencia lo fascinaba.

Era un trabajo algo precipitado. Los frenéticos horarios de producción de Joinville no alentaban una actitud meditativa. Manuel Romero y Luis Bayón Herrera, como Gardel había querido, se encargaron del guión. Adelqui Millar fue designado director. Los miembros de la compañía de revistas del Teatro Sarmiento —Sofía Bozán, Gloria Guzmán, Pedro Quartucci— fueron incluidos en el elenco, así como otros artistas argentinos que entonces residían en París, como Vicente Padula, quien actuaría en tres filmes más con Gardel. En cuanto a la música (elemento clave de la película), Gardel contrató los servicios de Gerardo Hernán Matos Rodríguez (autor de "La cumparsita"), que entonces estaba en París, y él mismo compuso una de las piezas principales.

También necesitaba una buena orquesta. Por alguna razón, Manuel Pizarro (la opción obvia) no pudo participar, pero aquí intervino el destino. Luego de su exitosa gira por Italia, Julio de Caro acababa de llegar a París. Había ido en busca de Pizarro y lo esperaba en un café cerca del Moulin Rouge cuando entraron Gardel, Romero, Matos Rodríguez y el productor de Paramount responsable de *Luces de Buenos Aires.* Gardel aprovechó la oportunidad inmediatamente, y pidió a de Caro que interviniera en el filme. De Caro era reacio. Había planeado un viaje a Inglaterra; el príncipe de Gales, que lo había conocido en Buenos Aires en 1925, había invitado a la orquesta a tocar para el rey Jorge V en el Palacio de Buckingham. Al final, desde luego, el director no pudo resistir los vehementes ruegos de su viejo amigo. El rey perdió y Gardel ganó. Arnau, el productor de la Paramount, aceptó las condiciones de Julio de Caro: 50.000 francos por adelantado, 150.000 francos más al concluir el rodaje. La orquesta se preparó para unirse al equipo que ahora trabajaba en el otro extremo del Bois des Vincennes, en Joinville-le-Pont.[11]

Cuando *Luces de Buenos Aires* llegó a la Argentina cuatro meses después, el diario *La Nación,* "sin ninguna complacencia nacionalista", describió el filme en una larga reseña como "una de las mejores comedias musicales que el cinematógrafo sonoro ha realizado".[12] Por cierto, la competencia de otros filmes en idioma español no era mucha en 1931, pero considerando que esto se había hecho tan precipitadamente, el primer largometraje sonoro de Gardel no era desdeñable, aunque no sea exactamente un clásico del cine mundial. La trama es bastante sencilla. El coche de un empresario se descompone cerca de una estancia bonaerense, mientras se está realizando una fiesta rural. El empresario admira el arte de dos muchachas campesinas, una de las cuales es la novia del dueño de la propiedad, un joven que (por feliz coincidencia) es también un experto guitarrista, y los contrata para una revista porteña. En la malvada ciudad, la novia del joven corre peligro de caer en las garras de un inescrupuloso y viejo millonario, pero dos gauchos de la estancia logran rescatarla y devolverla al puro y delicado amor de su prometido. Huelga decir que semejante trama brinda un excelente marco para los números de canto y baile que constituían la principal atracción de la película.

Gardel cantaba dos canciones, las primeras piezas en lo que sería una notable serie de canciones para cine. La primera de ellas era la sentimental "El rosal" de Matos Rodríguez y Romero. Pero el mayor éxito de *Luces de Buenos Aires* era el tango compuesto por el mismo Gardel (quizá con ayuda de Julio de Caro). Se trataba de "Tomo y obligo", cuyo tema, totalmente convencional dentro de la tradición del tango, se relaciona con el amante abandonado que ahoga las penas en alcohol.

> *Tomo y obligo: mándese un trago,*
> *que hoy necesito el recuerdo matar;*
> *sin un amigo, lejos del pago,*
> *quiero en su pecho mi pena volcar.*

En los meses siguientes, mientras la película se distribuía en las salas cinematográficas de Hispanoamérica y España, fue evidente que la primera incursión real de Gardel en el cine sonoro era un éxito de taquilla sin parangón. Provocó reacciones extraordinariamente entusiastas en casi todas partes. En Buenos Aires, en Barcelona, en el distrito hispano de Nueva York y en un sinfín de otros lugares, el público obligaba a los técnicos de proyección a detener la película y rebobinarla para oír "Tomo y obligo" por segunda vez. En un cine de la ciudad de Guatemala, la película se exhibió tres veces semanales por trece semanas, y una vez por semana durante un año entero después. Aún se proyectaba regularmente en la misma sala, varias veces por mes, a mediados de 1934.[13] Como era habitual en Gardel —en el Armenonville, en el Empire y en el Esmeralda, en el Principal Palace, en el Florida—, la historia de su primera película fue de triunfo instantáneo. No hay mejor modo de expresarlo.

El 15 de junio, mientras aún residía en el Hotel Meurice, Gardel recibió la suma de 166.671 francos por su trabajo en el filme.[14] Sus actuaciones en el Palace, en Parade des Femmes, continuaron hasta el viernes 17 de julio, pero la conclusión del rodaje en Joinville le permitió reducir un poco el ritmo de trabajo. No obstante hizo una visita al estudio de grabación de Odeón, donde grabó diez canciones, incluidas dos en francés. También actuó algunas noches en el pabellón del Armenonville (que aún está allí) del Bois de Boulogne, sin duda recordando el local del mismo nombre en Buenos Aires, a miles de kilómetros y casi veinte años de distancia. Aquí, en el Armenonville original, lo escuchó con admiración (entre otros) el político Edouard Herriot.

Su vida social, en esa primavera y principios del verano de 1931, fue tan intensa como de costumbre. Su viejo amigo Manuel Pizarro, cansado de trabajar para otros, ahora administraba (o coadministraba) cabarets propios: el Sevilla (donde Roberto Maida cantaba tangos) y el Pigalle, cerca de la *place* de ese nombre. Gardel concurría a menudo a esos locales nocturnos, especialmente al Pigalle, a veces acompañado por Mrs. Wakefield y (según una versión derivada de las remembranzas de Pizarro) por el presuntamente complaciente Mr. Wakefield. Por lo que sabemos al respecto, las relaciones de George Wakefield con Gardel eran muy amistosas. Se dice que a menudo Gardel escoltaba a la pareja hasta su apartamento cerca de la Etoile, y luego regresaba al Pigalle a pasar el resto de la noche.[15]

También vio mucho a Julio de Caro, cuya orquesta ahora (mediados de junio) fascinaba al público del Empire. Contratado para tocar una noche en la casa del barón Rothschild, de Caro (que al principio confundió a Rothschild con un camarero) trabó amistad con el barón y con otro invitado, el Aga Khan. Ambos lo invitaron a él y su amigo Gardel a Longchamp para el Grand Prix de París en el último domingo de junio. Fue, según de Caro, una tarde inolvidable.[16] Había en exhibición un buen surtido de *le gratin* —era la fecha más significativa en el calendario del turf francés— con *princesses, duchesses, marquises, comtesses* a granel, todas exhibiendo la última moda. Paul Doumer, presidente electo de Francia (pronto sería asesinado), encabezaba la deslumbrante lista de notables asistentes para presenciar lo que *Le Figaro* calificó de *mémorable combat* entre el ganador, Barneveldt, y el segundo, Tourbillon. Gardel debía de sentirse en el séptimo cielo de las delicias.

Tenemos un par de atisbos de Gardel en sus últimas semanas en París a través de los ojos de Julio de Caro. En la noche del 8 de julio, un grupo de argentinos se reunió en el apartamento del actor Enrique de Rosas, entonces en la ciudad, para celebrar el alba del día de la Independencia argentina. (Esa misma tarde la orquesta de Julio de Caro había tocado en la Sorbona, en una sesión arreglada por el embajador argentino Tomás Le Bretón, uno de los tres ministros que había escoltado al príncipe de Gales de regreso a Huetel en agosto de 1925.) La fiesta fue una ocasión emotiva. Exaltados por sus triunfos recientes, Gardel y de Caro estaban de ánimo expansivo. Se tocaron sus discos; el champagne fluía libremente.[17]

De Caro también recordaría un paseo nocturno con Gardel, después de la actuación de su orquesta en el Empire. Sus caminos profesionales estaban por separarse; ésta sería la última vez que de Caro tenía una auténtica conversación hombre a hombre con Gardel. Los dos amigos pasearon por las calles de Montmartre, separándose en la madrugada. Cuando se dieron la mano para despedirse, Gardel dijo (según recuerda de Caro): "No te vayas, Julio. Mirá, Buenos Aires es una gran ciudad. Yo siempre añoro tanto esas calles, los amigos, las carreras, ... pero en verdad, cuando me encuentro en ella me dan deseos de volverme, de irme lejos ... El público nos quiere mucho, pero se hace muy cuesta arriba quedarse en Buenos Aires para ganarse el pan. No te vayas, quedate aquí y volvé a Buenos Aires de cuando en cuando, como hago yo".[18] Como hago yo... Si el recuerdo de Julio de Caro era correcto (y obviamente la conversación se le grabó en la memoria), parece obvio que Gardel admitía conscientemente que la Argentina ya no era el centro de su vida y su actividad profesional. Era una confesión reveladora.

Regresó a Buenos Aires, a bordo del *Conte Verde,* en las primeras horas del jueves 20 de agosto, acompañado por sus dos guitarristas, la actriz Gloria Guzmán y, más sorprendentemente, el gerente del recién inaugurado y lujoso cine Broadway de Buenos Aires, Augusto Álvarez. Álvarez se había adelantado a sus competidores cruzando a Montevideo para salir al encuentro del buque y tramitar un contrato con Gardel. Estaba con Gardel cuando el astro fue entrevistado por la inevitable horda de periodistas. Comentó al reportero de *La Razón* que *Luces de Buenos Aires* era "una superproducción", que Europa lo había fascinado, y que regresaría allá, "tal vez muy pronto", para realizar por lo menos tres filmes más para la Paramount.[19] Por cierto, esta permanencia en Buenos Aires no duraría mucho. Sólo nueve semanas después Gardel y sus maletas estaban de vuelta en el muelle.

Aun así, muchas cosas pueden ocurrir en nueve semanas, y en estas nueve semanas ocurrieron. El primer cometido de Gardel al regresar a la Argentina era encontrar un nuevo tercer guitarrista para reemplazar a Aguilar. Barbieri tenía un amigo con quien a veces tocaba en un dúo de guitarra y bandoneón en el club de boxeo Las Casas Junior. ¿Sería adecuado? Como Gardel debía iniciar un mes de emisiones (en Radio Casa América) el 1° de setiembre, no tenía mucho tiempo para decidirse. Domingo Julio Vivas, el hijo de treinta y seis años de un sargento de policía, pasó pues a ser el quinto guitarrista que trabajaba para Carlos Gardel. Tocaba no sólo la guitarra sino también el bandoneón, y había trabajado en varias orquestas (la de Firpo y la de Aieta y, en Europa, la de Canaro), e incluso por un tiempo había dirigido su propia orquesta. También había acompañado a varios cantores. Gardel le dio la bienvenida regalándole una guitarra nueva y un smoking a medida. Vivas tocó junto con Barbieri y Riverol en los programas radiales de setiembre y en las grabaciones que Gardel realizó ese mes —seis en total—, durante la última de las cuales se pasó al disco "Tomo y obligo", la popular canción del filme. (Desde el punto de vista técnico, éste fue uno de los registros más nítidos de Gardel.)

El 11 de setiembre, tal como estaba convenido con el señor Álvarez, Gardel y sus guitarristas empezaron a actuar dos veces por noche en el cine Broadway de la calle Corrientes. El escritor Abelardo Arias, entonces en la adolescencia, nos brinda una impresión poco halagüeña de las actuaciones del astro.

Estaba de smoking, camisa blanca de pechera dura; ... pienso que los botones eran perlas. ... Pelo aplastado y brillante por una biaba de gomina; la cara muy blanca, y la boca desjarretada jactanciosamente con la certeza del triunfo. ... Caía y se alzaba el telón ... pero lo que me sorprendió casi hasta ruborizarme ... fue la forma de saludar, sujetando la cortina a sus espaldas y flexionando las piernas con las rodillas juntas hacia la derecha y luego hacia la izquierda, como lo hacían las vedettes femeninas de París... Sensación de molestia, casi hasta de vergüenza. ... No, no insinúo que tuviera algo afeminado, ni que fuera homosexual.[20]

No sabemos cuántas personas sentían lo mismo que Arias. Otros estaban disgustados con Gardel por otra razón. Quiso incluir, entre sus números para el Broadway, una canzonetta napolitana, "Como se canta en Nápoles", en dialecto napolitano. Como hemos visto, ésta era una forma musical que había fascinado a Gardel desde la adolescencia. Pero el periodista Carlos Muñoz, viejo amigo de Gardel y ferviente admirador en las páginas de *Crítica*, se escandalizó cuando, en compañía de Discépolo, oyó la pieza en el Broadway. Su cáustico artículo sobre el tema se publicó en *Crítica* el 15 de setiembre, con el provocativa título "Carlitos. Largá la canzonetta". En su típico lenguaje coloquial, escribió: "Mirá, Morocho, por llamarte como los muchachos de antes; vos sabés bien que yo soy un amigo sin grupo ... pero siento la necesidad de decirte esto, que me sale del corazón... No profanés, hermano, las cosas nuestras que te dieron gloria y guita alternándolas con esas macanas franco-napolitanas, que no nos interesan, no las sentimos y que... bueno. No te dejés engrupir, Carlitos".[21] Enrique Cadícamo, que estaba con Muñoz esa noche, le preguntó por qué había escrito ese insólito ataque. "Por exceso de cariño", repuso el periodista.[22] El artículo contrarió seriamente a Gardel; el conflicto sólo pudo resolverse mediante prudentes maniobras diplomáticas realizadas principalmente por dos colegas de Muñoz en *Crítica*, Ulyses Petit de Murat y Francisco Loiácono.[23]

Los coqueteos de Gardel con otros idiomas no satisfacían al público porteño; los espectadores del Broadway resultaron ser menos de los esperados. Aun así, el cantor también tenía sus apologistas, entre ellos Kalikian Gregor, cuya orquesta visitaba entonces Buenos Aires para actuar en el club nocturno Casanova y en Radio Splendid. (La orquesta de Gregor acompañó a Gardel en la grabación de cuatro canciones en francés el 21 y el 23 de setiembre.) Gregor no titubeó en dar a conocer su punto de vista, sorprendido por "la campaña tendenciosa" de una "parte de la prensa porteña", pues no veía nada extraordinario en el hecho de que su amigo elaborara un pequeño repertorio de canciones en francés; era un modo de expandir su arte para llegar a ser un cantante internacional. Ésta era, obviamente, una "aspiración bien justa", pues, como señalaba Gregor, "Gardel comprende que nada le resta por hacer en el reducido campo del tango".[24] Sin embargo, para el público argentino de 1931 el campo del tango no era reducido sino ilimitado; quizá los admiradores porteños de Gardel intuían que él se les escapaba, cosa que en cierto modo era verdad.

El ídolo popular, sin embargo, tenía otras razones para preocuparse. Su relación con Razzano estaba empeorando, y esto era ahora un secreto a voces entre sus amigos. Razzano ya no parecía un agente eficaz para alguien cuyos horizontes se expandían al mundo del estrellato internacional. Indeciso como de costumbre, Gardel no deseaba una ruptura drástica con su viejo amigo, pero pidió a Armando Defino que administrara sus finanzas. Defino era reacio a aceptar sin un acuerdo formal con Razzano; aquí debe recordarse que tanto Razzano como Defino formaban parte de un círculo común de amigos. Por último, Defino convino en hacer lo que pudiera por Gardel, aun sin un convenio claro con Razzano, con quien Gardel aparentemente tocó el tema, pero en vano.

Gardel, que ya se preparaba para viajar de nuevo al exterior, sugirió que debía dejar a Defino hojas de papel en blanco con su firma, para que Defino pudiera elaborar cualquier arreglo legal que creyera conveniente. Defino rehusó, creyendo (equivocadamente o no) que esto era lo que Gardel había hecho con Razzano en 1925; Defino opinaba que semejante procedimiento produciría muchos malentendidos. Por su parte, Gardel aumentó la confusión al dictar una carta a Razzano (el 27 de setiembre) ratificando "nuestros convenios" y refutando "los chismes" que habían circulado últimamente sobre su relación.[25]

A principios de octubre, Gardel y sus guitarristas cruzaron el estuario para actuar durante una quincena en el Teatro Artigas de Montevideo. Mientras estaba allí, la estrella fue entrevistada por Raúl Miño para la revista *Cancionera;* una vez más surgió el tema de su verdadera nacionalidad, y él declaró elípticamente: "Puedo decir que mi país es Argentina... Yo soy rioplatense". [26] Al final de ese mes regresó a Buenos Aires para dos sesiones de grabación. Recientemente había grabado sus canciones en francés con Kalikian Gregor, pero ahora colaboraba nuevamente (y no, como hemos visto, por primera vez) con la orquesta de Francisco Canaro. Es posible que la iniciativa fuera del mismo Canaro —accionista de la compañía grabadora—, a quien quizá le preocupaba que los discos de Agustín Magaldi compitieran con los de Gardel en popularidad[27]; Canaro obviamente creía que el acompañamiento orquestal añadía lustre a la actuación de su amigo.

El día en que se realizó la segunda sesión de grabación con Canaro (27 de octubre) era muy caluroso. Lamentablemente, el sistema de ventilación del estudio dejó de funcionar. El cantor y los demás músicos pronto estaban empapados en sudor. Canaro recuerda que Gardel comenzó a quitarse la ropa, una prenda por vez, hasta quedarse sólo con los zapatos y los anteojos que se ponía cuando cantaba, para leer la letra. En ese momento, el envarado e irritable alemán que era el técnico de grabación entró en el estudio y, escandalizado por el atuendo del cantor, se puso a reprenderlo. Gardel lo silenció con una observación mordaz, y como era su costumbre se quedó con la última —y la más ingeniosa— palabra.[28] Sólo veinticuatro horas después de esta inusitada sesión de grabación, Gardel abordó el *Conte Rosso* para cruzar el Océano Atlántico por decimosegunda vez.

Esta vez viajaba solo. Los guitarristas se quedaron, pues Gardel los dejó en libertad tras convenir que volverían a actuar con él en su próxima visita a Buenos Aires. Por el momento, al cabo de tantos meses de frenética actividad, y con sus asuntos personales en un estado de incertidumbre, Gardel deseaba un descanso. El lugar más apropiado era Europa, el continente que lo cautivaba. Al cabo de un par de meses, podría pensar en el próximo filme para la Paramount, en cuyo interés él confiaba. Entretanto, se tomaría unas semanas de vacaciones. Resultó ser el descanso más prolongado en la carrera artística de Gardel, pues las vacaciones se estiraron cada vez más, hasta 1932. Lamentablemente, es casi imposible seguir sus movimientos de estos meses con precisión. (Su correspondencia con Defino, en parte reproducida en las memorias de Defino, no ayuda mucho, dado el exasperante hábito de Gardel de no fechar sus cartas.) Durante buena parte del tiempo estuvo en París, pero también viajó por el continente como turista, aunque no sabemos hasta dónde. Existe la posibilidad (si bien no hemos podido encontrar datos precisos al respecto) de que solicitara la ayuda de la famosa cantante francesa Ninon Vallin, con miras de mejorar su técnica vocal, y que durante esta época pasara un tiempo en la casa de ella, La Sauvagère, en el pueblo de Millery, cerca de la ciudad de Lyon. Ninon Vallin, vale señalar, era bien conocida en Sudamérica. Sin duda pasó parte del invierno en la Riviera, vio a sus parientes de Toulouse, y también visitó Nápoles (quizá como parte de una excursión más amplia por Italia) y Londres.

Edmundo Guibourg estuvo con él en Londres. Él, Gardel y dos amigos fueron allí a ver un partido de fútbol. El cruce del Canal de la Mancha fue difícil. Una vez instalado en la capital inglesa, Guibourg acompañó a su amigo a caminar por las calles ("de Piccadilly a Chelsea"), y en esos paseos Gardel evocó sus años de juventud en el Abasto y sus incursiones en los comités. Como en Barcelona en 1927, los dos amigos también se dedicaron a correr en la noche. Guibourg recuerda un episodio en particular:

Estábamos ... haciendo footing en plena niebla, cuando de repente sentimos ruido de cascos de caballos. Nos llamó la atención, parecía como si los cascos tuviesen gomas; miramos y entre la niebla vimos pasar un carro de verduras, serían las tres o las cuatro de la mañana. No había más que *policemen* en las calles de Londres a esa hora... Cuando pasó el carro Gardel se quedó estático, lo miré, y me preguntó si a mí me había pasado lo mismo que a él. Yo le respondí que sí... habíamos visto el Abasto... pero en las nubes. Fue una cosa poética, verdaderamente hermosa para recordar.

El 9 de diciembre de 1931, los dos amigos presenciaron la lucha reñida de los equipos nacionales de Inglaterra y España, en el estadio del club

Arsenal en el vetusto barrio de Highbury, en el norte de Londres. (El triunfo anglosajón fue aplastante: 7 goles a 1.)

No conocemos mucho más sobre la experiencia londinense de Gardel. Parece haber sido su única visita. Por lo que sabemos, nunca actuó en Inglaterra ni pensó seriamente en hacerlo. Sin embargo, Londres era el mejor lugar del mundo para comprar ropa.

De nuevo gracias a Guibourg, tenemos algunas fugaces impresiones de la vida de Gardel en París en esta época. (Guibourg regresó a la Argentina más tarde en 1932, después de cinco años en el extranjero; se hizo muy buen amigo de Defino.) Estaba centrada, como de costumbre, en el café, el cabaret, la ronda nocturna. Sin duda Gardel frecuentó los cabarets de Manuel Pizarro en esos meses. Cuando la compañía del café no resultaba entretenida, él y Guibourg realizaban "escapadas furtivas" a algunos de los distritos menos saludables de la ciudad, e incluso (según Guibourg) llegaron a tener encontronazos con malevos en cafés obreros de la rue Mouffetard y la plaza de la Contrescarpe; a veces se detenían en algún café, cerca de la iglesia de Saint-Séverin, frecuentado por marginales.[29] De este modo, Gardel quizá revivió sus años de vagabundeo por las calles de Buenos Aires, cuando se codeaba con toda clase de gente.

Aunque lo pasara bien en Europa, Gardel no podía olvidar del todo los problemas que había dejado en Buenos Aires. Ahora obviamente consideraba a Armando Defino su administrador financiero, aunque no existía ningún convenio legal, y Razzano, por su parte, estaba obviamente disgustado con este giro de los acontecimientos. Es muy difícil desentrañar esta maraña más de medio siglo después, pero quizá podemos inferir que Gardel tenía en mente una doble división del trabajo. Razzano podía seguir siendo su representante *artístico* en la Argentina, una tarea un tanto teórica, pues Gardel se proponía permanecer en el exterior por largos períodos, mientras que Defino se encargaría de todas las cuestiones administrativas serias. A principios de 1932 Gardel envió a Defino un telegrama con varias instrucciones específicas. Razzano se enteró de ello y pidió a Defino que anulara su convenio (verbal) con Gardel, persuadiéndolo de que le escribiera al cantor de tal modo que él tuviera la impresión de que Razzano aún estaba a cargo. "José me dice que ... tiene pendiente un contrato para Chile, por veinte funciones... a setecientos pesos argentinos diarios; otro contrato para Río de Janeiro y São Paulo, ... sin hablar de Montevideo, Buenos Aires, Córdoba, Santa Fe y San Juan", escribió Defino el 22 de enero de 1932.[30]

Al recibir esta carta, Gardel, que se alojaba en el Hotel Negresco de Niza, intuyó inmediatamente que Defino la había escrito presionado por Razzano. Respondió: "Cuando llegue a ésa organizaré mis asuntos en debida forma contigo, nombrándote mi apoderado general". Entretanto, Defino se encontraba por cierto en una situación intolerable. Razzano (si la versión de Defino es correcta) lanzó una campaña para volver a los integrantes de la barra contra él, con cierto éxito. Defino, convencido de que la "administración incontrolada" de las finanzas de su amigo llevarían al desastre, se mantuvo en sus trece, a pesar de la hostilidad de la barra; en un momento tuvo incluso que cambiar su número de teléfono.

Se encargó resueltamente de los asuntos de Gardel. Ignorando las constantes instrucciones de Razzano, organizó la compra de un nuevo piano (un Bechstein de cola), enfrentó el problema de saldar las deudas de Gardel, arregló el pago de la hipoteca de Jean Jaurès 735 (concluido en mayo de 1932), y a partir de abril visitó regularmente a doña Berta; ella siempre lo esperaba con un vaso de vermut. Por correo, sermoneó a Gardel sobre la necesidad de una mayor prudencia financiera, sugiriendo que era hora de que el Zorzal comprara más propiedades, por ejemplo, una casa en el residencial barrio de Belgrano. Desde Europa, Gardel manifestó confianza en el manejo de sus asuntos. "Creo que este año salgo a flote y te juro que será para siempre", le escribió a Defino a principios del nuevo año. Continuó entablando correspondencia con Razzano, pero al parecer mantenía informado a Defino sobre el particular. Razzano intentó atraer a Gardel a Buenos Aires mediante rumores de que doña Berta estaba enferma, una táctica que no contribuyó a endulzar los sentimientos de Gardel por su ex socio.

El 25 de mayo Defino fue a visitar a doña Berta por un motivo especial: Gardel cantaba por radio desde París en un programa destinado a celebrar la fiesta nacional argentina. La emisión, realizada desde los estudios de Radio Colonial de París y retransmitida por tres estaciones al Río de la Plata, consistió en discursos del embajador Le Breton y de periodistas argentinos residentes en la ciudad, junto con música tocada por la orquesta de Manuel Pizarro. Gardel cantó dos piezas, el tango "Mano a mano" y el viejo estilo "Amargura". Doña Berta y Defino convinieron en que la voz del Zorzal sonaba clara en la primera canción, aunque no tanto en la segunda. Éste fue el único contacto directo de Gardel con sus admiradores argentinos y uruguayos en 1932.

Durante la primera mitad del año, por lo que sabemos, casi no trabajó, al margen de unas pocas emisiones por la radio francesa[31], aunque continuó ensayando sus canciones con otros colegas. A mediados de julio estuvo en Barcelona unos días para grabar canciones en los estudios Odeón. Para ello contrató a "un pianista formidable, gran artista y buena persona, joven argentino, pues empezaré a grabar muchas canciones" según le escribió a Defino. El pianista en cuestión era Juan Cruz Mateo, un pintor futurista de cierta nota, además de músico; por lo que sabemos, Gardel ensayaba con él muy a menudo en su apartamento. (Un asado memorable se realizó allí en 1932: el humo que salía por las ventanas llamó la atención en la calle; Gardel, para aumentar la excitación, llamó a los bomberos.) Mateo, que entonces frisaba los treinta años, era uno de esos individuos relativamente raros que no apreciaban el humor ni la informalidad de Gardel. Al final, Gardel, ansioso de conservar los servicios de Mateo, desistió de tutearlo y lo trató con mayor formalidad.[32] Gardel y Mateo (y el violinista y guitarrista contratados para las dos sesiones) no grabaron mucho en Barcelona, sólo once canciones, que constituyeron el magro total de piezas grabadas por el cantor en el año 1932.

Pero por el momento estaba menos interesado en grabar que en filmar de nuevo. A fin de cuentas, para eso había regresado a Francia. Su experiencia del año anterior le había inflamado la imaginación y también intensificado sus ambiciones. Ansiaba volver a los estudios de Joinville. Lamentablemente, Paramount no tenía prisa por satisfacerlo. Esto quizá se relacionaba más con los altibajos de la política interna de esa inmensa empresa (la Depresión conmocionaba la industria, y 1932 estaba resultando un año desastroso para la Paramount) que con una aversión especial por Gardel. Fuera como fuese, sólo después de varios meses la compañía decidió, en vista del "grandioso éxito de *Luces de Buenos Aires*", realizar nuevas películas en español con "el famosísimo cantador de tangos".[33]

Un aire de frustración corre por las cartas de Gardel a Defino en estos meses de espera. A principios del nuevo año: "Aquí estoy rebuscándomelas como puedo, pues hasta febrero no empiezan las producciones de filmes". Al cabo de unas semanas, después de febrero: "Todavía no ha empezado el film. ...: vos no sabés lo que es estar lejos de la madre y de los buenos amigos". A fines de la primavera o principios del verano: "Aquí estoy esperando filmar, pero las cosas andan un poco apretadas en la cuestión cinematográfica, pero paciencia, dentro de un mes a más tardar empezaré ...; además que todos conocen que vine a Europa para filmar y ahora es cuestión de amor propio". Hacia julio o agosto Gardel estaba perdiendo la paciencia y preguntándose si alguna vez llegaría a un trato con la Paramount. Incluso se dispuso a regresar a la Argentina; reservó un pasaje en el vapor *Duilio* (Italian Line) para el 6 de octubre y pidió a Defino que le preguntara al Aviador qué había que hacer para trasladar su coche a la Argentina. Esto no resultó necesario. Paramount le ofreció un nuevo contrato. El 16 de setiembre, tras enterarse de la noticia, un alborozado Defino escribió desde Buenos Aires: "Tu amor propio queda, como siempre, a buen resguardo".

Una vez más, como en 1931, hubo que reunir en poco tiempo un grupo de colaboradores. Esta vez se realizarían dos filmes. Se designó como director a Louis J. Gasnier, un experto cineasta francés (tenía 50 años en 1932) que había trabajado en Hollywood; había colaborado en la realización de *The Perils of Pauline* para Pathé en 1914. Se reunieron equipos de actores y actrices; argentinos como Vicente Padula, Jaime Devesa e Imperio Argentina*, la bailarina española Goyita Herrero, el peruano Felipe

---

* Su verdadero nombre era Magdalena Nile del Río. Nacida en Buenos Aires en 1906, de padres españoles, pasó parte de su infancia en España. Hizo su debut en el teatro de Buenos Aires a los doce años. Por su amistad con la gran bailarina española Pastora Imperio, fue conocida como "pequeña Imperio". En España, en 1926, adoptó el nombre Imperio Argentina. Era una excelente cantante popular, y apareció por última vez en la pantalla en 1960. Mucho después de retirarse (en España) visitó a Buenos Aires en junio de 1985 para las conmemoraciones gardelianas de ese mes.

Sassone y demás. (Los actores secundarios nunca fueron, lamentable-mente, el elemento más fuerte de las películas de Gardel.) Imperio Argen-tina iniciaba entonces una larga carrera cinematográfica. Ya había con-quistado mucha popularidad por su asombrosa actuación en *Noche de bodas,* una producción hablada en español que se rodó en Joinville en 1931. A juzgar por la publicidad, Paramount consideraba que la combi-nación de Carlos Gardel con Imperio Argentina era una fórmula segura para el éxito taquillero (y en efecto lo fue) y la publicidad les dio igual relevancia en el filme donde aparecían juntos.

Para el decisivo aspecto musical de la producción, Gardel pidió asisten-cia a varias personas: Juan Cruz Mateo, desde luego, y José Sentís, un músico español con quien Gardel también había ensayado sus canciones. En los filmes de 1932 también intervinieron Marcel Lattès, un compositor francés de música ligera, y el director de orquesta cubano Don Aspiazú, cuya grabación de "El manisero" había sido un éxito resonante en los Estados Unidos un par de años antes. Pero Gardel sentía especial predi-lección por uno de los colaboradores. Se trataba de Horacio Pettorossi, de treinta y ocho años, un talentoso guitarrista y compositor a quien Gardel había conocido diecisiete años antes. Pues Pettorossi había sido el "se-gundo guitarrista" en la famosa producción de *Juan Moreira* realizada por Alippi-González en 1915. Desde entonces había llevado una vida aventu-rera y errabunda, trabajando en París y Barcelona, y también en lugares más exóticos. Encabezando su propia orquesta, se había convertido en "el principal difusor del tango en Rumania, Grecia y Turquía".[34] Sus via-jes le habían deparado gratos encuentros con el rey Alfonso XIII de Espa-ña y esa formidable inglesa, la reina María de Rumania. Pasaba por París, regresando a Buenos Aires después de una visita a Grecia —un viaje que había inspirado su dulcemente sentimental vals "Noche de Atenas"—, cuando Gardel logró desviarlo hacia los estudios de Joinville.

Lo más necesario era un argumento adecuado. (A cuya falta se debía quizá la demora en la filmación.) Gardel habría querido tener a Manuel Romero como guionista, pero Romero estaba a casi diez mil kilómetros, en Buenos Aires. (Mencionemos de paso que tanto para él como para Luis Bayón Herrera, *Luces de Buenos Aires* fue el trampolín hacia una notable carrera como directores en la Argentina.) ¿Quién podría hacerse cargo? Gardel acudió a su viejo amigo Edmundo Guibourg, quien declinó el ofrecimiento por carecer de experiencia. No obstante, sugirió a otra persona. Una de las más importantes figuras de la vida posterior de Gardel entra aquí en escena. Argentino (nacido en Brasil, hijo de inmigrantes italianos, el 7 de junio de 1900, y llevado a Buenos Aires cuando peque-ño), había sido crítico de teatro en periódicos porteños como *El Telégrafo* y *Última Hora,* y sus columnas revelaban una gracia literaria que sus maes-tros habían sido los primeros en advertir. Ahora vivía en París, y trabajaba como traductor de subtítulos para filmes extranjeros destinados al merca-do hispanoparlante. Su nombre era Alfredo Le Pera.

Edmundo Guibourg los presentó (si su recuerdo es correcto) en el Bar Gavarni de la rue Chaptal; Gardel evidentemente conocía a Le Pera de vista, pues se había cruzado con él en más de una ocasión en Longchamp. (Y lo había encontrado brevemente en Buenos Aires algunos años antes.) La elección del cantor fue atinada. Aparte de unos pocos sketches escritos en los años 20, Le Pera tenía poca experiencia como escritor para la escena, pero era sagaz e inteligente, tenía buen oído para las palabras y había aprendido mucho sobre el cine (que además lo fascinaba). En realidad, Gardel escogió a Le Pera con mejor instinto del que creyó en ese momento. No sólo ambos se convirtieron en grandes amigos, sino que además formaban una asociación perfecta en cuestiones artísticas. Encendían la inspiración mutua. No es antojadizo decir que Le Pera sería para Gardel lo que Gilbert para Sullivan, aunque en el cine y no en la opereta, y sin las riñas que enturbiaron la famosa asociación entre ambos victorianos.

El rodaje en Joinville comenzó en setiembre y continuó hasta noviembre. Se realizaron tres filmes: dos largometrajes, *Espérame* y *Melodía de arrabal,* y un sketch corto, *La casa es seria.* La más ligera de estas producciones (y no sólo por razones de longitud) es la tercera: es la sencilla historia de una muchacha inocente (Imperio Argentina) que invita a un galán (Carlos Gardel) a la casa donde vive. Desde las ventanas le tiran las llaves, y se aleja, diciendo "La casa es seria". Los números musicales no son memorables. *Espérame,* el primer largometraje, y el más flojo de ambos, es la historia sentimental de una muchacha de sociedad cautivada por un modesto cantor de cabaret (Gardel). La trama tiene algunos giros ingeniosos (y un par de buenas escenografías y una eficaz escena de baile de máscaras) antes de la inevitable boda. Gardel canta aquí cuatro canciones: una de ellas es "Por tus ojos negros", una rumba, con música de Don Aspiazú; las otras, dos tangos y una zamba, son de Gardel y Le Pera, con cierta ayuda de otro colaborador, Mario Battistella.

Melodía de arrabal es sin duda la mejor de las tres (o dos y media) producciones de 1932. A mediados de 1933, según Paramount, había superado el éxito taquillero de *Luces de Buenos Aires.*[35] La trama (resultaría tedioso describirla aquí detalladamente) trata sobre un cantor de tangos cuyo amor por el juego lo involucra en diversos problemas (incluida la muerte accidental de alguien que intentaba chantajearlo); todo termina bien, y el cantor (Gardel) conquista al público y también el afecto de su leal profesora de música, Alina (Imperio Argentina), que lo ha esperado todo el tiempo. Algunos críticos han admirado el modo en que Gardel retrata el carácter porteño en este filme. Las canciones (también aquí canta cuatro) son notables. La canción del título, "Melodía de arrabal", es sin duda una de las creaciones más chispeantes de Gardel. Se trata de una evocación absolutamente estereotipada (rayana en lo caricaturesco) de un típico barrio porteño de principios de siglo.

Barrio plateado por la luna, ...
Hay un fuelle que rezonga
en la cortada mistonga,
mientras que una pebeta
linda como una flor
espera coqueta
bajo la quieta luz de un farol.

Sin duda Le Pera aprendía rápidamente las convenciones.

El otro gran éxito de este filme —tal vez un éxito mayor, al principio, que "Melodía de arrabal"— tiene un origen muy preciso. Una tarde, durante un descanso de filmación, Gardel y Pettorossi fueron a caminar por un cementerio cerca de los estudios. Se asombraron al ver cinco tumbas con el mismo apellido: cinco hermanos caídos en la guerra de 1914-18. Cinco hijos de una madre sin duda devota, trágicamente arrastrados por el terrible holocausto europeo. ¡Material perfecto para un tango! Es cierto que ningún investigador posterior (inclusive el autor) ha podido localizar el cementerio aludido, pero esta historia nos parece verosímil. ¿Quién la habría podido inventar? Es posible, como se ha afirmado muy a menudo, que Gardel se haya inspirado también por el caso del presidente francés Paul Doumer y su esposa, quienes perdieron a sus cinco hijos en la guerra, una tragedia muy comentada en Francia. Quizá Gardel también pensó que una canción con este tema podría ser un homenaje encubierto a su incomparable tierra natal. Pettorossi pensó una melodía; pidieron la letra a Le Pera. El tango resultante, "Silencio", con su toque de corneta inicial y un pequeño coro femenino, fue incorporado a *Melodía de arrabal*.

Eran cinco hermanos,
ella era una santa. ...
Un clarín se oye,
peligra la patria;
al grito de ¡Guerra!
los hombres se matan
cubriendo de sangre
los campos de Francia.

Se conservan algunas impresiones de la conducta de Gardel en el set de Joinville. La atmósfera de los estudios era siempre agitada —en todo momento se estaban rodando varias producciones— y era fácil perder los estribos. Hubo discusiones acerca del contenido musical de los filmes. Paramount (según nos cuenta Mario Battistella) ansiaba utilizar a sus propios cancionistas; Imperio Argentina insistía en incluir sus propias canciones, y de hecho cantó varias piezas en *Melodía de arrabal*. Gardel se oponía firmemente a las interferencias de la empresa en este sentido, "arguyendo que las composiciones estarían a nuestro cargo, máxime tratán-

165

dose de un argumento que comprendía motivos netamente argentinos".[36]

Gardel, sin duda, tenía sus peculiaridades como actor cinematográfico, y Vicente Padula más tarde describió una de ellas.

Cuando filmábamos, Gardel, que tenía pocas ganas de aprenderse de memoria los diálogos, nos desesperaba con su calma. Solía ocurrir en los ensayos que, de improviso, se cortaba. Entonces, decía cualquier cosa, tomándoles el pelo, por lo común, a los directores —casi siempre franceses o ingleses— que ignoraban el castellano. Claro está que en seguida venía Le Pera, que en otra sala controlaba el sonido. Gardel aguantaba el chubasco y después decía con infantil preocupación: "No te aflijás, che... Cuando empecemos a filmar, ya sabré todo de memoria".[37]

Según se cuenta, la acaudalada amiga de Gardel, Sadie Wakefield, visitaba a veces los estudios. (Es posible que el coche cuyo ingreso a la Argentina preocupaba tanto a Gardel, y que llevó de vuelta consigo en diciembre, fuera un obsequio de ella.) Fuera cual fuese la índole de esta relación, parece haber causado ciertas reacciones escandalizadas, y por lo menos un comentario cáustico, en presencia de Gardel por parte de Imperio Argentina.[38] Mrs. Wakefield estaba obviamente infatuada con el cantor, aunque no sabemos si el cantor correspondía en igual medida a sus sentimientos. Solía adoptar un tono desenfadado al referirse a ella. El periodista Israel Chas de Cruz, que se encontraba entonces en París, fue llevado por su colega Manuel Sofovich a un café donde se reunían Gardel y otros argentinos (incluido Guibourg, antes de su partida, y Le Pera), habitualmente hasta tarde en la noche. Una noche, cuando Chas de Cruz estaba presente, Gardel trajo a Mrs. Wakefield, "una inglesa" corpulenta y emperifollada, según recuerda el periodista, al café, y anunció a todos los presentes: "¡Aquí traigo el bagayo!", un coloquialismo porteño que por fortuna su amiga no podía comprender.[39]

Por su trabajo cinematográfico de 1932 Gardel recibió una suma que se ha estimado entre 600.000 a 700.000 francos (unos 40.000-45.000 dólares de esa época, u 8.000-9.000 libras esterlinas). Era obvio que Paramount tenía grandes esperanzas con los nuevos filmes. Su revista publicitaria en español (enviada a los gerentes de cines de todo el mundo hispanoparlante) tenía una foto de Gardel en su cubierta de enero de 1933. Los folletos informativos sobre los filmes incluían una desinformativa minibiografía del astro, que entre otras cosas afirmaba que había nacido en Montevideo. Cuando al fin se estrenaron las películas, en los primeros meses de 1933, el éxito —especialmente el de *Melodía de arrabal*— era quizá previsible. Gardel estaba consolidando rápidamente su posición de astro principal del cine hablado en castellano. Así parecía a fines de 1932.

Por el momento no había nada que lo retuviera en Europa. Era tiempo de otro regreso a la Argentina. El martes 13 de diciembre, en el consulado de Niza, renovó su pasaporte argentino (número 02421, serie D) y se preparó para la cómoda rutina del viaje transoceánico. Esta vez navegaría en compañía de Pettorossi a bordo del *Giulio Cesare,* descrito en un anuncio de la época, como el buque "preferido de la elite hispanoamericana".[40] En la noche del viernes 30 de diciembre llegó a la Dársena Norte del puerto de Buenos Aires.

Un fotógrafo lo sacó junto a Pettorossi mientras pasaban las guitarras por la aduana. Los reporteros ansiaban escuchar sus impresiones del viaje. Gardel declaró: "Vengo sencillamente encantado de Europa. Cada nuevo viaje renueva en mí el amor por aquellas tierras... ahora, que cuando pasan seis meses... tengo ganas de 'rajar' para el pago. Y como esta vez la ausencia duró catorce meses, calculen si tendría ganas de 'cachar' el pilóscafo...". ¿Y las nuevas películas? Gardel habló de los actores, del trabajo de cámara, de la música, con el aire experto de alguien íntimamente familiarizado con los misterios del cine. Predijo que *Melodía de arrabal* sería un gran éxito. Sí, habría más películas, tal vez en Hollywood. Planeaba una gira por la costa oeste de América del Sur, que culminaría en los Estados Unidos.[41] Concluidas las entrevistas, Gardel enfiló hacia Jean Jaurès 735 para cantar sus últimas canciones a doña Berta y Defino (y, desde luego, a Anaïs, Fortunato y el Aviador). Luego, tras una copa de champagne, fue a una fiesta que se celebraba en los establos de Maschio.

Un rápido cruce a Montevideo para ver a Leguisamo corriendo en la pista de Maroñas marcó un adecuado inicio del año 1933 para Carlos Gardel. Ahora que estaba de vuelta en la Argentina decidió poner sus asuntos en orden, tal como había prometido a Defino. El 16 de enero firmó un documento revocando los poderes conferidos a José Razzano en octubre de 1925. La vieja sociedad llegó pues a su fin, aunque Gardel expresó claramente que esta fórmula legal no implicaba ninguna mancha para "el buen nombre y honor" de Razzano.[42] Gardel no dio inmediatamente un poder similar a Defino; dado que ambos estaban en Buenos Aires, le parecía innecesario. Sólo cuando estaba preparando su próximo viaje al exterior el cantante tomó esa decisión; el 20 de octubre firmó un "poder general" que designaba a Defino su representante ("sin limitación alguna") en la Argentina y el Uruguay.

Entretanto Defino, junto con su trabajo administrativo, elaboraba concienzudamente su nuevo papel como asesor de Gardel. A principios del nuevo año, comentaron los planes inmediatos del astro, y Defino convino en visitar la casa de Jean Jaurès diariamente para mantener las cuentas al día. Defino tuvo así una oportunidad de observar de cerca la rutina doméstica de su amigo. Según cuenta, Gardel dormía en casa todas las noches, aunque habitualmente llegaba muy tarde. Se levantaba alrededor de las 12:30. La primera visita diaria de Defino era aproximadamente a esta hora; siempre encontraba a Gardel en cama, con doña Berta cebándole mate y hablando sobre las actividades del día anterior: "Reían, entre chiste y chiste, como dos chiquillos".[43] Defino luego se marchaba, y regresaba al caer la tarde para realizar su trabajo contable. A esa hora del día, Gardel, tras haber hecho gimnasia y comido, a menudo ensayaba con sus guitarristas, que llegaban a la casa de Jean Jaurès al promediar la tarde. Después los dos hombres salían a cenar (o iban al lugar donde Gardel trabajaba esa noche) y luego visitaban un local nocturno en busca de diversión y compañía. Un sitio predilecto era Chantecler (un cabaret de la calle Paraná inaugurado unos años antes por Julio de Caro y su orquesta), donde Gardel y Defino se reunían con amigos, a menudo con Leguisamo y Francisco Spaventa, una fuente inagotable de buenos cuentos. Spaventa era uno de esos primeros cantores de tango eclipsados en España por Gardel (y luego por el Trío Irusta-Fugazot-Demare) a fines de los años 20; no guardaba a la estrella ningún rencor por ello.

En el Chantecler, el joven Aníbal Troilo, que en el futuro sería un ídolo popular sólo superado por Gardel mismo, fue recibido una noche en audiencia. Troilo, que entonces tocaba el bandoneón en la gran orquesta de Julio de Caro, había pedido a Carlos Muñoz que arreglara una presentación. Pasaron por varias "aduanas" y al fin encontraron a Gardel en compañía de Celedonio Flores, en un recinto cerrado por cortinas, en manga corta, sin smoking, bebiendo champagne y comiendo trozos de salame. Mientras el emocionado Troilo estaba allí, un mozo entró con un mensaje de alguien que decía ser viejo amigo de Gardel y deseaba presentar a un admirador. Al contrario de Muñoz, esta persona era alguien que a Gardel no le gustaba. Se negó a verla, diciéndole al mozo: "Aire con ése: no hay que avivar a los giles, dejalo que muera otario. Porque si lo avivás, a la larga, te hace deudor o cornudo".[44]

Defino notó que Gardel aún tenía ideas muy vagas sobre sus finanzas. Trató amablemente de invitar a su amigo a la prudencia. Una noche, al llegar a la casa de Jean Jaurès, encontró al astro preocupado por una deuda de 5.000 pesos que había contraído con Leguisamo. Legui necesitaba el dinero. ¿Era posible juntarlo? Risueñamente, Defino le respondió que con sólo echar un vistazo al más pequeño de los libros contables que Defino le dejaba en un estante junto a la cama (actualizado día a día), descubriría que tenía un saldo favorable de 7.000 pesos en por lo menos una de sus cuentas bancarias. "¿Cuándo tomarás interés por tus cosas?", le preguntó. Los dos hombres corrieron al banco, retiraron los 7.000 pesos y enviaron al Aviador con el dinero para Leguisamo.[45]

Es posible que en 1933 Gardel advirtiera una nueva estabilidad en su vida. Ahora tenía un admirable representante financiero y un colaborador artístico con quien se sentía muy cómodo aunque en ese momento estaba en París. Su permanente necesidad de allegados leales y confiables estaba plenamente satisfecha una vez más. No es sorprendente, pues, que 1933, en contraste con las "largas vacaciones" de 1932, viera un nuevo estallido de actividad. Sin embargo, el nuevo ascendiente de Defino en su vida no significaba que se hubiera perdido todo contacto con Razzano. Era obvio que la antigua camaradería resurgía de cuando en cuando.

Gardel no se avenía a rechazar del todo a su viejo socio; ello habría significado extirpar toda una parte del pasado: los años del dúo, sobre los cuales compartían tantos recuerdos.

Estuvieron juntos el 5 de abril para el estreno de *Melodía de arrabal* en el cine Porteño de la calle Corrientes. Una pequeña multitud de amigos se había reunido en el *foyer* para saludar al astro, entre ellos Enrique Cadícamo, cuya descripción de la escena es digna de citarse:

> Gardel venía caminando del brazo de Razzano y seguido por algunos amigos, entre los que se encontraba su ex representante Pierotti. Estaba vestido muy a la *dernier cri* con ropas oscuras, luciendo un entallado abrigo azul de excelente corte, un largo pañuelo de seda azul a lunares blancos que al usarlo a manera de echarpe dejaba al descubierto el cuello y la corbata lujosa, rematando este atuendo tan personal su inconfundible "orión" claro que llevaba con gracia, ligeramente requintado sobre una oreja, imprimiéndole todo ese elegante conjunto, un aire muy porteño de compadrito *dandy*. El público del *hall* lo recibió con una cálida ovación y Gardel después de retribuirla con su varonil sonrisa se encaminó hacia el interior de la sala.[46]

Mucho antes de este estreno, Gardel se había sumergido en un nuevo frenesí de trabajo que se prolongó durante su permanencia de diez meses en la Argentina. Sabiendo que ésta resultaría ser su última estadía en el país, podemos sentir la tentación de sobreinterpretar este estallido de actividad de 1933. No obstante, sí da la sensación de que se empeñaba en convencer al público —tal vez a sí mismo— de que a pesar del inminente estrellato internacional, sus raíces argentinas aún eran sólidas. Sus idas y venidas de 1933 reproducen asombrosamente la conducta de su carrera inicial: grabaciones, teatros y cines, radio, giras provinciales. Debemos detenernos un poco en estas diversas facetas de su trabajo.

Entre el 13 de enero y el 6 de noviembre, Gardel visitó los estudios de Glucksmann en veinticinco ocasiones. Ahora tenía cuatro "escobas", pues Horacio Pettorossi había accedido a trabajar con Barbieri, Riverol y Vivas en el mayor grupo de guitarristas acompañantes utilizado hasta entonces por un cantor argentino. Las grabaciones de 1933 (sesenta y una canciones, si se incluyen en el total tres versiones de "Silencio" y dos de "Rumores") muestran a Gardel en su plenitud. Algunas versiones respondían al estilo modificado, internacional, que ahora estaba perfeccionando, pero otras permanecían fieles a su vieja modalidad porteña de años anteriores. En cuanto al acompañamiento, predominaban las cuatro guitarras. La orquesta de Canaro intervino en una versión de "Silencio" (27 de marzo); en una de las versiones de esta canción, acompañada por dos guitarras (13 de mayo), el toque de corneta inicial fue improvisado por Vivas en su bandoneón, mientras que el breve refrán femenino de la pieza era entonado por Felisa y Adela, las hijas de Barbieri.

En tres piezas del 17 de marzo, Gardel usó una "orquesta sinfónica" de diez miembros dirigida por Alberto Castellano, el experto músico a quien más tarde pediría que fuera director musical de sus próximos filmes. Aún no le satisfacía apartarse a menudo de la combinación de voz y guitarras a la que estaba habituado. Ésta continuaba siendo popular: según Defino, Gardel estaba ganando hasta 20.000 pesos por mes con sus discos.[47]

Las grabaciones más inusitadas de la serie de 1933 se realizaron con Gardel cantando a dúo consigo mismo. ¿Cómo se hacía? Se grababa la primera voz, con acompañamiento de guitarra. Gardel, escuchando un *playback* con auriculares, cantaba la segunda voz sin acompañamiento. Esto se registraba en el mismo disco. De las diez canciones que Gardel sometió a este tratamiento, varias eran viejas piezas del repertorio Gardel-Razzano —como "Cantar eterno" y "La pastora"— y es posible, como se ha alegado a veces, que Gardel estuviera tratando de mejorar las versiones que había grabado con Razzano. Si lo consiguió o no es cuestión de opinión.

Sus primeras emisiones al regreso de Francia fueron tres, a mediados de marzo, por Radio América. Luego siguió un mes de programas (tres veces semanales) por Radio Nacional, con un contrato que en el momento se consideró como el mejor que un artista había obtenido en la radio argentina. Gardel salió de nuevo al aire, por la misma emisora, en junio, julio y setiembre. El primer programa de la serie de Radio Nacional suscitó un entusiasta comentario de *La Razón:* "Mantiene incólumes las cualidades que lo exaltaron como el intérprete más completo de nuestro cancionero popular, elevándolo a un rango que durante muchos años ningún cantor ha podido alcanzar. Pareciera que no transcurriese el tiempo para Carlitos...
Pero en donde estuvo magnífico fue en la interpretación de 'Silencio'".[48]

En una de estas emisiones, Gardel, ligeramente indispuesto, pidió a su colega, la cantante Mercedes Simone, que lo reemplazara. A insistencia de él cantó "Melodía de arrabal"; Simone recordaría más tarde: "Y al final Carlos me felicitó efusivamente". En ese momento ella pensó que este episodio era un hito significativo en su amistad con Gardel, iniciada tiempo atrás en casa del Mago de la Garganta, el doctor León Elkin.[49] La orquesta de Francisco Canaro también tocó un par de veces con Gardel en el aire; Canaro recordaba un programa, que incluyó "Silencio", como una emisión extraordinaria.[50] Es obvio que "Silencio" causó una gran impresión en la Argentina de 1933.

Durante uno de los meses de esta notable serie de 1933, Gardel compartió el micrófono con Azucena Maizani. Debió de ser una experiencia maravillosa para los oyentes. La "ñata gaucha" estaba un poco nerviosa. Más tarde declaró: "Fue sólo venciendo una gran resistencia natural que yo me atreví a cantar en presencia de Gardel... Sentía una especie de rubor, de vergüenza, diría, que él me escuchase personalmente". Antes de uno de los programas, Gardel pidió a Maizani que cantara "Silencio". "No, por Dios, cualquier cosa menos 'Silencio'", repuso ella. Sin embargo, una vez en el estudio y en el aire, Gardel tomó el micrófono, desplazando brevemente al anunciador, e informó a los oyentes que Azucena Maizani cantaría "Silencio". "¿Se imaginan la fuerza de voluntad que me costó interpretar las estrofas?", preguntó luego Maizani.[51] Pero su talento interpretativo y su presencia de ánimo le permitieron salir bastante airosa de la situación.

Gardel realizó una sola incursión teatral importante en 1933. Durante años (al menos veinte) había conocido a Pascual Carcavallo, el secretario del Teatro Nacional, el mismo teatro donde el Dúo Gardel-Razzano había iniciado su carrera escénica. En parte por amistad con este hombre, al parecer, accedió a intervenir en una revista musical del Nacional, concebida por Ivo Pelay, una figura creciente en el mundo de la revista y la comedia musical. El espectáculo se titulaba *De Gabino a Gardel* y era una serie de sketches que describían la música popular argentina y la sociedad porteña desde los tiempos del payador Gabino Ezeiza hasta los del celebrado Zorzal, cuyas apariciones (24 de marzo a 19 de abril) se recibieron con estruendosos aplausos. Comentó *La Nación* el 25 de marzo: "La presencia de este artista constituyó la nota más destacada ... Su reaparición ha servido para afianzar sus condiciones de intérprete indiscutido del folklore nacional".[52] Al contrario de lo ocurrido en 1931, no hubo problemas con el público. "La sala atestada saluda su aparición con una interminable salva de aplausos", observó *La Razón*.[53] Lo más notable de la última permanencia de Gardel en la Argentina son sus giras a las provincias, las primeras desde 1930. Desde la tercera semana de abril hasta la segunda de mayo, viajó a Rosario y luego a pequeños pueblos de la provincia de Buenos Aires, por algunos de los cuales (Zárate, Nueve de Julio, Bragado, Mercedes) él y Razzano habían pasado en su infortunada campaña de 1913. Él y sus guitarristas recorrieron nuevamente la provincia a fines de mayo, llegando hasta Bahía Blanca, cuyos grandes elevadores de granos simbolizaban la riqueza de la pampa meridional. En el pueblo de Azul (27 de mayo) una multitud de gente humilde que no podía entrar en el Teatro Español se había reunido frente a la sala; Gardel los invitó al hall y cantó allí.[54] Él y sus "escobas" reanudaron la marcha a fines de junio, esta vez hacia el oeste del país, a las ciudades de Mendoza y San Juan. En agosto hubo un rápido viaje a Córdoba. Debemos añadir que en estos meses Gardel realizó breves apariciones (de una o dos noches) en por lo menos dieciocho salas cinematográficas de la Capital Federal.

Este curioso regreso a la rutina inicial de su carrera no significaba que Gardel hubiera olvidado su nuevo papel como estrella cinematográfica en ascenso. Planeaba nuevos filmes y ansiaba preparar guiones. Enrique Cadícamo y Ricardo de Rosas (hermano de Enrique) habían bosquejado una trama sobre un cantor de tangos en París; se preguntaban si Gardel tendría interés. Cadícamo cuenta la historia:

Una noche el cantor nos manda buscar con su chofer El Aviador, quien nos lleva en la flamante convertible Chrysler, que había traído de París... a la famosa heladería "Saverio" de la calle San Juan, donde el divo acostumbraba ir frecuentemente a tomar helados. Lo hallamos en una de las mesas de la vereda con Razzano. Nos recibió sonriente y afectuoso recomendándonos de entrada "los de limón" mientras comenzamos a contarle en forma sintética de qué se trataba el argumento. Nos escuchaba con entusiasmo y al terminar de esbozarle la idea nos felicitó aclarándonos que a pesar de ser un traje de medida "no iba a poder prometer nada por ahora" por cuanto ya tenía otros proyectos de filmaciones tan pronto como regresara a París... Nos agradeció nuestra colaboración pidiéndonos que se la reserváramos para más adelante porque iba a necesitar libros... Durante el tiempo en que estuvimos conversando, Gardel no dejó un solo momento de comer helado tras helado. Al levantarnos para irnos y luego de firmarles autógrafos a algunos admiradores, nos llevó en su auto hasta el centro, pidiéndome que al día siguiente por la tarde me diera una vuelta por Jean Jaurès porque quería consultarme algo sobre la letra de una canción que tenía que grabar...

Al día siguiente fui a la casa de Gardel y lo hallé ensayando con sus guitarristas en el patio; entre ellos estaba su última adquisición: Pettorossi. Interrumpió el ensayo y me hizo pasar a la sala yendo directamente hacia un magnífico piano de cola con la letra de la que me había hablado la noche anterior ... como un chico que va a cometer una travesura tomó de la mesa un par de anteojos con una patilla quebrada y sujeta con hilo arrollado colocándoselo muy divertido mientras me decía: "Estos embrocantes son de mi vieja". Miró la letra y luego de entonarla informalmente me la entregó, ... saliendo para el patio. ... En menos de media hora [yo] había terminado los remiendos. Lo dejé sobre el piano y salí al patio diciéndole discretamente: "Ahí queda eso sobre el piano...". En recompensa comenzó a hacerme escuchar como primicia el tango de Pettorossi "Silencio". Tanta fue mi emoción al escucharlo que sentí erizárseme la piel.[55]

Este episodio tal vez ocurrió a principios de año. Los planes de Gardel de regresar a Europa para realizar nuevos filmes permanecieron un poco indefinidos hasta julio. De pronto se presentó una atractiva posibilidad. Ese mes visitaban Buenos Aires, para asistir a conciertos de nueva música norteamericana (el primer concierto fue el sábado 8 de julio en el Teatro de la Ópera), Hugo Mariani, un músico y director uruguayo que trabajaba para la red radial norteamericana NBC, y Remo Bolognini, viejo conocido argentino de Gardel, distinguido violinista que había estudiado con Ysaye en Bélgica y ahora trabajaba en los Estados Unidos, donde era maestro de conciertos (y a menudo solista) en la Philharmonic Symphony Orchestra de Arturo Toscanini. Mariani gustaba de los discos de Gardel. Ahora, al oírlo personalmente, mencionó al Zorzal la posibilidad de un contrato radial con la NBC. Cuando regresó a los Estados Unidos, el uruguayo tomó las medidas necesarias. La suerte pronto estuvo echada: Gardel se comprometió a presentarse en Nueva York a fin de año. Esto le daría tiempo para pasar unas semanas en París, y ver qué perspectivas cinematográficas había en 1934.

El 31 de julio, antes de zarpar de Buenos Aires, Mariani y Bolognini (ambos como violinistas) tocaron con Alberto Castellano (piano) y otros dos distinguidos músicos, José María Castro (violoncello) y Humberto di Tata (contrabajo), para una singular grabación de Gardel. La canción escogida para este refinado experimento fue el edulcorado y lánguido, pero extrañamente atractivo, vals de Pettorossi, "Noches de Atenas". La letra de esta canción testimonia que a veces es realmente difícil distinguir un vals de un tango.

> Tus noches, Atenas, me hablan de amor,
> cual una bella canción,
> tu hermosa luna, con su fulgor,
> acompaña mi dolor. ...
> Fue una noche de mi Argentina,
> noche divina de ilusión,
> cuando juró que me quería.
> ¡Nunca pensé que mentía!

A fines de setiembre, Gardel y los guitarristas viajaron a Montevideo para una breve temporada en el Teatro 18 de Julio. El 5 de octubre cantó en una fiesta privada organizada por el presidente uruguayo, Gabriel Terra. El doctor Terra había ofendido últimamente (marzo de 1933) a ciertos sectores de la opinión al disolver el Congreso y establecer una dictadura moderada en un país donde el crecimiento de las prácticas constitucionales había sido notable durante tres décadas. El acto de Gardel irritó a algunos de sus amigos de Montevideo. Un mes después, cuando su transatlántico hizo escala allí en su viaje a Europa, algunos de ellos (incluido un muy viejo amigo, el periodista José Blixen Ramírez) se negó a subir a bordo para saludarlo. Menos controvertida fue la actuación de Gardel en una emisora local, Radio Carve (6 de octubre). Un día después realizó una memorable visita al hospital montevideano Fermín Ferreyra, "un acto inolvidable para los asilados", según observó un periódico local. Al parecer, Gardel cantó con especial intensidad ese día. "Y fue una nota altamente emocionante la partida del artista, entre aplausos y expresivas manifestaciones de gratitud."[56]

A mediados de octubre regresó a Buenos Aires para grabar, para preparar su viaje (la fecha de partida estaba fijada para el 7 de noviembre) y para participar en una función en beneficio de los canillitas organizada por los diarios vespertinos de la ciudad; otros cantantes de tango estaban presentes esa noche, entre ellos Azucena Maizani, Tita Merello y Libertad Lamarque, así como el joven vocalista Francisco Fiorentino. Fiorentino llegaría a ser considerado como una de las grandes voces de la década del 40; su asociación con la orquesta de Troilo escribiría otro brillante capítulo en la historia del tango del período posgardeliano. La función de beneficencia (uno entre varios eventos similares a los que Gardel asistió en 1933) fue la última ocasión en que trabajó con Azucena Maizani. La alta estima que ella le profesaba era cálida y recíproca: ese año Gardel había dado un discurso en honor de Maizani en una cena (11 de abril).

Aún le quedaban asuntos por concluir en el Uruguay. Desde el 23 hasta el 28 de octubre hizo una gira por varios pueblos —Salto, Paysandú, Mercedes— en el interior de la República, a lo largo del río Uruguay. Durante esta breve campaña, cerca de Concepción del Uruguay, el vagón donde viajaba Gardel fue desviado a un tramo lateral para que él pudiera dormir. Una numerosa multitud se reunió afuera en silencio, esperando a que él despertara. Sólo cuando al fin lo vieron asomarse por una ventanilla lanzaron el inevitable grito de "¡Viva Gardel!". Gardel quedó muy impresionado por esta demostración de cortesía.[57] En Paysandú (cuyo pasado heroico había registrado una vez en una canción escrita con Razzano) un reportero del periódico local lo detuvo cuando se dirigía a su cuarto del Hotel Nuevo. Gardel trató de esquivarlo afablemente. "Pongan cualquier cosa, lo que les parezca. De todos modos les voy a cantar la misma milonga que a los demás." El reportero insistió en hacer preguntas. ¿Cuál era la verdadera nacionalidad de Gardel? Desde el punto de vista del cantor, esta pregunta había suscitado muchas especulaciones públicas últimamente (la prensa había mencionado el tema varias veces en los últimos dos años), pero ahora replicó: "Un artista, un hombre de ciencia, no tienen nacionalidad. Un cantor tampoco, es de todos y sobre todo su patria es donde oye aplausos, pero ya que insiste, uruguayo, nacido en Tacuarembó". (En este viaje Gardel pudo haber pasado muy cerca de su presunto pueblo natal.) Le preguntaron sobre su próximo viaje. Respondió: "En Europa no trabajaré. Hay amigos que visitar, nada más. En Estados Unidos voy a la radio, luego vendrá cine, teatro, etc. Hay contrato largo. Dos o tres años". (En esto exageraba; aún no tenía un "contrato largo", pero quizá planeaba pasar un largo período en el exterior.) El reportero dejó en paz a Gardel; el cuarto del hotel se estaba llenando "con amigos, curiosos, hinchas, que caen como moscas". Gardel estrechaba manos, sonreía a las mujeres más bonitas.[58]

Esa noche, después de actuar en el Teatro Florencio Sánchez de Paysandú, Gardel y sus guitarristas fueron a una fiesta en un restaurante local, La Cosechera; se prolongó hasta altas horas de la noche. Pocos días después regresó a Montevideo, esta vez por razones personales. Como hemos visto, Gardel siempre había sentido afecto por la capital uruguaya, y tenía allí un amplio círculo de amigos; ahora deseaba comprar una propiedad en la ciudad. El 30 de octubre firmó un documento formalizando la adquisición de un terreno de 600 metros cuadrados en el agradable suburbio costero de Carrasco, a unos diez kilómetros costa arriba del centro de la ciudad. Ricardo Bonapelch, un viejo amigo oriental, fue autorizado para dirigir la construcción de una amplia y (según se evidenció al publicarse los planos) lujosa casa. Gardel deseaba tener un lugar donde agasajar a sus amistades y donde retirarse.

Le faltaba sólo una semana para viajar a Francia y los Estados Unidos. Hubo dos últimas sesiones de grabación en los estudios Odeón. El domingo 5 de noviembre, Francisco Maschio organizó una despedida para Gardel en su stud de San Isidro, al norte de Buenos Aires. Los cuatro guitarristas estaban presentes, así como (entre muchos otros) Defino, el Aviador, Leguisamo, el actor César Ratti, viejo amigo de Gardel, miembros del centro gauchesco Leales y Pampeanos, y la orquesta de tango de Edgardo Donato. Una cena deliciosa, abundantes libaciones, risas y alegría: ¿qué mejor modo de decir adiós? La orquesta tocó; Ratti hizo algunas actuaciones cómicas; Gardel cantó. Como de costumbre, el invitado de honor no pudo resistirse a una broma payasesca; él y Legui se hicieron fotografiar mientras fingían tocar el bandoneón en la banda de Donato, con algunos violinistas igualmente falsos alineados detrás de ellos.[59]

El lunes 6 de noviembre a las 20:30 salió al aire en un programa especial de Radio Nacional. Además de cantar (el último tango de la emisión fue el noble "Buenos Aires"), Gardel dirigió unas palabras a los oyentes: "Ahora me ausento temporariamente rumbo a Europa y Nueva York para tratar de conquistar nuevos laureles para ofrendarlos a ustedes, mis queridos oyentes".[60] La emisora estaba atestada de gente, y la multitud desbordaba la calle. Después de la emisión Gardel tuvo que abrirse paso hasta el coche que lo esperaba a una cuadra. Francisco García Jiménez estaba con él esa noche. Una vez en el auto, Gardel jadeó y de pronto se aferró el pecho. "'¿El corazón, Carlos?' le preguntamos, alarmados, mientras el auto se ponía en marcha. Respiró hondo. Hizo un guiño de pillete callejero. '¡La cartera!' aclaró."[61]

Esa noche (o quizá unos días antes) Gardel fue a la casa de Razzano en la calle Bonorino, de Flores, para una cena de despedida evidentemente destinada a ser un gesto de conciliación entre los dos ex socios. No se sabe con certeza lo que sucedió, pues han sobrevivido dos versiones. Una de ellas —la de Razzano, según el registro de García Jiménez— sostiene que Gardel llegó a la casa sólo para descubrir que Razzano se había ausentado para desairarlo; Gardel se quedó un rato hablando con Cristina Razzano y sus dos hijas, Chichita y Pepita, manifestando con excesiva modestia cierto pesimismo acerca de sus probabilidades en Nueva York, y luego se marchó.[62] La versión de Defino (a quien se la contó Gardel) sostiene que Razzano estaba presente en la casa, que la fiesta terminó en una discusión violenta y que Gardel se marchó tras pedir disculpas a Cristina.[63] De un modo u otro, el resultado fue el mismo. Era la ruptura definitiva. Los integrantes del Dúo Gardel-Razzano ya no se reencontrarían ni volverían a conciliarse.

El tiempo continuaba su marcha inexorable, y llegó el martes 7 de noviembre. Durante la mañana, a insistencia de Defino, Gardel se sentó a escribir su testamento. Defino le dijo que el documento era un lugar apropiado para declarar su nombre real. Gardel, en efecto, asentó que era "francés, nacido en Toulouse el día 11 de diciembre de 1890", e "hijo de Berthe Gardes". Perdonó todas las deudas que se tuvieran con él (afirmando, también, que él no tenía ninguna), legó todas sus propiedades a su madre y designó a Defino único albacea. Añadió su sencilla firma para validar este acto.[64]

Gardel ya había invitado a Alberto Castellano para que lo acompañara en este nuevo viaje como asesor musical. Horacio Pettorossi (aunque no los otros tres guitarristas) también iría. Armando Defino, a insistencia de su amigo, decidió tomarse unas semanas de licencia para que él y su esposa Adela pudieran disfrutar de unas breves vacaciones en Europa en compañía de Gardel (¿podía haber algo mejor?). Tal como frecuentemente había ocurrido en el pasado, una pequeña multitud de admiradores acudió al puerto para despedir al cantor. Esta vez viajaba en el *Conte Biancamano,* de 24.416 toneladas, el mayor buque en que había navegado Gardel; en 1928 había establecido un récord por el viaje más rápido (once días) entre Cádiz y Buenos Aires.[65] A bordo, antes de la orden ritual de pedir a todos los visitantes que desembarcaran, se celebraron los habituales rituales de la despedida: cálidos abrazos, despedidas, brindis, fotografías.[66]

Esa noche el buque se internó en las lodosas aguas del gran estuario. Las luces de Buenos Aires se perdieron lentamente en el horizonte. Sin duda Gardel —si estaba mirando— pensó en el momento en que, al cabo de meses (o tal vez años) de nuevos viajes y nuevos triunfos, las atisbaría de nuevo. En una canción que todavía no había compuesto, un tango que para muchos se destaca entre sus creaciones, llegaría a cantar:

> *Adivino el parpadeo*
> *de las luces que a lo lejos*
> *van marcando mi retorno.*

Pero para Gardel no habría tal retorno, ni parpadeo de luces lejanas. Había visto la Argentina por última vez.

NOTAS

1 *Histoire du cinema français* (París, 1962), pág. 54. Ver también Gaizka S. de Usabel, *The High Noon of Ameritan Films in Latin America* (Ann Arbor, Michigan, 1982), pág. 91. La empresa Joinville no ha dejado una gran impronta en la memoria colectiva de Paramount. Adolf Zukor no la menciona en su autobiografía, *The Public Is Never Wrong* (Nueva York, 1953). Tampoco figura en John Douglas Eames, *The Paramount Story* (Londres, 1985). Una buena historia interna de la empresa Paramount sería un valioso aporte a la literatura sobre el cine.

2 *La Rampe,* 15 de febrero de 1931.

3 *La Canción Moderna* (1931), reproducido en Sosa Cordero entre las págs. 80 y 81.

4 Cadícamo (1978), págs. 125-26.

5 De Caro, págs. 78-79.

6 May Reeves, *Charlie Chaplin intime,* 10a. ed. (París, 1935), pág.27. No menciona al cantante argentino, ¿pero quién otro podría haber sido en esas circunstancias? Chaplin rara vez menciona esta visita a la Riviera en su autobiografía, pero fue tratada por la prensa. El recuerdo de May Reeves sobre el romance fue un best-seller en Francia.

7 *Le Figaro,* París, 8 de mayo de 1931.

8 Ibid., 9 de mayo de 1931.

9 *La Rampe,* 1° de junio de 1931, pág. 19.

10 *Le Figaro,* 29 de junio de 1931.

11 De Caro, págs. 86-88.

12 Citado en del Campo, pág. 116n.

13 *NMP* 19, N° 10, setiembre de 1934:157.

14 Morena, pág. 134.

15 Cadícamo (1975), págs. 129-30. La versión de Cadícamo se basa en los recuerdos de Manuel Pizarro, tal como los contó Pizarro en una visita a Buenos Aires mucho después de la Segunda Guerra Mundial. Es difícil precisar cuán exactos son algunos de ellos. (Constantemente se habla de Mrs. Wakefield como "Lady Chesterfield".) Según Pizarro/Cadícamo, los Wakefield habían asistido al debut de CG en el Florida en octubre de 1928 (ibid., pág. 88). Armando Defino, que conoció a George y Sadie Wakefield, señala que la relación había comenzado durante la visita de CG a París en 1928-29 (*Antena,* 14 de noviembre de 1950: del Campo, págs. 145-46).

16 De Caro, pág. 94.

17 Ibid.

18 *Mundo Argentino,* 2 de junio de 1957: Couselo y Chierico, pág. 26.

19 *La Razón,* 21 de agosto de 1931: Morena, págs. 135-36.

20 Abelardo Arias, *Intensión de Buenos Aires* (Buenos Aires, 1975), pág. 227.

21 Citado en Morena, págs. 137-39.

22 Cadícamo (1978), pág. 128.

23 Petit de Murat, págs. 135, 187.

24 *La Canción Moderna* (1931), reproducido en Sosa Cordero entre las págs. 80 y 81.

25 Carta parcialmente reproducida en García Jiménez (1951) frente a la pág. 273. El enfriamiento de los sentimientos de CG por Isabel del Valle también causó rumores en su barra; la mayoría de sus integrantes reprobaban el propósito de CG de romper con ella. Ver Eichelbaum (1984), pág. 176.

26 Silva Cabrera, pág. 57.

27 Bozzarelli, pág. 201.

28 Canaro, págs. 168-69.

29 Guibourg evoca sus recuerdos de Londres y París en Moncalvillo, pág. 18, y en su "Efigie de Carlos", en Castillo, comp., págs. 49-50. Es posible que la visita a Londres se haya realizado en 1931. La posibilidad de un contacto entre CG y Ninon Vallin nos fue comunicada por Christopher Busby, de Londres, en base a una reminiscencia de una amiga de Ninon Vallin, según la cual se conservaba una "Habitación Gardel" en La Sauvagère hasta que la casa fue desocupada por la cantante francesa poco antes de su muerte en 1961. Vale consignar que Ninon Vallin, una artista del sello Odeón, se había granjeado una gran reputación en Buenos Aires por sus actuaciones en el Colón. ¿CG la había conocido en aquellos años? Ella tenía mucha fama como profesora de canto: ver Robert de Fragny, *Ninon Vallin, princesse du chant* (Lyon, 1963).

30 Todos los extractos de la correspondencia de 1932 entre CG y Defino están tomados de Defino, págs. 76-86.

31 En una carta, alrededor de marzo-abril de 1932, CG menciona un contrato "para cantar en las radios francesas combinado con Londres" (Defino, pág. 80); entrevistado a su regreso a Buenos Aires, comenta también "algunas intervenciones fugaces en radios de Londres y de París". ¿Actuó CG en la radio británica? *Radio Times* no lo menciona en esos meses; los BBC Written Archives, Caversham, no incluyen ninguna referencia a CG (información amablemente suministrada por Mark Jones).

32 Bozzarelli, pág. 212.

33 *NMP* 16, N° 5 (noviembre de 1932): 69 (aviso publicitario).

34 *Historia del tango*, 9:1539. Cuando le faltaba dinero, Pettorossi, talentoso compositor, a veces vendía sus canciones a sus colegas, cediéndoles la autoría; un ejemplo es el tango "Bandoneón arrabalero" (grabado por CG en 1928, normalmente atribuido a Juan de Deambroggio). Ver Cadícamo (1975), págs. 55-56.

35 *NMP* 18, N° 1 (julio de 1933): 8 (aviso publicitario).

36 Citado en Pesce, pág. 1421.

37 *Caras y Caretas*, julio de 1935: del Campo, págs. 32-33.

38 Fernández, pág 94.

39 Chas de Cruz, "Gardel y su época", en Castillo, comp., pág. 47.

40 *La Vanguardia*, Barcelona, 3 de marzo de 1928.

41 *La Nación,* 31 de diciembre de 1932.

42 Defino, apéndice fotográfico.

43 Defino, pág. 90.

44 *Historia del tango*, 9:1601 y 16:3077.

45 Defino, págs. 91-93.

46 Cadícamo (1978), pág. 130.

47 *La Prensa*, Nueva York, 10 de enero de 1936.

48 *La Razón,* 17 de marzo de 1933: Morena, pág. 152.

49 *Crítica*, 25 de junio de 1935: del Campo, pág. 190.

50 Canaro, pág. 186.

51 *El Mundo*, 21 de junio de 1953: Couselo y Chierico, pág. 30. En la entrevista citada, Azucena Maizani afirma que estas audiciones fueron del año 1931. No puede ser: entre otras cosas, el tango "Silencio" no se había escrito en 1931.

52 Citado en Morena, pág. 154.

53 *La Razón,* 25 de marzo de 1933: Morena, pág. 152.

54 Del Campo, pág. 18.

55 Cadícamo (1978), págs. 130-32.

56 *La Plata*, Montevideo, 8 de octubre de 1933: Morena, págs. 163-64.

57 Del Campo, págs. 30-31.

58 *El Telégrafo*, Paysandú, 26 de octubre de 1933: Silva Cabrera, pág. 38.

59 *Sucesos,* pág. 51.

60 Morena, pág. 166.

61 García Jiménez (1951), pág. 258.

62 Ibid., págs. 281-83.

63 Defino, pág. 101.

64 Couselo y Chierico, págs. 89-90; Morena, págs. 166-67.

65 *La Vanguardia*, Barcelona, 25 de marzo de 1928.

66 Si la foto de Morena, pág. 168, está fechada correctamente, ésta debió de ser la última vez que Isabel del Valle vio a CG.

7. NUEVA YORK

1933-1935

Armando Defino nunca olvidaría el mes que pasó en París antes de que Gardel siguiera viaje a Nueva York. La emoción de su primera visita a Europa se combinó con el intenso placer que le brindaba la compañía de su amigo, ahora un muy íntimo amigo. En París, los viajeros (menos Adela Defino, que se había separado de ellos en Barcelona para visitar parientes en Aragón) se instalaron en un apartamento alquilado en el número 14 de la rue de l'Arcade, a mitad de camino entre la Madeleine y la Gare Saint Lazare. (En 1985 se puso una placa conmemorativa en el edificio.) Ésta no era la modesta pensión que algunas de las versiones más extremas de la leyenda de Gardel nos quieren hacer creer; tampoco tenía el lujo de la casa de la rue Spontini ni del Hotel Meurice; los llamados de Defino a la prudencia económica ahora ejercían su influencia. Lo primero que hizo Gardel fue alquilar un piano para poder ensayar o trabajar sobre el material nuevo con Alberto Castellano. Lo que más le interesaba ahora eran las emisiones radiales que pronto realizaría en Nueva York.

Las memorias de Defino nos brindan una buena descripción de la vida cotidiana de Gardel en esas cuatro semanas. Solía dormir hasta el mediodía, luego hacía sus ejercicios. (Defino, entretanto, iba a recorrer la ciudad.) En la tarde trabajaba en sus canciones con Castellano y Pettorossi. Más tarde, dejaba el apartamento "para atender sus asuntos privados de orden sentimental", como los define púdicamente Defino, sin mencionar el nombre de Mrs. Wakefield.[1] Quizá nunca sepamos si esto aludía al tradicional *cinq-à-sept* parisino o meramente a un grato compromiso social. Los amigos se reunían de nuevo al caer la noche, esta vez en el apartamento de Alfredo Le Pera en la rue Colonel Moll, no lejos del Arco de

Triunfo. Desde allí salían a saborear "la incomparable cocina francesa" en algún restaurante, y luego emprendían sus excursiones a los clubes nocturnos, donde a veces se encontraban con los hermanos Torterolo, los viejos amigos de Gardel.

Junto con Le Pera, Gardel y Defino fueron un día a Joinville-le-Pont. Las conversaciones con Paramount fueron más desalentadoras de lo que habían esperado. A pesar del éxito de las tres primeras películas de Gardel (por lo menos una de ellas había ganado más de 400.000 dólares), no había nuevas producciones en perspectiva. Es justo señalar que o bien Paramount no había valorado cabalmente el potencial de Gardel o bien (muy justificadamente, dados sus continuos problemas financieros) estaba realizando una reevaluación general de sus producciones en lengua española. Su revista en español, unos meses antes, había enumerado a las estrellas que más enorgullecían a la empresa. Se mencionaba (entre muchas otras) a Maurice Chevalier, Frederic March, Marlene Dietrich, Carol Lombard, Gary Cooper, Claudette Colbert, Cary Grant, Clive Brook, George Raft, Mae West y Charles Laughton, pero no a Carlos Gardel, cuyo nombre no figuraba.[2] Durante el regreso a París, Gardel comentó a Le Pera y Defino que por el momento había perdido interés en filmar en Joinville; tal vez el lugar indicado para concentrar sus esfuerzos fueran los Estados Unidos, adonde iría de todos modos.

Entretanto, doña Berta había llegado a Francia. Había resuelto alojarse con su hermano Jean y su esposa Charlotte, para estar más cerca de Carlos durante su prolongada ausencia (en caso de que así resultara) de Buenos Aires. Gardel quiso que su amigo Defino conociera a su familia francesa. Viajaron por tren hasta Toulouse, donde se alojaron en el hotel de la estación para no molestar a la familia Gardes. Una vez en la casa, Jean Gardes les sirvió un Pernod; conversaban animadamente cuando de pronto —cuenta Defino— "vimos entrar una figura cómica, de unos setenta y cinco años, un metro y medio de estatura, vestida con amplia falda y enorme sombrero... y un enorme paraguas que a la vez le servía de bastón". Resultó ser Marisou, una prima de doña Berta que vivía en Albi, a una hora de tren de Toulouse. Su espontáneo y afectuoso modo de saludar a Gardel (a quien no conocía personalmente) le hizo exclamar: "Pero esta Marisou es formidable". La anciana quedó encantada. "En adelante me llamaré 'Marisou la formidable'", anunció. (Y en cartas a Defino, quien mantuvo una amable correspondencia con ella hasta la Segunda Guerra Mundial, invariablemente firmó de ese modo.)[3]

De vuelta en París, Gardel quiso despedirse de su viejo amigo Manuel Pizarro, que acababa de inaugurar otro cabaret (donde trabajó hasta que la guerra lo alejó temporariamente de París) que se llamaba, con cierta lógica, Chez Pizarro. Mrs. Wakefield, por su parte, ofreció al cantor una suntuosa cena de despedida en un cuarto privado del Café de París. Varios amigos de la dama estaban allí junto con el grupo de argentinos. Caviar, manjares exquisitos, botellas del mejor champagne... Gardel cantó algunas canciones en francés; se bailó; se brindó repetidamente por su éxito inminente (sí, todos estaban seguros de que tendría éxito) en los Estados Unidos.[4]

Se había convenido desde el principio que Castellano y Pettorossi viajarían con Gardel a Nueva York. Le Pera se quedaría en París a la espera de novedades. Defino fue a la estación para despedir a los viajeros cuando abordaron el tren a Cherburgo. Hubo una última, precipitada conversación, un cálido abrazo de despedida; pero la separación no fue muy penosa. Sólo sería momentánea, o eso pensaba Defino mientras se alejaba el tren. Él partiría esa noche hacia Barcelona y luego regresaría a la Argentina. Mucho antes que él llegara allá su amigo Carlos, tras pasar la Navidad en alta mar, se encontraría instalado en Nueva York. "Carlos trabajaría en Norteamérica y yo en Buenos Aires, cada uno por su lado y en lo suyo, haríamos el 'paco' común y en familia viviríamos en Buenos Aires, Montevideo, Francia o Nueva York, y todas las tierras serían buenas si estábamos juntos."[5] Eso se decía Defino ese día de diciembre en París.

Un frío inusitado asolaba Nueva York en el atardecer del jueves 28 de diciembre, cuando un pequeño comité de bienvenida se reunió en la sala de espera del Muelle 57 (Calle Catorce) para esperar el arribo del *Champlain*. Lo presidía el uruguayo Hugo Mariani, principal responsable de la visita de Gardel a Nueva York. También había un músico argentino, Terig Tucci, que estaba nervioso ante la perspectiva de trabajar con la famosa estrella. Tucci se había instalado en Nueva York a mediados de los años 20; después de un comienzo difícil (en un momento fue albañil), trabajaba ahora como arreglador, violinista y asesor sobre música latinoamericana para la NBC. Su testimonio nos brinda vívidos atisbos de los próximos quince meses de la vida de Gardel.

Había oscurecido cuando el gigantesco buque francés (tenía 28.124 toneladas, y era famoso por su vasto comedor) atracó en el muelle. El comité de bienvenida subió a bordo. Al principio Tucci quedó defraudado: Gardel parecía "tímido y receloso". ¿Este hombre apocado era el mayor cantor popular de América Latina? Cuando salieron, en la parada de taxis, Gardel se puso a tiritar. "¡Che, qué frío!", exclamó, y los dientes le castañeteaban. Y añadió medio en broma: "¡Rajemos, viejo! ¡Todavía estamos a tiempo!".[6] Poco a poco, sin embargo, cuando el taxi dejó al pequeño grupo en la bienvenida calidez del Waldorf-Astoria Hotel, recobró el buen humor de costumbre. Aunque Nueva York luciera fría y hostil, él no se dejaría derrotar de antemano.

El día siguiente fue el más frío en Nueva York en catorce años. La llegada de Gardel ocupó la primera plana de *La Prensa*, diario neoyorquino de habla castellana. El cantor se puso a trabajar en seguida, con una conferencia en el Waldorf-Astoria para planear el primer programa de la NBC. Como Gardel no sería acompañado por sus guitarristas sino por la orquesta de Mariani (más de quince ejecutantes), era preciso arreglar las canciones, y pronto. Esto fue tarea de Tucci. Corrió a su casa (donde pasó las treinta y seis horas siguientes trabajando a destajo), mientras Gardel, sin mayor prisa, iba a almorzar al Ritz-Carlton, en una bienvenida dispuesta por el consulado argentino (y de otros países latinoamericanos) de la ciudad. La primera emisión se había planeado para las 22:30 de la víspera de Año Nuevo. Gardel pasó buena parte de ese día en los estudios de la NBC en la Quinta Avenida, ensayando sus canciones, primero con el piano y luego, después del almuerzo, con toda la orquesta. Tucci, al principio impresionado por la flexibilidad artística del cantor, ahora notó que lo incomodaba el acompañamiento orquestal. "De vez en cuando echaba miradas furibundas en dirección a los músicos. Era obvio que el artista consideraba a la orquesta como el grupo de oposición." Por suerte, no todo estaba perdido. Gardel pareció complacido con un par de versiones de Tucci, y manifestó su aprobación con una típica expresión porteña: "¡Macanudo, viejo, macanudo!".[7]

La emisión en sí resultó bastante lograda. La primera canción de Gardel transmitida por la NBC fue la que había escogido como tema central de la serie, el noble tango "Buenos Aires".

> *Buenos Aires, la Reina del Plata,*
> *Buenos Aires, mi tierra querida,*
> *escuchá mi canción,*
> *que con ella va mi vida.*
> *En mis horas de fiebre y orgía,*
> *harto ya de placer y locura,*
> *en ti pienso, patria mía,*
> *para calmar mi amargura.*

Al día siguiente, en el Waldorf-Astoria, la NBC les entregó una grabación del programa para una revisión. Se podían introducir mejoras: Gardel y sus colegas se pusieron nerviosos e irritables, pero pronto se restauró la calma (en buena medida gracias a un buen almuerzo en el Santa Lucía, un restaurante italiano de las cercanías), y los programas siguientes se planearon en una atmósfera constructiva. Después, Alberto Castellano acompañó a Tucci hasta su estación de subterráneo, comentándole: "Carlos quedó muy bien impresionado por su labor". Tucci, por su parte, no dejaba de preguntarse si la actitud del cantante ante los acompañamientos orquestales no crearía dificultades en el futuro.[8]

No obstante, Gardel se adaptó rápidamente a este nuevo modo de trabajo. Sin duda era nuevo: la orquesta de Mariani era más grande y refinada que cualquier orquesta con que hubiera trabajado anteriormente. Sus programas en la NBC (a partir del 25 de enero se oyeron también por la radio canadiense)[9] continuaron hasta la primera semana de mayo.[10] NBC le pagaba 315 dólares semanales. A fines de enero le escribió a Defino: "Toda persona que me oye sale loca, porque me encuentro en voz como nunca". Aunque no triunfara en Nueva York, añadía Gardel, "no he perdido nada y he conocido una hermosa ciudad, además que aprenderé inglés".[11]

¿Cómo recibió el público estas emisiones? *La Prensa* de Nueva York comentó el 10 de enero: "Sus programas están siendo recibidos con enorme interés por los radioescuchas, particularmente por los de nuestra raza". Pero la comunidad hispánica neoyorquina (aunque numerosa) era muy diferente de la mayoría anglófona norteamericana. Algo parece evidente. Gardel no causó la sensación que había causado en París. El mercado norteamericano era mucho más difícil de penetrar. Célebres intérpretes como Bing Crosby y Count John Mac Cormack (y muchas voces menores, entonces famosas, hoy olvidadas) competían con Gardel en las ondas radiales de los Estados Unidos a principios de 1934. Los comentaristas radiales del *The New York Times* lo ignoraron por completo. La principal revista de música popular, *Metronome,* lejos de dedicarle su tapa, apenas comentó al pasar que "el barítono sudamericano Gardel ... exhibe un trabajo promisorio". La revista de espectáculos *Variety* (en una muy favorable reseña de sus programas) sugirió que no se lo estaba "explotando con un gran sentido del espectáculo".[12]

Un problema que lo perjudicaba más que en Francia era el hecho de que (en palabras de *Variety) Gardel no speaka de Eenglish* ("Gardel no habla inglés", dicho en un inglés con paródico acento latinoamericano). La NBC, en efecto, lo instó a cantar unas canciones en inglés. Se realizaron traducciones de las letras, las palabras se anotaron fonéticamente para que Gardel pudiera leerlas —*I love you* se convirtió en AI LOV IU, y demás—, y él hizo lo posible, pero se hartó al cabo de dos o tres emisiones. Según recuerda Tucci, preguntó apasionadamente a los directores de programación: "¿Cómo voy a cantar palabras que no entiendo, frases que no siento...? ¡Qué pena, amigos, que no pueda satisfacer vuestros deseos! Yo sé cantar solamente en criollo".[13] Esta actitud, aunque respetada por la NBC, arrojó una sombra sobre el futuro de Gardel como intérprete radiofónico en los Estados Unidos. No obstante, sus contactos con la NBC le permitieron participar en una notable transmisión conjunta con la Argentina (5 de marzo). Los guitarristas de Gardel, Barbieri, Riverol y Vivas, lo acompañaban desde los estudios de Radio Rivadavia en Buenos Aires; esto se transmitía en onda corta a Nueva York, desde donde la voz de Gardel (que oía las guitarras por auriculares) se retransmitía a la Argentina y era difundida por Radio Splendid. Así los oyentes de Buenos Aires y Nueva York oían tanto a Gardel como a sus "escobas".[14]

Mucho antes de esta emisión, la vida de Gardel en Nueva York se había asentado en una rutina. Se mudó del Waldorf-Astoria a un costoso apartamento con *penthouse* en los edificios Beaux Arts, en la Calle Cuarenta y Cuatro Este, cerca de la Segunda Avenida, a poca distancia de donde hoy se encuentra el Edificio de las Naciones Unidas. (Un rascacielos de vidrio reluciente hoy cubre con su sombra los dos edificios de apartamentos.)

Castellano se alojó allí con Gardel. (Pettorossi, al no encontrar ocupación en Nueva York, había regresado a la Argentina.) El cantor también había contratado, como asesor e intérprete, al costarricense Samuel Piza, una figura algo borrosa en el testimonio de Tucci, pero alguien que tenía ideas precisas sobre lo que Gardel debía hacer en Nueva York. Cuando el dueño de un teatro del distrito latino ofreció a Gardel una generosa suma por algunas actuaciones personales, Piza le comentó que esto podría reducir sus probabilidades de organizar un espectáculo en Broadway más adelante. Gardel, al principio tentado, aceptó el consejo.[15]

No obstante, ante la ausencia de los contratos cinematográficos a los que había apostado, ¿qué más podía ofrecerle Nueva York? A mediados de febrero Gardel estaba pensando en emprender la retirada. Una nueva idea cobraba forma en su mente: una gira por algunos de esos países hispanoamericanos donde los filmes de Joinville lo habían vuelto tan popular. Los empresarios sudamericanos lo instaban a hacerlo. ¿Por qué no? En una carta a Defino sugirió que en julio iniciaría "la gira de La Habana, México".[16] Estaba por llamar a sus guitarristas de Buenos Aires. Defino tuvo la impresión de que este plan era definitivo. El 16 de marzo escribió que el "asunto más interesante por el momento es ... tu decisión de abandonar la radio y hacer la gira".

Sin embargo, cuando esta carta llegó a Nueva York, la situación había cambiado dramáticamente. Desde luego, Gardel había buscado trabajo cinematográfico en Nueva York. Poco después de su llegada recibió una oferta de la Fox: 15.000 dólares por dos películas. Gardel pidió 50.000. El trato no prosperó.[17] De un modo u otro, mediante un intermediario, se iniciaron nuevas negociaciones con Paramount. Evidentemente algo surgió hacia principios de marzo, pues Alfredo Le Pera viajó desde París. Por último, el 20 de marzo, se firmó el nuevo contrato. Gardel realizaría dos filmes inmediatamente, y Paramount tendría opción para realizar por lo menos cuatro más. Defino, en Buenos Aires, se alegró de que "las incertidumbres y angustias" hubieran concluido. De hecho, hubo una rápida mejora en los términos del trato con la Paramount. El 23 de abril Gardel escribió:

La cuestión de las películas dio un vuelco formidable. Eliminamos al intermediario... ahora el arreglo, que es definitivo y que abre para mí un rumbo estupendo, es el siguiente: Hemos fundado una sociedad de producción que se llama Exito's Spanich [sic] Pictures y de la cual soy el director. Esta Sociedad está financiada por la Western Electric y distribuida por la Paramount. A mí me darán por dos películas la cantidad firme de 25.000 dólares y el 25% de las ganancias, siendo yo... quien tiene en sus manos el control total de los negocios. Esto que te escribo es definitivo y está firmado por la Paramount, yo y la Western. He elegido como *metteur en scène* a Gasnier, quien llega el 1° de mayo. Haremos una comedia y una pieza dramática.[18]

Sí, Gardel había recogido frutos en Nueva York.

Los preparativos para los dos primeros filmes comenzaron de inmediato. Le Pera trabajaba en los guiones, Gardel y Castellano en la música. Les mostraron los estudios que se usarían: en Astoria, en el barrio de Queens, frente a Manhattan, en la otra orilla del East River. El rodaje comenzó en mayo, con la pieza dramática mencionada por Gardel. Se trataba de *Cuesta abajo,* historia algo melodramática de un eterno estudiante de Leyes, Carlos (interpretado por Gardel), desviado de la senda del verdadero amor por Raquel, la *femme fatale* con quien se fuga a París y Nueva York trabajando como bailarín de tango. Un leal amigo de Carlos, Jorge (Vicente Padula), ha intentado impedirlo, y eventualmente aparece en Nueva York como capitán de un navío; en una dramática escena de café, la venda cae de los ojos de Carlos, que luego regresa con Jorge a Buenos Aires y a su verdadero amor. Gardel había pensado en ofrecer el papel de la *vamp* Raquel a Tita Merello, una cantante de voz grave a quien él consideraba (con bastante acierto) una "especie de Marlene Dietrich criolla"[19]; esto fue imposible, y la actriz argentina Mona Maris interpretó ese papel. En ese momento estaba en Nueva York, en malas condiciones psicológicas, "sin saber si me sentía americana o argentina". Más tarde mencionaría el positivo efecto de Gardel en su estado de ánimo.[20] Los papeles secundarios estaban a cargo de Jaime Devesa, viejo colaborador de Gardel en Joinville, Carlos Spaventa y el actor uruguayo Manuel Peluffo. Alfredo Le Pera también aparecía en un papel menor.

Los aportes musicales de Gardel a *Cuesta abajo* (ocho piezas en total) incluían tres tangos, una cifra y un vals, todos cantados por él mismo. La canción "Cuesta abajo" ha perdurado como una de las piezas más populares de Gardel, así como el vals "Amores de estudiante", pero sin duda el mayor éxito musical del filme —y seguramente una de las dos o tres canciones más famosas de Gardel— fue el tango "Mi Buenos Aires querido", un florido y romántico tributo a la gran ciudad.

> *Mi Buenos Aires querido,*
> *cuando yo te vuelva a ver,*
> *no habrá más penas ni olvido. ...*
> *Hoy que la suerte quiere que te vuelva a ver,*
> *ciudad porteña de mi único querer,*
> *oigo la queja de un bandoneón,*
> *dentro del pecho pide rienda el corazón.*

Cuando terminó el rodaje de *Cuesta abajo,* Gardel le escribió a Defino: "Estoy muy contento; todo ha salido bien y hemos trabajado con un entusiasmo formidable". La segunda película, filmada entre fines de junio y la tercera semana de julio, se titulaba *El tango en Broadway.* Gardel la definió como "una comedia muy alegre, llena de trucos cómicos, y todos tienen mucha confianza en que resultará muy divertida". La trama es bastante simple: la placentera vida de un *playboy* argentino en Nueva York se ve amenazada por la llegada de un severo tío de la Argentina; el tío, desde luego, pronto sucumbe a los halagos de la vida nocturna de Nueva York. Aquí los papeles protagónicos femeninos estuvieron a cargo de la muy atractiva actriz guatemalteca Blanca Vischer y la artista española Trini Ramos. Padula, Peluffo y Spaventa interpretaron los papeles secundarios, mientras que Gardel e Indalecio Bazán interpretaban al sobrino y al tío, respectivamente.

Junto con los inevitables tangos, Gardel ansiaba incorporar al filme una canción popular de estilo norteamericano, dada la ambientación neoyorquina. Compró discos de éxitos recientes y los estudió. Fue con Tucci a ver la comedia musical *Roberta* de Jerome Kern (Bob Hope estaba en el elenco) y quedó prendado de "Smoke Gets In Your Eyes". Algunos números del filme *Volando a Río* también lo inspiraron. Le Pera concibió al fin una línea inicial adecuada, Gardel improvisó una melodía con ritmo de foxtrot; y así nació la canción "de estilo norteamericano".

> *Mary, Peggy, Betty, Julie,*
> *rubias de New York. ...*
> *Dan envidia a las estrellas,*
> *yo no sé vivir sin ellas...*

Los nombres femeninos encajaban rítmicamente sólo en la primera línea; en otras partes Gardel tenía que prolongar y acentuar la vocal final (Marií, Julií y demás). Tucci se lo señaló, pero en vano. En todo caso, la extraña acentuación pasó inadvertida en los países donde la canción se convirtió, inevitablemente, en éxito.

En Astoria, al igual que en Joinville, los filmes se rodaban a un ritmo frenético. Nunca faltaban los contratiempos, "Hemos estado a bronca diaria... La tremenda dificultad son los actores", le escribió Gardel a Defino. A la insatisfacción de Gardel con sus actores secundarios se sumaba otra dificultad: Le Pera, en particular, se enfadaba cuando el director Gasnier pasaba por alto sus sugerencias. Durante la filmación de *El tango en Broadway* hubo una terrible escena en el set ("tremendo griterío y desenfrenada gesticulación", según Tucci) y la atmósfera era tan negativa que hubo que suspender el trabajo por un día.[21] Gardel decidió prescindir de los servicios de Gasnier en cuanto concluyera el rodaje, y pensó brevemente en regresar a Francia para realizar sus dos próximos filmes.

Sin embargo, Paramount quedó complacida con ambas películas. La organización nuevamente comenzó a destacar a Gardel —"Astro de los Astros", según un anuncio de *Cuesta abajo*— en su propaganda para América Latina. La revista de Paramount (en cuya tapa Gardel apareció por segunda vez) declaró: "Es hecho comprobado que entre todos los actores cinematográficos de habla castellana, Carlos Gardel es el más popular y el que arrastra más público". En efecto, el público recibió calurosamente los nuevos filmes. Una sala porteña le cablegrafió a Paramount:

CUESTA ABAJO GRANDIOSO ÉXITO. APLAUSOS DELIRANTES PÚBLICO OBLIGARON INTERRUMPIR REPRESENTACIÓN TRES VECES PARA REPETIR ESCENAS DONDE CANTA GARDEL. RARAS VECES HASE VISTO AQUÍ TAL ENTUSIASMO.[22]

Ahora Gardel era evidentemente valioso para la Paramount. Y por lo menos en abril de 1934 la empresa comenzó a tener en cuenta un proyecto nuevo y (para Gardel) potencialmente decisivo: proyectarlo al cine angloparlante como un gran astro de Hollywood. Pasaron unas semanas hasta que esto se dio a publicidad.

Ya hacía siete meses que Gardel vivía en Nueva York. A fuerza de trabajar con él en las emisiones radiales y los filmes, Terig Tucci se había familiarizado con el apartamento del cantor en Beaux Arts. Descubrió que en ese lugar siempre se trabajaba con intensidad pero con alegría, con frecuentes pausas para las bromas y las risas. Observó que Le Pera tenía una "expresión... de eterno enojo", pero poseía un excelente (aunque indirecto) sentido del humor. Aunque eran muy buenos amigos, Le Pera y Castellano a menudo se trenzaban en discusiones violentas ante las que Gardel conservaba una divertida neutralidad. Tucci casi sospechaba que estas borrascosas escenas estaban destinadas a divertir a Gardel.[23]
Entre los allegados del cantor en esta época estaban también el bailarín y cantante argentino Carlos Gianotti y su esposa italiana, Rosita. Gianotti recibió un pequeño papel en *El tango en Broadway*, pero no en los filmes posteriores; él y su esposa se mudaron entonces a Hollywood, ligeramente ofendidos. Por el momento, sin embargo, eran "miembros esenciales" del círculo doméstico de Gardel. Gianotti estaba siempre a mano para los ejercicios diarios de Gardel: cuarenta y cinco minutos de masajes violentos, *jogging* en interiores (en la terraza del *penthouse*, cuando el tiempo era más cálido), salto de cuerda, boxeo de sombras, todo seguido por una ducha fría. Tucci pensaba que "la revitalización general era evidente" después de estas sesiones.[24] Gardel perdía peso, aunque, al igual que en el pasado, solía escabullirse (en ausencia de Gianotti) para disfrutar de una buena comida.
Tucci nos cuenta que estos ejercicios a veces se hacían de madrugada. Es obvio que los hábitos de Gardel estaban cambiando. Por cierto, Nueva York era muy diferente de Buenos Aires y París: aquí no era posible atenerse a la antigua rutina en su totalidad. Gardel se las ingenió para reunir una suerte de barra neoyorquina —Castellano, Le Pera, Tucci, el violinista Remo Bolognini y otros— pero no era lo mismo. El sitio donde comía habitualmente era el restaurante Santa Lucía, en la Calle Cincuenta y Cuatro Oeste, casi Séptima Avenida. Aquí el plato favorito de Gardel era

spaghetti alioil (con ajo y aceite), aunque Tucci tenía la impresión de que sus gustos en comida eran en el fondo muy simples. Don Gabriele, el propietario italiano, solía evocar sus experiencias como inmigrante; Gardel, para complacerlo, a veces cantaba "La violetta", una vieja canción italiana adaptada al ritmo del tango.[25]

Después de ciertas comidas suculentas en el Santa Lucía, Gardel anunciaba: "Tendré que caminar cinco kilómetros más que de costumbre esta noche". Aún amante de las caminatas, invitaba a Tucci a acompañarlo en largos paseos por las calles de Manhattan. En otras ocasiones, Gardel, Le Pera y Tucci atravesaban el Central Park —excepto cuando la pereza les hacía tomar una victoria en el Plaza Hotel— hasta el apartamento de los Tucci en la Calle Ciento Diez. Allí Gardel (que pronto se convirtió en admirador de la cocina de Lola Tucci) a veces se sentaba con ellos para admirar la luz del poniente en el parque.

El joven Astor Piazzolla, que luego ganaría renombre como el gran pionero del tango de vanguardia, nos da otro atisbo de Gardel en esa época. Astor, que se crió en Manhattan, pertenecía al mismo club de jóvenes que Rocky Graziano, el futuro campeón de boxeo. Su padre, un peluquero, admiraba mucho a Gardel y talló una estatuilla de madera para él, enviando a su hijo de doce años para que se la entregara un día en el Beaux Arts. En la entrada el muchacho se encontró con un hombre alto y calvo que aferraba una botella de leche y lucía desorientado. Éste resultó ser Castellano, que había guardado mal la llave. Le pidió a Astor que trepara por la escalera de emergencia y entrara por una ventana. El muchacho obedeció y se encontró en el dormitorio de Alfredo Le Pera, que, como recordó Piazzolla más tarde, "tenía muy malas pulgas". Pero Gardel, cuando al fin se despertó, "pareció un tipo muy simpático. Casi se desmaya cuando supo que era argentino. Se emocionó, me acuerdo; abrió el paquete, vio la talla y me lo agradeció. Me preparó desayuno esa mañana".

En esta etapa de su vida, Gardel había desarrollado cierto afecto por los niños. "Las dos pasiones más grandes de mi vida son los niños y los animales", le dijo una vez a Tucci. A menudo se quedaba mirando a los niños que jugaban cerca del Beaux Arts; lo llamaban Mr. Carlos. (También le cobró afecto a un viejo perro boxer, Napoleón, que vivía en la Calle Cuarenta y Cuatro Este. Una vez le comentó a Tucci: "Si alguna vez se escribe la historia de mi vida, este capítulo debería llevar el título 'La era Napoleónica'".) No es sorprendente, pues, que entablara amistad con el joven Piazzolla. Apenas pudo creerlo cuando Astor le contó que tocaba el bandoneón y había recibido lecciones de Tucci. Astor deleitó a Gardel con sus versiones de temas clásicos, pero cuando probaba suerte con el tango (en el cual todavía no tenía interés), Gardel se echaba a reír; "Mirá, pibe, el fueye lo tocás fenómeno, pero el tango lo tocás como un gallego". (No es preciso detenerse en las razones por las que los gallegos se habían convertido en objeto universal de bromas en el mundo hispánico, pero así era.) Astor, como Tucci, se convirtió en uno de los guías bilingües de Gardel en Nueva York, y a menudo lo acompañaba a tiendas de ropa ("era muy exigente para eso") y zapaterías; Saxons era la más frecuentada por Gardel.[26]

Gardel, como hemos visto, era obsesivamente cuidadoso con su guardarropa y su aspecto. En sus primeras semanas en Manhattan, no pudo hallar un barbero apropiado. Samuel Piza solucionó el problema presentándole al suyo, un latinoamericano muy tradicional. "Un *maestro* de la tijera y peine", fue el veredicto de Gardel después de la primera visita; añadió que le había sorprendido gratamente que la barbería entretuviera a los clientes con un cuarteto vocal.[27]

Como de costumbre, hubo visitas a locales nocturnos de diversa especie, aunque quizá no tan regulares como antes. El fin de la Prohibición (justo antes de la llegada de Gardel) había revigorizado la vida nocturna de Nueva York; según *The New York Times,* su opulencia y variedad jamás habían sido mayores.[28] Gardel sin duda se familiarizó con El Chico, el lujoso cabaret latino de Sheridan Square, y también con El Don Julio, un club nocturno cuyo corpulento propietario mexicano actuaba meritoriamente como bandido mexicano.[29] No siempre pasaba sus momentos de distensión en tales lugares, sin embargo. Tucci recuerda varias visitas a salas de conciertos: Carnegie Hall, cuando Remo Bolognini tocaba bajo la batuta de Toscanini, o las populares Noches Dominicales del Metropolitan. Hubo visitas a la ópera, donde asistió a la representación de *Carmen, La Bohème* y *Otello,* entre otras.[30] Durante su permanencia en Nueva York, Gardel aparentemente reanudó su vieja amistad con Tito Schipa, quien, según Tucci, admiraba enormemente las versiones de Gardel de canciones napolitanas, así como sus imitaciones de Schipa tratando de cantar tangos.[31]

Un nuevo rasgo de su vida en Manhattan era su afición al cine. Iba a menudo (con frecuencia adormilándose en la butaca) aun durante los rodajes en Astoria (con sus agotadores horarios que comenzaban a primera hora). Se aficionó a los *westerns,* apreciando la acción, ya que no el diálogo. Cuando Gardel quería saber de qué trataba una película, esto podía causar contratiempos. La primera vez que fue a ver *Viva Villa* (protagonizada por Wallace Beery), insistió en que Tucci le tradujera el diálogo, un procedimiento que despertó la ira del resto del público; tuvieron que marcharse. Esto se repitió noches más tarde. Sólo en una noche muy tormentosa, cuando la sala estaba casi desierta, pudo Gardel ver el filme completo, sin que nadie se opusiera a la traducción simultánea de Tucci.[32]

Durante las semanas de filmación, la rutina de Gardel era desde luego frenética de la mañana a la noche, con una sola pausa para un breve y frugal almuerzo en Astoria. El 27 y el 30 de julio, concluido el rodaje, grabó ocho canciones de sus recientes películas en los estudios de la RCA-Victor en la Calle Veinticuatro; Defino, desde Buenos Aires, había arreglado el contrato, transfiriéndolo a este nuevo sello. En todas las canciones, excepto dos, era acompañado por una orquesta dirigida por Tucci, que ahora sucedía a Castellano como director musical de Gardel. En la noche del viernes 10 de agosto se realizó el estreno neoyorquino de *Cuesta abajo*, una función especial para inaugurar la sala Campoamor en East Harlem.

Fue una noche para recordar. Gardel se había abstenido sistemáticamente de aparecer en escenarios neoyorquinos, de modo que la noticia de que estaría presente en el estreno atrajo a una multitud de fanáticos al Campoamor: por lo menos mil quinientos adentro y mil quinientos o más afuera, con la policía y los bomberos luchando para mantener el orden. Una ovación de quince minutos saludó la llegada del astro. Aplausos esporádicos estallaban durante la proyección del filme. Luego, Gardel, "visiblemente emocionado", dio un pequeño discurso desde su palco. Dijo que había ansiado encontrarse con "el público hispánico, ese público mío". Pronto iría a Hollywood. Más tarde realizaría una gira por los Estados Unidos con sus guitarristas. Hubo nuevos discursos de Vicente Padula y de un diputado norteamericano, James J. Lanzetta, antes de que Gardel y su grupo salieran por una puerta trasera para eludir la multitud. Había sido una velada agotadora, pero Gardel, para sorpresa de todos, pidió al chofer que no fuera al Beaux Arts sino al Santa Lucía, exclamando: "¡Qué fenómeno, viejo, qué fenómeno!".[33] Un par de días después le escribió a Defino: "Te confieso que sentí hondamente toda la afección de esa buena gente".

Una semana más tarde (el 17 de agosto) hubo una segunda emisión especial para la Argentina, transmitida por la NBC y difundida por Radio Splendid. Gardel, acompañado por la orquesta de Mariani, cantó "Mi Buenos Aires querido" (que se oía por primera vez en Buenos Aires) y otras piezas, y dirigió palabras entusiastas a sus lejanos admiradores. "Haré muchas películas más, hasta algunas en inglés... aunque las canciones... serán, como siempre, en criollo", prometió. Carlos Muñoz, viejo amigo del Zorzal (y, según vimos, su crítico por un breve tiempo), elogió efusivamente la emisión en las columnas de *Crítica*, que en realidad la había patrocinado: "¡Estás mejor que nunca, Carlitos! ¡Volvé pronto!".[34]

El pequeño equipo de Gardel comenzó a dispersarse. Castellano regresaba a la Argentina; Gardel viajaba por un breve período a Francia. Los Tucci organizaron una fiesta en su honor en la Calle Ciento Diez; hubo algunas excursiones nocturnas más y un ascenso a la Estatua de la Libertad, donde Gardel permaneció largo tiempo admirando el panorama. El 24 de agosto, la víspera de su partida, grabó dos canciones más para RCA Victor y le escribió a Defino, resumiendo su experiencia en Nueva York: "A pesar de las dificultades que no faltaron durante mi estada aquí, me voy contento y creo que, si hasta ahora la cosecha no fue extraordinaria, la siembra si es buena tendrá que dar excelente fruto. Como ya sabrás, ha quedado decidido que yo haga varias películas en inglés y el contrato será firmado a mi regreso". Tucci estaba entre quienes lo despidieron: el impecable pañuelo blanco de Gardel pronto se confundió con todos los demás pañuelos blancos que se agitaban en la cubierta del buque que zarpaba.[35]

Se marchó por siete semanas. Durante este período, Le Pera se fue del Beaux Arts y alquiló dos apartamentos menos caros (uno para él, otro para Gardel) en el Hotel Middletowne de la Calle Cuarenta y Ocho Este. "Libre de la constante interrupción de Gardel", como escribe Tucci sin ambages[36], se puso a trabajar en el guión de los dos próximos filmes. Tucci y su esposa Lola, por su parte, fueron a pasar sus vacaciones de verano en un *cottage* de Long Beach, Long Island. Le Pera los visitaba en ocasiones para bañarse en el mar y conferenciar con Tucci, que era ahora el más cercano colaborador artístico de Gardel aparte del mismo Le Pera.

Entretanto, su amigo se distraía en París y Niza. Desde el punto de vista de doña Berta, lo más importante de este viaje a Francia fue la semana que pasó en Toulouse. La anciana (tenía ahora 69 años) se había escrito regularmente con Defino (Carlos era menos constante para escribir cartas), y esta correspondencia nos indica que no las tenía todas consigo. La casa de su hermano en la sombreada *allée* de Barcelona —una elegante calle a lo largo del canal Brienne, que une el gran Canal du Midi con el río Garona— era bastante cómoda[37], pero ella echaba de menos Buenos Aires; echaba de menos a Fortunato, a Anaïs, al Aviador y su casa de la calle Jean Jaurès. Se quejaba de que en Toulouse no había mucho que hacer.

Su hijo llegó allí en la mañana del viernes 14 de setiembre, y partió de nuevo después de la cena el día 20 para tomar el tren nocturno a París. El martes 18, él y doña Berta atravesaron la verde y ondulante campiña para visitar a la Formidable Marisou y su familia en Albi, quienes se enfadaron un poco porque no se quedaba más tiempo. (Es grato pensar que tuvo tiempo para pasear por las tortuosas calles de ese pintoresco pueblo; no pudo evitar ver su grácil catedral de ladrillo rojo.) Medio siglo después, esta visita relámpago a Albi fue escuetamente evocada por Mme. Elise Ramières, la última pariente francesa de Gardel que estaba con vida. Según ella, el cantor comía muy poco, en aras de su línea, y hablaba francés con un acento americano. Él y su madre hablaron sobre el futuro, incluidos los planes de Gardel para un eventual retiro. Desde luego, estaba la casa que Ricardo Bonapelch estaba haciendo construir en Montevideo, pero quizá la Riviera fuera aun más atractiva. Por el momento, y un poco contra su más íntima voluntad, doña Berta accedió a quedarse en Toulouse, al menos hasta que su hijo regresara allí en 1935.[38]

Llegó a Nueva York a bordo del enorme buque alemán *Bremen* (ganador de la Blue Riband en su viaje inaugural de 1929) el 15 de octubre. Le Pera y Tucci, que lo acompañaron desde el muelle de la calle Cuarenta y Seis Oeste hasta su nuevo apartamento, pidieron al taxista que diera una vuelta por el Central Park para que él pudiera apreciar el colorido follaje otoñal. Una vez instalado en el Middletowne, Gardel recibió una lista actualizada de los planes de filmación y le telefoneó al director que sustituía a Gasnier. Se trataba de John Reinhardt, un joven norteamericano que fue de inmediato al apartamento; sus modales causaron una impresión

191

muy favorable. Al día siguiente Gardel escribió una larga carta a Defino en la que aludía, entre otras cosas, a la opción de Paramount en los próximos filmes. "Todo me hace pensar que... esta semana se firma el contrato, que para mí representa cerca de 40.000 dólares. Claro que esta gente quiere hacer películas conmigo hasta el año 2000, si siguen dando dinero, pero el contrato que habíamos firmado es muy complicado y vos sabés que cuando se firmó no estaba la situación para ponerse extremadamente exigentes. Pero creo que vamos obteniendo lo que nos proponíamos: artistas argentinos y españoles para los próximos filmes, mayor tiempo para preparar las películas, etcétera."[39]

Tucci quedó sorprendido por el contraste entre la primera llegada de Gardel a Nueva York y la segunda: los recelos de diciembre de 1933 se habían esfumado; ahora predominaba la confianza. Gardel tenía ideas cada vez más claras acerca de lo que deseaba hacer en cine. Estaba seguro de que había preciosos trofeos a su alcance. Al margen de su supremacía entre los astros cinematográficos hispanoamericanos, estaba ahora la tentadora posibilidad del estrellato en Hollywood, la posibilidad de seguir a Maurice Chevalier en el camino al renombre universal.

De vuelta en Nueva York, intuyó que las circunstancias lo favorecían. Había superado los obstáculos financieros que le habían turbado la existencia años atrás. Siguiendo los consejos de Defino, economizaba (o al menos hacía el intento); la mudanza al Middletowne era parte de ello. "¡Ahorrar, ahorrar, ahorrar!", exhortaba a Tucci, quien advirtió que ahora pasaba horas calculando las equivalencias en pesos argentinos de los dólares que ganaba, en parte para tranquilizarse. (En ese momento, el peso argentino valía 0,25 dólares, o 1 chelín y 9 peniques en libras esterlinas.) Gardel ya no dilapidaba el dinero en el juego, aunque al menos en una ocasión cablegrafió instrucciones para apostar en Buenos Aires desde Nueva York[40], y aún tenía esperanzas de comprar más caballos. En general, sin embargo, estaba cambiando de actitud.

Además, con ayuda de Defino, estaba rompiendo sus lazos emocionales y financieros con Isabel del Valle. En marzo había pensado en enviar "una carta final, explicándole de mi separación material, quedando como amigos, siendo ella libre en sus actos, porque esto... no puede seguir, sobre todo con la idea de libertad que tengo".[41] Defino recibió instrucciones de liquidar los convenios financieros que Gardel había realizado con Isabel (obviamente le había instalado una amplia casa en algún momento) y de anular los contactos con la familia, obviamente impertinente, de esta mujer. Isabel envió por lo menos una carta implorante a Nueva York, pero ahora, en octubre, Gardel había tomado una firme decisión. Como le dijo a Defino:

mi resolución es inquebrantable... Hacele saber que mi propósito es no volver por muchos años a la Argentina (eso para ella) y que no debe hacerse ninguna ilusión sobre mí...: se acabaron las subvenciones mensuales y bajo ningún concepto debés darle un centavo más... Vos sabés cuáles son mis ilusiones para el porvenir: quiero trabajar para mí, para poder darle una situación a mi viejita y para poder disfrutar con cuatro amigos viejos el trabajo de treinta años. Estoy dispuesto a no hacer más tonterías. La de Isabel y Cía. será la última.[42]

Gardel se sentía ahora muy cerca de Defino. "Vos no sos un amigo, sos un hermano, es decir de mi familia", le había dicho en febrero. El leal Defino estaba en contacto permanente, y mantenía a su amigo al corriente de los chismes porteños. En cuanto a José Razzano, la actitud de Gardel era más de pena que de enojo. "Dale un mordiscón en el orto con una tenaza caliente al turro Razzano", le escribió a Defino.[43] En octubre informó que Razzano "me escribe tranquilamente como si no hubiera pasado nada y con ganas de hacerse un bolo. Este turro cree que hacer películas y negociarlas es como ir a hablar con un empresario de Boedo". Pidió a Defino que viera a Razzano para explicarle ("con tu mejor sonrisa") que ya no pertenecía al círculo de Gardel, y para enfatizarle de una vez por todas que Defino era el único agente de Gardel.[44] También esta cuestión quedó resuelta para siempre.

Poco después de su regreso desde Francia, Gardel visitó la oficina neoyorquina de Paramount para ser entrevistado para su revista de habla castellana, que lo encontró "más optimista, más entusiasta, más castizamente criollo... ¡y más joven que nunca!". Allí anunció que en cuanto se hubieran rodado los dos próximos filmes, él cumpliría el plan ("en marzo a más tardar") que lo había tentado desde principios de año: "la gira que debe llevar al Rey del Tango a Puerto Rico, Cuba, México, la América Central, Panamá y las repúblicas del norte de Sudamérica".[45] Gardel estaba muy decidido a realizar esta prolongada campaña por el Caribe hispanoparlante. El 9 de diciembre le escribió a Defino: "Ya tengo casi arreglado Cuba y Puerto Rico... será una gira de cuatro meses en todo, a tiempo para descansar en Europa y para venir de regreso a hacer la quinta y sexta películas".

Gardel y Le Pera ya estaban profundamente interesados en escribir argumentos adecuados para nuevas películas. Se alentó a los autores argentinos a enviar material, pero muchas de las sugerencias recibidas resultaron inadecuadas para Nueva York. Gardel escribió en noviembre: "Hay que hacer argumentos que puedan filmarse en el estudio, sin exteriores... El carácter... no tiene que ser absolutamente porteño. Esto hay que hacer comprender: que las películas son para todos los países de habla española".[46] Sin embargo, insistía en una cosa: los argumentos tenían que ser de medida para él. Usaba este giro con tanta frecuencia que una vez Le Pera replicó con exasperación: "¿Para qué andás buscando un escritor si lo que necesitás es un sastre?".[47]

En las semanas previas a la Navidad de 1934, la cuestión más urgente era la música para las inminentes tercera y cuarta películas. En una entrevista para la revista de Paramount a principios de 1935, Gardel explicó cómo había encarado la tarea de componer las canciones de sus filmes: "Lo primero que hago es compenetrarme bien de la situación, de los motivos que impulsan la acción...; y sin pensar en palabras empiezo a tararear hasta que doy con la melodía que juzgo apropiada para la ocasión".[48] Según Tucci, Gardel trabajaba principalmente a partir de líneas provistas por Le Pera. Como Gardel no dominaba la notación musical, alguien tenía que estar cerca para transcribir sus melodías. Tucci creó un sistema que le permitía componer solo: tomando el principal elemento de una melodía en el piano, ponía un papelito en cada tecla, usando letras (*A, B, C,* etc.) para indicar el orden, y números para indicar la duración de las notas: *1* para una semicorchea, *2* para una corchea, *3* para una negra y así sucesivamente. Después de esto, Tucci a menudo encontró el piano cubierto de tiras de papel. El método funcionaba. Varias canciones de los filmes se compusieron de esta manera.

Tucci, que ahora trabajaba en íntima relación con Gardel, quedó muy impresionado por su sensibilidad musical y su atención a los detalles. (Más en la melodía, en opinión de Tucci, que en la armonía.) Se tardó por lo menos una semana de tensos y nerviosos experimentos hasta que Gardel dio con el modo apropiado de cantar la línea inicial del tango "Sus ojos se cerraron", y por lo menos una vez le telefoneó a Tucci a las tres de la mañana para comentar una posible melodía. En ocasiones estaba "desalentado y oprimido por la duda" cuando componía.[49] No tenía por qué preocuparse: al componer las canciones de sus filmes de 1934-35 tocó una rica vena de creatividad.

En el otoño de 1934 no todo fue trabajo para Gardel. Las memorias de Tucci sugieren que las visitas a locales nocturnos eran más frecuentes; al parecer Gardel estaba sorprendido por el predominio de la música latinoamericana en tales lugares. Los apartamentos del Middletowne, por otra parte, no eran precisamente una ermita: los viejos amigos que visitaban Nueva York recibían allí una generosa bienvenida. El 11 de diciembre Gardel celebró sus 44 años, según una versión, en casa de un conocido uruguayo en Long Island.[50]

Aun así, trabajaba con más empeño que nunca. Sabía desde la primavera que Paramount quería que protagonizara películas en inglés. Hubo un proyecto tentativo —de darle un papel junto a George Raft y Carol Lombard en *Rumba* (estrenada a principios de 1935)— que no prosperó, en parte porque Gardel aún tenía un pobre dominio del inglés. (Tucci opinaba que no se esmeraba demasiado; Le Pera, en cambio, aprendía con mayor rapidez.) No obstante, Paramount se proponía presentar a Gardel al público anglosajón dándole un papel en su lujosa revista cinematográfica *The Big Broadcast of 1936.* Esto, afirmaba la revista de Paramount en setiembre y octubre, era "demostración elocuentísima de que Carlos Gardel... es actor cinematográfico cuya fama rebasa ya los vastos límites de la pantalla de habla castellana, para convertirlo en astro de la pantalla mundial"; "este vigoroso intérprete del alma latinoamericana" era sin duda "un triunfo de la Paramount".[51] Los planes que le tenía reservados la empresa ya no eran un secreto.

The Big Broadcast of 1936 (distribuida en setiembre de 1935) consistía en una trama fantástica (principalmente interpretada por George Burns, Jack Oakie y Gracie Allen), mechada con piezas musicales de Bing Crosby, Ethel Merman, Ray Noble y su Banda, Amos'n Andy, y el Coro de Niños Cantores de Viena, entre otros. (Como revista musical era quizá menos memorable que la producción rival de la MGM, Broadway Melody of 1936.) La mayoría de las escenas se rodaron en Hollywood en 1935; Gardel filmó su propio sketch breve (en dos versiones, una en castellano, otra en inglés) a mediados de diciembre de 1934 en Astoria. Cantaba dos piezas, el tango "Amargura" y la muy grata "Apure delantero buey", una canción muy emparentada con la popular "El carretero". En su escena Gardel era secundado por Manuel Peluffo, Carlos Spaventa y la actriz mexicana Celia Villa. Según cuenta Tucci, en un momento de la acción Spaventa tenía que besar a Celia Villa. Gardel y Le Pera, con la connivencia del director y los camarógrafos, prepararon una broma, haciéndoles repetir la escena cinco o seis veces con el pretexto de que las primeras tomas no eran satisfactorias. Al final, previsiblemente, Gardel se desplomó de risa y la broma quedó al descubierto. Aparentemente Paramount quedó muy conforme con el sketch, y urgió a Gardel a esmerarse en su aprendizaje del idioma.

El rodaje de la tercera y cuarta películas neoyorquinas, bajo la dirección de John Reinhardt, comenzó a principios del nuevo año y concluyó a fines de febrero. El primer filme era El día que me quieras, un vigoroso drama, y el segundo era Tango Bar, una comedia ligera; el "tango bar" del título está en Barcelona y el filme también incluye ciertas peripecias cómicas a bordo de un transatlántico. A menudo se considera que el primero de estos filmes fue el mejor de Gardel; en la época se estimó que el segundo era menos satisfactorio, aunque la revista neoyorquina Variety lo calificó de "grata comedia musical" (a pleasant little musical).[52] En ambos filmes Gardel contó con actores secundarios más expresivos que los anteriores. La actriz mexicana Rosita Moreno no sólo era atractiva sino competente. Tito Lusiardo, que veinte años antes, como utilero del Teatro Nacional, se había complacido en arreglar las sillas para el Dúo Gardel-Razzano, actuó en ambas películas; el veterano actor argentino Enrique de Rosas, que había ansiado trabajar en un filme con Gardel, desempeñó un importante papel en Tango Bar. Recordemos que el joven Astor Piazzolla obtuvo un pequeño papel en El día que me quieras. Por esto le pagaron 25 dólares.

Durante el rodaje de este filme el camino de Gardel se cruzó fugazmente con el del popular cancionista chileno Francisco Flores del Campo. Gracias a Rosita Moreno, a quien había conocido en Hollywood, obtuvo un papel. Flores encontró en Gardel a un hombre grato y sencillo con quien era fácil trabajar. Vale la pena citar aquí las impresiones de la estrella:

Era un hombre bajo, engominado, formal, sonriente, correcto y estirado. Manifestaba una gran preocupación por la ropa. Nunca vi una familiaridad entre él y sus acompañantes: los trataba siempre de usted. Carecía por completo de vedettismo, rasgo que me llamó la atención, considerando que era estrella de la película, autor de la música y dueño de la mitad de la productora ... Jamás hacía exigencias... Obedecía todo lo que indicaba el director y era el primero en llegar, siempre atildado. En una de las raras ocasiones en que se mostró más expansivo, me mostró una cigarrera de oro con su nombre escrito en rubíes... Los domingos lo veía en misa de 12 en la catedral de San Patricio en la Quinta Avenida. Llegaba y se iba solo.

En deferencia a la nacionalidad de su momentáneo colega, Gardel le cantó a Flores una tonada chilena, por lo menos en una ocasión, y evocó su única visita a Chile en 1917.[53]

El argumento de *El día que me quieras* cubre dos generaciones, Gardel desarrolla el papel del mismo hombre en dos edades distintas, mientras Rosita Moreno tiene un doble papel, y tanto aquél como ésta realizaron admirables actuaciones. Gardel le escribió a Defino que el filme era "muy superior a todo lo que he hecho hasta ahora"; Le Pera tenía una opinión similar: "La película más noble hecha por nosotros".[54] Musicalmente hablando, contiene algunas de las gemas más preciosas de Gardel. La sentimental "El día que me quieras" continúa siendo una de sus canciones más queridas; el recitado en mitad de la canción, que redime lo que de otra manera habría sido una melodía monótona, fue idea de Gardel. El mayor éxito del filme fue el magnífico tango "Volver"—para algunos entusiastas la mejor canción de sus películas—, con su tema de la vuelta al barrio al cabo de una larga ausencia, y el inevitable desgaste del tiempo. En la película Gardel lo canta con un mar titilante como trasfondo.

> *Y aunque no quise el regreso*
> *siempre se vuelve al primer amor. ...*
> *Volver, con la frente marchita,*
> *las nieves del tiempo platearon mi sien,*
> *sentir, que es un soplo la vida,*
> *que veinte años no es nada...*

En Astoria, el procedimiento normal con las canciones de películas consistía en grabar cada pieza y añadir la grabación a la banda de sonido; cuando se filmaba la escena, el cantante mimaba la letra. Esto resultaba imposible para Gardel, que en todas sus películas neoyorquinas insistía en cantarla mientras se rodaba la escena aunque esto a menudo significara obligar a filmar la escena varias veces. Cuando cantaba en el set, a menudo atraía a una multitud de todos los estudios; fue durante una de estas sesiones cuando un ejecutivo de la Paramount hizo la célebre observación citada en el capítulo 5: "Este hombre tiene una lágrima en la garganta".

Había un emotivo momento en el rodaje de *El día que me quieras*, cuando Gardel, ante el lecho de muerte de su esposa en la pantalla (Rosita Moreno, que en su otro papel era su hija en la pantalla), cantaba el tango "Sus ojos se cerraron", sin duda uno de sus más delicados logros vocales.

> *Sus ojos se cerraron*
> *y el mundo sigue andando,*
> *su boca que era mía*
> *ya no me besa más...*

Tucci recuerda vívidamente lo que ocurrió ese día en el estudio. "Los primeros instantes que siguieron a esta grabación... fueron de completo, casi religioso silencio... De pronto... estalló una ovación indescriptible... De todos los recuerdos que guardo de Gardel, éste es el más exaltado, el momento de su más grande triunfo... Durante diez o quince minutos el trabajo quedó paralizado... aun las personas que no entendían nuestro idioma hacían emocionados comentarios." Gardel abrazó cálidamente a su director musical, con quien había trabajado por tanto tiempo y con tanto empeño en esta canción, y adoptó un giro porteño para manifestar su placer: "¡Macanudo, Tucci, macanudo!".[55]

Quizá sea oportuno un comentario general sobre el trabajo cinematográfico de Gardel. No se puede pretender (y de hecho, nadie lo pretende) que sus filmes sean obras maestras del cine. El principal interés de estas realizaciones era que proyectaban el talento de Gardel como cantor; de lo contrario, se las habría olvidado hace tiempo. Gardel nunca fue tan buen actor como vocalista, pero también es obvio que sus técnicas histriónicas mejoraban con cada nuevo filme. Cuando actuó en la película muda *Flor de durazno* en 1917, no sentía ninguna confianza en su capacidad actoral. Pero parece que siempre le interesó actuar; después de todo, tenía muchos amigos en el ambiente y sin duda conversaba con ellos acerca de este arte, a menudo en los camarines de los teatros. En 1934-35 dedicaba muchos esfuerzos al dominio de cierta habilidad profesional. Defino, después de ver *El día que me quieras* en privado, escribió a su amigo (21 de mayo de 1935) que ahora lo encontraba casi tan buen actor como cantante: "Posiblemente sea condición natural tuya, como la del canto".

En buena medida puede decirse que Gardel se interpretaba a sí mismo, o a su propia idea de la imagen popular que proyectaba en la pantalla. Una vez Tucci se cruzó con él en el Beaux Arts, mientras hojeaba una revista inglesa y observaba un anuncio de whisky que mostraba a un *gentleman* inglés impecablemente vestido sirviéndose un vaso en una mansión apropiadamente aristocrática. Gardel comentó: "¡Che Tucci, obsérvalo; es el prototipo de un jailaife!". En muchos sentidos, a Gardel le agradaba proyectar la imagen de un "jailaife", por usar su deformación porteña de *high-life;* obviamente el papel le sentaba muy bien.

Uno de los logros de Gardel y Le Pera consistió en conservar un espíritu esencialmente argentino en sus colaboraciones, aunque eliminaran alusiones excesivamente localistas que habrían desconcertado al público internacional al que se dirigían los filmes. El ímpetu internacional de estas películas es muy obvio, con sus ambientaciones en España, Francia y Nueva York, además de la Argentina, y con su gama musical cada vez más universal; el tango predominaba, por cierto, pero no en forma abrumadora. (La soberbia adaptabilidad de Gardel a otros ritmos quedó rotundamente demostrada una vez más en estos filmes.) Los filmes, por su parte, aunque realizados en el exterior, sin duda contribuyeron —decisivamente, en opinión de Domingo di Núbila, historiador de la industria cinematográfica argentina— al crecimiento de la popularidad del cine sonoro en la Argentina de los años 30, entre otras cosas porque la personalidad de Gardel estaba "bien canalizada cinematográficamente".[56] Los filmes de Joinville y Astoria no fueron clásicos, pero ocupan su pequeño lugar en la historia del cine.

Mientras se rodaba *El día que me quieras* en Astoria, los guitarristas de Gardel navegaban por el Atlántico para reunirse con él y acompañarlo en su gira por el Caribe, ahora programada para fines de marzo. Además de Barbieri y Riverol —por alguna razón Vivas no estaba en el grupo—, Gardel quería una tercera "escoba". En octubre le había escrito a Defino: "Aguilar u otro bueno. Mejor si no es Aguilar y es bueno".[57] La riña de Niza aún no estaba olvidada. Pettorossi, desde luego, habría sido la opción ideal, pero Pettorossi no podía ir y pidió a Aguilar que lo sustituyera. Así que tenía que ser Aguilar, nuevamente aceptado por Gardel gracias a la intercesión (se cuenta) de su viejo amigo uruguayo Bonapelch.

El viaje del guitarrista desde Buenos Aires terminó con un contratiempo. El *Pan America* (un buque de 21.000 toneladas de la Munson Line), al entrar en el puerto de Nueva York el 31 de enero, encalló en el lodo cerca de Governor's Island; hubo que trasladar a los pasajeros en lancha.[58] Los tres guitarristas luego fueron arrestados, pues las autoridades creyeron que se proponían trabajar en los Estados Unidos sin autorización legal. Gardel, que antes había manifestado una opinión cáustica sobre las reglas de inmigración norteamericanas ("no dejan entrar ni a Dios")[59], pronto logró liberarlos. En los intervalos de la filmación de *Tango Bar* comenzó a ensayar sus canciones con ellos en el Middletowne.

El deleite del cantor al tener de vuelta a sus guitarristas pronto se reveló en un episodio que quedó grabado en la mente de Tucci. Era un día de violenta tormenta en Manhattan; el rodaje se había interrumpido; nadie visitaba el apartamento de Middletowne, y Gardel decidió aprovechar el tiempo para ensayar. Cuenta Tucci: "Parecía hipnotizado oyendo los sonoros acordes de las guitarras... Y mirándome con una sonrisita de triunfo, anotó: '¿No te lo dije, viejo? Esperá que lleguen las guitarras'". Tucci quedó un tanto compungido ante esta observación pues entendió que era una crítica a su trabajo de orquestador del año anterior. Gardel, al percibir el cambio de humor de su amigo, hizo una broma para restar importancia a la *gaffe:* "Lo que quise decir es que otra cosa es con guitarra", usando un viejo clisé que aludía a la diferencia entre teoría y práctica. El juego de palabras, junto con otras bromas, levantó el ánimo de Tucci.

Más tarde ese día, Le Pera, que últimamente no se sentía muy bien, fue a escuchar el ensayo. Tucci le comentó un artículo que había leído sobre el valor terapéutico de la música. Gardel lo oyó y no pudo contener una broma: "¡Macanudo, muchachos! Estoy seguro de que el día no está lejos en que nuestros médicos de familia nos receten un tango de Gardel, tres veces por día, antes de cada comida".[60]

El final del rodaje de *Tango Bar* dejó a Gardel sólo cuatro semanas en Nueva York antes de zarpar hacia el Caribe. Las memorias de Tucci nunca son precisas en lo concerniente a las fechas, pero quizá fue en esta época cuando Gardel visitó el Cotton Club del Harlem, donde tocaba la orquesta de Duke Ellington, y asistió a un concierto que celebraba el segundo aniversario del ascenso del presidente Roosevelt. Durante este concierto, según Tucci, le presentaron al pintoresco intendente neoyorquino, Fiorello La Guardia, un melómano que en una oportunidad había dicho que Toscanini podía estacionar el auto donde quisiera simplemente porque era Toscanini.[61] Tucci, un amante de Nueva York (aunque moriría en Buenos Aires), ambicionaba mostrar a Gardel más lugares de la metrópoli. Pero el tiempo se agotaba, y no pudieron visitar todos los sitios (entre ellos, el Museo Norteamericano de Historia Natural) que nuestro aspirante a guía turístico tenía en mente.

Las primeras reacciones de Gardel ante Nueva York, por lo que sabemos, no habían sido muy positivas. (Al parecer no fue más allá de Long Island en sus paseos durante sus primeros meses en la ciudad.) Un día en que caminaba por Broadway con Tucci, la comparó desfavorablemente con la calle Corrientes de Buenos Aires: "No, no tenemos nada que envidiarles". En los meses siguientes se interesó más en la ciudad —"'tu' Nueva York", como le dijo a Tucci—, aunque es dudoso que alguna vez se haya sentido tan cómodo como, por ejemplo, en París. Su percepción de la cultura norteamericana no parece haber sido muy profunda. Una vez le comentó a Tucci: "El hombre norteamericano tiene algo de niño. Sigue siendo adolescente en sus años maduros. Siempre tiene ansias de correr, saltar, reír".[62] Algo parecido se podría haber dicho del mismo Gardel.

El 15 de marzo realizó una nueva emisión radial (por tercera vez desde Nueva York) para la Argentina, dando un breve discurso y cantando una selección de las canciones de sus filmes. El programa, que se difundió por Radio Belgrano, fue patrocinado por la revista *La Canción Moderna*, editada por el eminente editor de música Julio Korn. Defino se encargó del contrato, demostrando tanta eficacia como Razzano en estas cuestiones, y Gardel recibió 1.000 pesos argentinos por su actuación.

Unos días más tarde, el martes 19 y el miércoles 20 de marzo, regresó a los estudios RCA-Victor para grabar otras trece canciones de sus filmes. Éstas incluían una versión cantada parcialmente en inglés del tango "Amargura", con el nuevo título "Cheating Muchachita", pero esta grabación no se distribuyó comercialmente.[63] La orquesta de Tucci acompañó a Gardel en todas las canciones, excepto una, de estas dos sesiones. Para la única excepción, Gardel persuadió a los instrumentistas de Tucci de ceder el sitio a sus tres guitarristas. Los integrantes de la orquesta custodiaron caballerosamente las puertas del estudio mientras Gardel (contraviniendo la ley, pues sus "escobas" no tenían autorización para trabajar) cantaba una canción con el acompañamiento de guitarras que tanto amaba. La canción, muy apropiadamente, era la sentimental y reflexiva "Guitarra mía", de *El día que me quieras*.

> *Guitarra, guitarra mía,*
> *por los caminos del viento*
> *vuelan en tus armonías*
> *coraje, amor y lamento...*

Las canciones que Gardel cantó en el Estudio N° 3 en la tarde del 20 de marzo eran las últimas que grabaría en su vida.

Empezaron a sucederse las fiestas de despedida. Astor Piazzolla recuerda una en que había alrededor de una docena de argentinos presentes. Astor había seguido viendo a Gardel, lo había llevado a la casa de su familia en la Calle Nueve Este para comer ravioles y buñuelos, y nunca olvidaría su relación de juventud con un cantor por quien después profesó una admiración incondicional. "Era completamente distinto a todos los demás... No era un hombre verdaderamente culto, pero sabía estar en todas partes: tenía *savoir faire*."[64] Esa noche, el bandoneón de Astor sonó una vez más mientras Gardel cantaba nuevamente las canciones de *El día que me quieras*.

Otro amigo de Gardel, el tenor mexicano Tito Guizar, lo homenajeó con otra pequeña fiesta. La carrera de Guizar en la radio norteamericana había sido mucho más notable que la de Gardel. Guizar recordaría más tarde: "Gardel, optimista y feliz, hacía mil planes para su gira por los países latinoamericanos".[65]

Luego el tenor acompañó al barítono a los estudios de RCA-Victor, donde se había pedido a Gardel que grabara un disco publicitario, un mensaje para su público hispanoamericano. Cosa que hizo.

Habla Carlos Gardel. Queridos amigos de la América Latina, de mi tierra y de mi raza. La casa Victor quiere que les anuncie la firma reciente de mi contrato de exclusividad con ella, y yo lo hago muy gustoso, porque sé que nuestras grabaciones serán cada vez más perfectas... Yo acabo de terminar dos nuevas películas Paramount... y voy a comenzar una gira que comprenderá Puerto Rico, Venezuela, Colombia, Panamá, Cuba y México. Luego visitaré los otros países de nuestra lengua, donde espero tener el gusto de saludarlos personalmente. Y ahora cedo el micrófono a mi amigo Le Pera.

Le Pera añadió unas frases de felicitación; luego Gardel presentó una grabación de "Volver".[66]

Tras realizar esta tarea, se dedicó a los últimos preparativos para la gira, para la cual sólo faltaban tres días. Su trabajo en Nueva York había concluido por el momento: le había traído nuevos triunfos, y le reservaba triunfos aun mayores: pronto regresaría para confirmarlo, o eso creía.

NOTAS

1 Defino, pág. 95.

2 *NMP* 18, N° 2 (agosto de 1933).

3 Defino, pág. 99. Marisou era el apodo de Mme. Marie Aragou Ramières.

4 Ibid., pág. 197. La fecha de la visita a Toulouse no está clara; Morena da el 18 de diciembre como la fecha de la fiesta de los Wakefield.

5 Defino, pág. 100.

6 Tucci, pág. 10. Las memorias de Tucci, publicadas en 1969, no son totalmente confiables en lo concerniente a fechas específicas. (Menciona conciertos a los que asistió con CG, por ejemplo, que no se pueden conciliar con los programas de conciertos aparecidos en ese período en *The New York Times.)* Como a menudo ocurre con las memorias, se produce un ordenamiento sin duda inconsciente. Sus retratos de episodios y de la atmósfera de las dos residencias de CG en Manhattan dan, sin embargo, una impresión de autenticidad.

7 Ibid., págs. 11-14.

8 Ibid., págs. 15-17.

9 *La Prensa,* Nueva York, 25 de enero de 1934.

10 Los programas de WOZ, la estación neoyorquina de la NBC por la cual cantó CG, impresos en *The New York Times,* muestran cuatro programas de media hora en enero, seis de media hora en febrero, cuatro (uno de media hora, tres de un cuarto de hora) en marzo, seis de un cuarto de hora en abril y dos de un cuarto de hora en mayo. El último programa se emitió el viernes 4 de mayo a las 20:30. Los programas eran anunciados generalmente como "Carlos Gardel, barítono" (habitualmente "con la orquesta de Mariani") o "Carlos Gardel, canciones".

11 CG a Defino, 30 de enero de 1934. A menos que se indique lo contrario, los extractos de la correspondencia CG-Defino de 1934-35 están tomados de Defino, págs. 103-17.

12 *Metronome* 49, N° 3 (marzo de 1934): 22. *Variety,* 20 de febrero de 1934, pág. 6. Ninguna canción de CG figuró en la lista semanal de *Variety* de las piezas emitidas con mayor frecuencia por radio; en las listas de patrocinadores a veces publicadas por la revista tampoco figura ninguno de los patrocinadores de sus emisiones.

13 Tucci, págs. 20-21. ¿En qué emisiones cantó CG en inglés? Las canciones que cantó en cada programa están enumeradas en las columnas de radio de *La Prensa* de Nueva York, donde no figuran títulos en inglés. Es muy probable que se conservaran los títulos en castellano.

14 Morena, pág. 175; información de la NBC.

15 Tucci, pág. 23.

16 Defino, apéndice fotográfico.

17 CG a Defino, 30 de enero de 1934: Fernández, pág. 102.

18 Citado en Morena, pág. 177.

19 CG a Defino, 10 de abril de 1934; Fernández, pág. 105.

20 *El Sol,* Buenos Aires, 1939: del Campo, pág. 185.

21 Tucci, pág. 48.

22 *NMP* 19, N° 6 (junio de 1934): 91; 19, N° 8 (setiembre de 1934): 157.

23 Tucci, pág. 88.

24 Ibid., pág. 66.

25 Ibid., págs. 57-58.

26 Speratti, págs. 45-46. Piazzolla confirmó algunos de estos puntos en una conversación en el BBC Latin American Service, Londres, en junio de 1985.

27 Tucci, págs. 38-40.

28 "New York's Night-Life Burgeons Again", *New York Times Magazine,* 24 de febrero de 1935, pág. 9.

29 Tucci, págs. 93, 227, describe las visitas. El cantante portorriqueño Davilita, que entonces actuaba en Nueva York, más tarde recordó que CG asistió a uno de sus espectáculos y al final subió al escenario para felicitarlo (Malavet Vega, págs. 69-70).

30 Tucci, pág. 202.

31 Ibid., págs. 137-38.

32 Ibid, págs. 33-37.

33 *La Prensa,* Nueva York, 10 y 13 de agosto de 1934; Tucci, págs. 69-71.

34 Morena, págs. 182 85.

35 Tucci, pág. 133. Morena dice que el buque donde navegó CG era el *Ward,* pero el *Ward* estaba entonces en el Lejano Oriente. Dos transatlánticos zarparon de Nueva York el 25 de agosto, el *Bremen* y el *Aquitania.* Dado que CG regresó en octubre a bordo del *Bremen* es posible que también lo haya tomado en esta ocasión.

36 Tucci, pág. 136.

37 Se publicó una fotografía de la casa en *La Dépêche* de Toulouse el 30 de junio de 1935, pero la casa no existe más. Se ignora la fecha de su demolición, seguramente algunos años después de la Segunda Guerra Mundial. Se nota bastante edificación nueva por la *allée* de Barcelona.

38 Berta Gardes a Defino, 20 de setiembre de 1934: Fernández, págs. 54-56. La visita de CG a Toulouse no consta en ninguno de los dos diarios de la ciudad. Los recuerdos de Mme. Ramières (la nuera de Marisou) se encuentran en Anne-Marie Duffau, "Biographie de Carlos Gardel", en Jean Andreu, Francis Cerdan y Anne-Marie Duffau, *Le tango. Hommage a Carlos Gardel* (Toulouse, 1986), pág. 258.

39 CG a Defino, 16 de octubre de 1934: Kordon, pág. 113.

40 Telegrama reproducido en Defino, apéndice fotográfico.

41 CG a Defino, 2 de marzo de 1934: Fernández, págs. 103-4.

42 CG a Defino, 16 de octubre de 1934: Kordon, pág. 117. Al decir "treinta años" CG quizá incluía sus incursiones de adolescente como cantor de barrio.

43 CG a Defino, 15 de mayo de 1934: Fernández, pág. 105.

44 CG a Defino, 16 de octubre de 1934: Kordon, págs. 115-16.

45 *NMP* 19, N° II (noviembre de 1934): 165.

46 CG a Defino, 18 de noviembre de 1934: Morena, pág. 252.

47 Tucci, págs. 136-37.

48 *NMP* (1935): Couselo y Chierico, págs. 86-88. Parte del lenguaje empleado en esta entrevista parece un poco pomposo para CG. Quizá fue una ocasión en que dijo: "Ponga lo que usted quiera".

49 Tucci, pág. 181.

50 Silva Cabrera, pág. 96. La información proviene de Pedro (Perico) Bernat, viejo amigo uruguayo de CG que pasó por Nueva York a fines de 1934.

51 *NMP* 19, N° 9 (setiembre de 1934): 131;19, N° 10 (octubre de 1934): 157.

52 *Variety,* 17 de julio de 1935.

53 Miguel Arteche, comp., *Gardel. Tango que me hiciste bien* (Santiago de Chile, 1985), págs. 25-54.

54 Citado en Morena, pág. 252.

55 Tucci, pág. 165.

56 Domingo di Núbila, *Historia del cine argentino* (Buenos Aires, 1959), 1:68.

57 CG a Defino, 16 de octubre de 1934: Kordon, pág.120.

58 *La Prensa,* Nueva York, 1° de febrero de 1935.

59 CG a Defino, 10 de abril de 1934: Fernández, pág.105.

60 Tucci, págs. 202-3.

61 Ibid., pág. 192. No encuentro referencias a este concierto en *The New York Times.* Tucci menciona que La Guardia inició el concierto dirigiendo la orquesta, y por cierto el alcalde era famoso por usar la batuta en los conciertos públicos.

62 Ibid., págs. 31-91.

63 Sólo el refrán (o segunda parte) de esta canción era cantado en inglés, el resto en castellano (información de RCA Records, Nueva York). Esta grabación fue comercializada —¡por fin!— en un long-play de la RCA-Victor en 1983. Al escuchar el disco, un angloparlante se da cuenta inmediatamente de que la pronunciación de CG dista mucho de ser perfecta, pero tampoco es despreciable. (No es notablemente inferior a su pronunciación francesa en los discos que grabó en francés.) Existe la posibilidad de que otra grabación en inglés de CG se encuentre en los archivos de la Paramount. Se trata de la versión inglesa de la canción campera "Apure delantero buey" en la banda sonora de *The Big Broadcast of 1936.* Esta sección, como es sabido, no se incorporó en la película, debido a la muerte de CG. Pero, ¿existe la toma?

64 *Mundo Argentino,* 12 de junio de 1957: Couselo y Chierico, pág. 31.

65 Citado en del Campo, pág. 182.

66 Morena, págs. 193-94, contiene el texto completo.

8. VIAJE FATÍDICO

1935

El lunes 25 de marzo de 1935, el día en que grabó su mensaje para RCA-Victor, Gardel describió sus próximos meses en su última carta a Defino desde el apartamento de Middletowne.

El jueves salgo para Puerto Rico... Proyectos: Al terminar la gira, que será a fines de julio, volveré a Nueva York para ver en qué están las cosas, para dar los últimos toques a los futuros contratos con películas españolas o inglesas, y de allí me iré a Europa para buscar a la viejita y de allí rumbearé para Buenos Aires, donde espero estar en setiembre. Quiero comenzar haciendo radio, y sólo un mes después me presentaré en teatros.[1]

Como hemos visto, hacía tiempo que él pensaba en una gira por el Caribe hispanoparlante. Por cierto la habría emprendido en 1934 si Paramount no le hubiera ofrecido un nuevo contrato. Sus filmes y discos le habían dado gran popularidad en dichos países; ahora le tocaba descubrir hasta dónde llegaba esa popularidad. Nada podía ser mejor que una gira, una serie de actuaciones personales, para promover las nuevas películas que pronto se exhibirían en los cines de la América hispana. Y habían transcurrido casi dieciocho meses desde que Gardel había experimentado el placer —para él siempre era un genuino placer— de actuar con sus guitarristas en vivo.[2] Esta gira, pues, sería un paréntesis agradable (y sin duda rentable) en su carrera fílmica. Suponía que pronto regresaría a los estudios.

¿Pero con quién? ¿Y dónde? ¿Cómo veía Gardel su carrera en esa primavera de 1935? Es preciso hacer la pregunta, al menos porque las oportunidades, en este punto, parecían ramificarse en diversas direcciones, y tarde o temprano Gardel tendría que tomar decisiones potencialmente dificultosas. ¿Cuánto tiempo permanecería en la Argentina, por ejemplo, después de setiembre? ¿Era la Argentina un país donde podía seguir una provechosa carrera cinematográfica? Era muy consciente de los problemas que lo acuciaban cuando realizaba películas en español en el exterior. Le Pera, con su apasionado interés en las técnicas cinematográficas, era quizá aun más consciente y en marzo de 1935 escribió desde Nueva York: "Las películas que hacemos en ésta dejan mucho de satisfacernos y casi hemos llegado a la conclusión de que no hay nada para mejorarlas". Los problemas con el director (aun un director aparentemente tan afable como Reinhardt), problemas con la emasculación de la atmósfera latina, ante todo problemas en la sala de montaje —"diálogos amputados, escenas enteras desaparecidas"—, se combinaban para causar una profunda frustración.[3]

Unas semanas más tarde, en Puerto Rico, Le Pera expresó sus opiniones con mayor claridad aún: "Yo le deseo a Carlos, a quien quiero bien, y en quien creo firmemente, una sola cosa: que no vuelva a filmar películas en español fuera de la Argentina".[4] Ahora que la industria cinematográfica argentina daba claros indicios de crecimiento, era posible que el futuro del Zorzal como estrella cinematográfica estuviera en Buenos Aires, no en París ni Nueva York. Los estudios Luminton (una compañía argentina fundada en 1933) esperaban contratarlo para el filme *El caballo del pueblo*, de Manuel Romero, un retrato cinematográfico del turf argentino. Quizá se llegó a algún acuerdo al respecto a principios de 1935; finalmente el filme se rodó sin él.[5]

Gardel también abrigaba mayores ambiciones. En 1933 había hablado con Francisco Canaro acerca de la creación de una compañía cinematográfica, una sociedad entre él y el emprendedor director de orquesta.[6] (Irónicamente, las incursiones de Canaro en el cine nunca tuvieron éxito.) Y en agosto de 1934 fantaseó en voz alta, en compañía de Tucci, acerca de la fundación de su propio estudio en la Argentina. "Estudios Cinematográficos Carlos Gardel. Presidente y propietario: Carlos Gardel. Director de Cinematografía: Alfredo Le Pera. Director Musical: Terig Tucci... Vos venís con nosotros a Buenos Aires, ¿no es así?". Tucci respondió que sí.[7]

Aun así, como reza el antiguo refrán español, más vale pájaro en mano que cien volando. Gardel también sabía que, si lo deseaba, podía continuar realizando filmes en español con la Paramount por tiempo más o menos indefinido. Más aún, Paramount era la clave de otro futuro posible, un futuro que quizá lo fascinaba aun más que poseer un estudio de filmación en Buenos Aires. En su última visita a la Argentina había admitido discretamente en rueda de amigos que "su gran aspiración sería aparecer en la pantalla en inglés con los honores de un Maurice Chevalier", y "entrar en la luminosidad de Hollywood".[8] Como hemos visto, esta ambición se remontaba a varios años atrás, y ahora parecía cerca de su concreción. Era totalmente realista. Cuando el gran modelo del cantor, Maurice Chevalier, realizó su primera película en Hollywood (1929), sólo era un par de años menor de lo que ahora era Gardel.[9]

El gran obstáculo en esto era la lentitud con que Gardel mejoraba su inglés. En abril de 1934, después de sus primeras discusiones sobre el tema con Paramount, compró discos Linguaphone y se puso a estudiar una hora diaria.[10] No le resultaba fácil, y hay opiniones encontradas en cuanto a la seriedad de sus esfuerzos. Se sabe que más tarde ese año hubo pruebas de algún tipo, quizá pruebas de filmación, cuyos resultados fueron decepcionantes. Las esperanzas de Paramount, sin embargo, revivieron ante el sketch de *The Big Broadcast of 1936*. También revivieron las esperanzas de Gardel, quien escribió a doña Berta: "La gran super-producción Paramount... me dará un nombre universal".[11] Es significativo que Gardel decidiera llevar un profesor de inglés en su viaje por el Caribe. Eligió a José Plaja, un culto joven catalán (nativo de La Bisbal y buen jugador aficionado de fútbol) que vivía en Nueva York.

Gardel también pensaba seriamente en su eventual retiro. Parece seguro que la Riviera francesa estaba en sus planes. Su madre declararía más tarde que uno de sus propósitos al permanecer en Francia era *pour lui préparer une retraite bien ganée*.[12] Después de la visita de Gardel a Toulouse en setiembre de 1934, ella le dijo a Defino: "Viviremos en Niza con mi hermano porque el clima es el mejor de toda Francia, y creo que usted también querrá vivir con nosotros".[13] Gardel lo confirmó cuando le escribió a Defino al regresar a Manhattan: "El clima es ideal para ella... las casas son baratas allí. Esto es un proyecto, pero ya lo estudiaremos".[14]

¿Cuándo pensaba retirarse? Ahora tenía más de cuarenta años, y los años de esfuerzo comenzaban a cobrar su precio. En esta etapa, pensaba aparentemente en continuar con varios años más de trabajo activo, con una gradual disminución del ritmo. Como le escribió a doña Berta: "Quiero hacer el dinero en menos de tres años para estar tranquilo para siempre y tener a mi mamita cerca".[15] Por cierto, ahora ansiaba más que nunca consolidar su posición financiera. Esperaba que la gira caribeña le permitiera ganar no menos de 30.000 dólares, quizá más.

No se trataba de un viaje cualquiera, de una mera gira provincial agrandada. Gardel pidió a Le Pera que lo acompañara junto con su tres guitarristas, para que pudieran trabajar en nuevas canciones y guiones. Como se ha mencionado, llevaría a su profesor de inglés, que también haría las veces de secretario. Y quería un asistente que quizá a la vez pudiera ayudarlo con sus masajes. Ofreció el trabajo al joven Astor Piazzolla. Los padres de Astor dijeron que no: el niño era demasiado pequeño. En cambio, recomendaron a un amigo un poco mayor, José Corpas Moreno, un joven bien reputado en la colonia argentina de Nueva York; su principal interés en ese momento era el motociclismo.[16]

Los vapores de la Porto Rico Line zarpaban todos los jueves de Nueva York. Gardel y sus seis compañeros partieron el jueves 28 de marzo. Esta partida se había anunciado en el periódico de habla española. Una pequeña multitud de admiradores se presentó en el Muelle 15 (East River) para despedirlos a bordo del *Coamo;* la multitud inundó el camarote de Gardel, el corredor, el *lounge* del barco. Lo vemos por última vez a través de los ojos de Tucci, estrechando manos, abrazando, intercambiando mensajes finales, pidiendo a Tucci que anotara instrucciones sobre lo que se debía hacer durante su ausencia de cuatro meses. La tarde era gris y encapotada. El pequeño buque soltó amarras. "Y mientras sale la nave, vemos una vez más la gallarda figura de nuestro artista, agitando su pañuelo... A poco las siluetas se disuelven en la distancia."[17]

Gardel había declarado recientemente en Nueva York: "El aplauso es un tremendo acicate, muy halagador, pero a veces se convierte en un gran tirano; le esclaviza a uno a excesivos esfuerzos".[18] En las próximas semanas aprendería la verdad de sus propias palabras. El *Coamo* ingresó en el puerto de San Juan de Puerto Rico en la madrugada del lunes 1° de abril. A pesar de la hora, una multitud de varios millares de personas se había reunido en el puerto para saludar al astro. Un comité de bienvenida —el empresario local, una escolta oficial integrada por el asistente del gobernador y damas de sociedad— subió a bordo para escoltar a los recién llegados a tierra. Cuando Gardel descendió del barco, la multitud reunida soltó una estruendosa ovación. Él alzó el sombrero y regaló su sonrisa más ancha. La emisora local WNEL había provisto un micrófono. "Estoy tan emocionado en estos momentos que casi no puedo hablarles", dijo Gardel, "y deseo expresarles mi agradecimiento por este inesperado y sincero recibimiento". Un coche lo llevó desde el puerto, por las calles atestadas, hasta el Ayuntamiento, donde fue recibido por el intendente y apareció en el balcón. El coche continuó la marcha, deteniéndose brevemente en dos escuelas, hasta el Hotel Condado, donde ahora ondeaba la bandera argentina, para desayunar con los periodistas.

Era como si una testa coronada o un presidente hubiera llegado a Puerto Rico. A primera hora del día siguiente Gardel hizo una visita de cortesía al gobernador norteamericano de la isla en su imponente residencia colonial, La Fortaleza (que en parte data de 1533). Luego realizó una visita al principal periódico de San Juan y más tarde asistió a un *thé dansant* en el hotel, ofrecido por la empresa teatral que patrocinaba la gira, con asistencia de la alta sociedad local. Su primera actuación en el Teatro Paramount (3 de abril) fue desde luego un éxito. Tres mil admiradores defraudados se quedaron sin entrar en el teatro esa noche. Gardel abrió las ventanas para cantarles. Por último, se lo requirió tanto en Puerto Rico que tuvo que prolongar su estadía. Dondequiera que iba —el itinerario incluía las localidades de Arrecibo, Mayagüez y Ponce— se repetía la misma situación: comités de bienvenida, flores, multitudes entusiastas, teatros atestados, brindis con champagne.

Puerto Rico, en realidad, fijó el modelo de toda la expedición caribeña. Gardel ya sabía lo que era ser un ídolo popular en Buenos Aires o Montevideo; pero aún no había advertido cuánta popularidad le habían ganado sus filmes en toda la América hispana. Si tenía dudas al respecto, no tardaron en disiparse a medida que continuaba la gira. Ésta pronto continuó, en efecto, con un nuevo miembro en la comitiva, pues el venezolano Alfonso Azzaf, contratado por Gardel en Nueva York como oficial de relaciones públicas (había llegado antes a Puerto Rico), se sumó al grupo, para acompañarlo en el viaje. La despedida de San Juan fue aun más espectacular que la bienvenida. Parecía que media ciudad había salido para ver la partida de los viajeros.[19]

Desde Puerto Rico, el buque *Lara* llevó a los ocho hombres hacia el puerto venezolano de La Guaira, con su trasfondo de lomas verdes. Llegaron allí el jueves 25 de abril. Gardel estaba de vuelta en América del Sur. No era exactamente su América del Sur, aunque en otro sentido era suya, pues la recepción en La Guaira fue tan calurosa como en San Juan. Después de un almuerzo de bienvenida en el Hotel Miramar, el grupo partió hacia la cercana capital en el ferrocarril de La Guaira y Caracas: un viaje de dos horas que brindaba soberbios panoramas de mar y montaña mientras el tren trepaba desde la sofocante costa hacia el hermoso valle de Caracas.

La Caracas de 1935 no era la ajetreada metrópoli de autopistas, complejos habitacionales y galerías comerciales que cubre el valle en la actualidad. Con una población de apenas 150.000 habitantes, tenía más en común con su pasado colonial que con su futuro exuberante. Era una ciudad vieja, somnolienta y conservadora; la somnolencia (y el conservadurismo) eran celosamente preservados por la férrea dictadura del general Juan Vicente Gómez (el Bagre) que había gobernado Venezuela durante más de veinticinco años. La llegada de Gardel causó un estallido de entusiasmo rara vez visto en la ciudad. La policía, empeñada en mantener el orden en la estación ferroviaria, sólo contribuyó al caos; uno de los golpes que llovieron sobre la multitud cayó sobre el infortunado Alfredo Le Pera. Gardel y su séquito lograron llegar a los coches que los esperaban y a la relativa paz y silencio del Hotel Majestic.

Pasó una quincena en la capital de Venezuela, apareciendo en el Teatro Municipal y el Teatro Rialto, y realizando por lo menos una emisión por Radio Caracas. Las escenas de adulación que acompañaron la visita fueron largamente recordadas y tuvieron un eco distante, más de cuarenta años después, en una obra teatral muy exitosa, *El día que me quieras* de José Ignacio Cabrujas, estrenada en 1979.[20] (La trama se centra en la idea de que Gardel visita a una familia venezolana del común para pasar la velada en la casa.) Mientras estaba en Caracas, se le pidió que actuara ante el Bagre; no era fácil pasar por alto esta orden, y Gardel fue transportado más de cien kilómetros hasta la suntuosa residencia del presidente en Maracay, "una maravilla para contemplar", en opinión del periodista norteamericano John Gunther, que la vio pocos años después.[21] El viejo y mustio dictador (moriría antes de fin de año) había reunido a un grupo de amigos y paniaguados para la ocasión; la actuación de Gardel le agradó y le obsequió 10.000 bolívares (alrededor de 2.000 dólares).

"Por ahora sigo con esta gira que es interesante y rendidora", le escribió Gardel a Defino desde Caracas. También le envió una línea a su madre. Doña Berta, que aún sentía una profunda nostalgia por Buenos Aires y no veía el momento en que su hijo regresara a Francia, se preocupaba ahora por "el calor que debe hacer en esos países".[22] El calor tropical por cierto afectaba a Gardel. A medida que seguía la gira, sufría una serie de malestares menores; sus comentarios sobre los síntomas llegaron a inquietar a Defino, al menos por un tiempo. Fueran cuales fuesen estas dolencias, quedaron ampliamente compensadas por la calidez y el afecto que le profesaba el público. La adoración popular comunicaba un mensaje inequívoco. No había duda sobre ello. Ahora era algo más que un ídolo popular; en los países hispanoparlantes de América, al menos, era una leyenda viviente.

La triunfal campaña de la leyenda viviente continuó en forma inexorable, primero hasta la ciudad provincial de Valencia, con su antigua atmósfera hispana, y pronto a lo largo de la costa, por barco, hasta los campos petroleros del lago Maracaibo, fuente de la creciente riqueza nacional de Venezuela. (El país era casi una rareza en la época, por no tener deuda externa.) En Maracaibo, una ciudad casi tan populosa como Caracas, y en la desagradable localidad petrolera de Cabimas —en un extraño paisaje de grúas y tanques de almacenamiento desperdigados bajo un sol calcinante— Gardel realizó sus últimas actuaciones en suelo venezolano. El jueves 23 de mayo el vapor *Medea* depositó a los ocho viajeros en Curaçao, en las Antillas Holandesas. La isla famosa por su gran refinería de petróleo, también empezaba a destacarse como atracción turística. En Willemstad, la pequeña capital de estilo holandés, se repitieron las actuaciones y los aplausos.

La siguiente escala fue Aruba, una isla (también holandesa) al oeste de Curaçao. Para llegar allí, Gardel y sus acompañantes viajaron en avión. Era su primer vuelo, y podemos sospechar (en ausencia de testimonios de primera mano) que la idea lo aterraba. Gardel siempre había sentido una aversión irracional por el viaje aéreo, y a menudo le decía a su madre: "Nunca subiré a un avión". En 1933, Defino, que no tenía esas aprensiones, había tratado de persuadir a su amigo de realizar el corto vuelo entre Montevideo y Buenos Aires; Gardel se negó de plano, y los dos hombres regresaron en el ferry como de costumbre.[23] Sólo el acuciante programa de la gira pudo obligarlo a pasar por alto este prejuicio hondamente arraigado.

No obstante, sabía que tarde o temprano estaría obligado a superar su aversión por el vuelo. Su próxima escala era Colombia, y Colombia, hacia donde ahora navegaban a bordo del *Presidente Gómez*, tenía una geografía singularmente poco hospitalaria. Su terreno accidentado, dividido por tres enormes cadenas montañosas, imponía lentos y dificultosos viajes por tierra a los que el cantante y su séquito no podían prestarse, dado el programa de la gira. El aeroplano era la única alternativa práctica. En buena medida a causa de su accidentada configuración, Colombia estaba desarrollando rápidamente sus servicios aéreos: en 1934 sus aviones de pasajeros habían recorrido más de un millón y medio de kilómetros transportando más de dieciséis mil pasajeros; ninguna otra nación latinoamericana había alcanzado esas cifras hasta el momento. Dos líneas aéreas principales competían en las rutas que unían las aisladas ciudades del país: SCADTA, una compañía germanocolombiana creada en 1919, y SACO, una rival fundada más recientemente. Las máquinas utilizadas por ambas compañías incluían trimotores Ford, figuras familiares en los cielos norteamericanos unos años antes; aunque muy relegado en los Estados Unidos por los recientes DC3 y Boeing 247, el Ganso de Hojalata (Tin Goose), como se lo apodaba, aún se utilizaba ampliamente en América Latina y otras partes. El modelo 5-AT, utilizado por SCADTA y SACO, podía cargar hasta quince pasajeros.

El martes 4 de junio el *Presidente Gómez* llegó a Barranquilla, y Gardel pisó por primera vez el suelo colombiano. Se alojó en el Hotel del Prado y actuó por lo menos una vez en el Teatro Apolo del puerto. Pero el clima tropical continuaba afectándolo; quería marcharse de esa tórrida costa en cuanto pudiera. Declinando una oferta de trabajo en la cercana Santa Marta, se trasladó, nuevamente por aeroplano, hasta la histórica ciudad de Cartagena, con sus macizas fortificaciones coloniales y sus chispeantes lagunas azules. Su temporario hogar aquí fue el Hotel Americano. Le habían preparado actuaciones en el Teatro Variedades, un teatro al aire libre; sus admiradores se encaramaban a los árboles que daban sobre el auditorio para ver al cantante. Al cabo de esta breve estadía, Gardel obsequió al empresario de Cartagena responsable de sus apariciones una cigarrera de oro.[24]

Su séquito se había ampliado aun más. Celedonio Palacios, un chileno que poseía teatros en Colombia y Venezuela, y Henry Swartz, empresario y distribuidor cinematográfico, accedieron a acompañar a Gardel en la siguiente etapa. (Swartz había desempeñado un importante papel en la organización de la gira.) El lunes 10 de junio el grupo voló a Medellín, a casi 500 kilómetros al sur, alejándose así de la costa para internarse en la frescura de las montañas. Aun por aire, el viaje duraba varias horas en 1935. La ciudad, enclavada a más de mil quinientos kilómetros de altura en un valle de la Cordillera Central, empezaba a desarrollarse como el principal centro industrial del país; los escritores viajeros ya la consideraban la Manchester de Colombia, aunque los visitantes de la ciudad, ante el clima primaveral y la profusión de flores, quizá no consideren apta la analogía.

Desde aquí cuatro miembros del grupo (Le Pera, Plaja, Swartz y Palacios) continuaron vuelo a Bogotá para organizar las apariciones de Gardel en esa ciudad. Gardel se quedó en Medellín para actuar tres días en el Teatro-Circo España, un anfiteatro parcialmente abierto, antes utilizado para corridas de toros. (Fue demolido en el año posterior a su visita.) También se dirigió por radio a la gente de la zona a través de la emisora Ecos de la Montaña. Era evidente que los colombianos admiraban al Rey del Tango tanto como los demás.

La etapa colombiana de la gira llegaba ahora a su culminación, que se realizaría en la capital. Bogotá, a unos 3.000 metros de altura sobre el nivel del mar en la Cordillera Oriental, otra de las tres grandes estribaciones montañosas, tenía una población de más de 250.000 habitantes en 1935. Situada bajo una muralla de montañas y encima de una gran meseta verde (la sabana), esta ciudad húmeda y gris se enorgullecía ante todo del vigor de sus tradiciones intelectuales. Muchos creían, y no sólo los bogotanos, que ésta era la Atenas de América del Sur según pautas sudamericanas (que por cierto no son las de lugares como, por ejemplo, Escocia, Ontario, Wisconsin, o la Isla Sur de Nueva Zelanda): una ciudad sobria, poco demostrativa.

Los acontecimientos del viernes 14 de junio de 1935 asestaron un duro golpe a tales aspiraciones. En la mañana de ese día, Le Pera, Palacios y Swartz arreglaron la suite que Gardel ocuparía en el Hotel Granada: los cuartos 105, 106 y 107, una sala de estar, un dormitorio y "una sala de baño blanca y espaciosa". Mientras estaban allí, recibieron una gran guirnalda de flores con el mensaje: "Bienvenido a Bogotá, Carlos Gardel. De una fanática de usted". Entretanto, los afiches habían cubierto la ciudad, anunciando el momento de la llegada del astro. A las dos de la tarde, unos diez mil bogotanos se habían reunido en el aeropuerto El Techo de la capital.

Cuando el trimotor de SCADTA que traía a Gardel de Medellín se acercó a tierra, la multitud rompió los cordones policiales e inundó la pista. Evitando casi milagrosamente lo que pudo haber sido una catástrofe segura, el piloto prontamente alejó el avión del mar de rostros que tenía diez metros debajo de él, y al fin encontró un tramo de pista desierto donde aterrizar. Desesperados por ver a Gardel, los fanáticos se arrojaron sobre el avión aún antes de que se detuviera. La portezuela se abrió al fin, y allí estaba él, los "ojos brillantes de la emoción", sonriendo y agitando la mano. Parecía más joven y apuesto que nunca, según Martha Cary, una bailarina y periodista húngara que presenció la escena. Los que estaban más cerca del avión lo alzaron en andas y lo llevaron en triunfo hasta la sala de espera de SCADTA. Allí, mientras Henry Swartz presentaba a la estrella a todo el mundo, hubo nuevas escenas de confusión: a Azzaf le robaron la billetera.[25]

La marea de adulación popular cubrió a Gardel desde el aeropuerto hasta la ciudad. La gente apiñada lo vivaba desde el borde de la carretera. En un momento tres muchachas se arrojaron delante del coche. Como si esto fuera poco, reventó una llanta; Gardel tuvo que trasladarse a otro de los coches de la pequeña caravana. La multitud que rodeaba el Hotel Granada era impenetrable, así que el cantor y su comitiva tuvieron que refugiarse un par de horas en la residencia privada de Henry Swartz. Tales recepciones, comentó uno de los presentes, debían de ser profundamente desagradables para Gardel. "En absoluto", dijo Gardel, encendiendo con prestancia un cigarrillo. "El pueblo ... ha formado el pedestal de mi prestigio."[26]

Entre las personas que conoció Gardel en la sala de espera de SCADTA en El Techo estaba Nicolás Díaz, el empresario colombiano responsable de los inminentes compromisos del cantor. Las memorias que escribió poco después[27] nos brindan admirables atisbos de los diez días de Gardel en Bogotá. La primera actuación estaba programada para la noche de la llegada del astro en el Teatro Real. A las 19:00 una gran multitud se había reunido en la calle, deteniendo todo el tránsito. Cuando Gardel apareció en escena, el público se puso de pie y, según Díaz, "a pesar de que el teatro estaba colmado de la elite —de lo más selecto de Bogotá—, se le hizo una ovación de circo".[28]

Para sorpresa de Díaz, estas demostraciones se repitieron en todos los días siguientes. Díaz escribe: "Nunca conocí una popularidad igual a la de Gardel, nunca oí un timbre de teléfono tan insistente en sus habitaciones, nunca vi un caudal tan luminoso de mujeres pendientes de un astro literario, teatral o cinematográfico como el que asediaba cada momento la vida de Carlos Gardel en su hotel de Bogotá".[29] Los integrantes de la comitiva de Gardel —Le Pera, Plaja, Azzaf, Corpas Moreno, aun el empresario Palacios— estaban constantemente cerca para interceptar llamados telefónicos y proteger a la estrella de sus admiradores más inoportunos. Sus apariciones en el Teatro Real y (desde el martes 18 de junio) el Teatro Olympia fueron éxitos absolutos. El Olympia era un anticuado cine con auditorios en ambos lados de la pantalla: Gardel, al subir al escenario por primera vez, quedó desconcertado al ver que tenía un público a cada costado. Al fin cantó de costado. Después comentó en el camarín: "¡Pero qué teatro, che! Esto no lo había visto yo nunca. Es la primera vez que me hacen cantar vuelto de espaldas al público".[30]

Nicolás Díaz nunca había estado bien dispuesto hacia Gardel. Lo había oído cantar en París unos años antes sin caer a sus pies; los filmes le habían producido una impresión de verdadero desagrado. A pesar de su compromiso financiero con la visita del cantor, no esperaba sentir agrado personal por él. Pero así le ocurrió, y a los pocos instantes de la presentación. Vale la pena citar parte de su retrato de Gardel:

La personalidad de Gardel era algo excepcional. Quien le trataba una vez, se le quedaba prendida al alma aquella encantadora puerilidad de su espíritu, aquel sortilegio tan peculiar de su psiquis, la simpatía hechizante que irradiaba de todo su ser. Jamás le oí hablar en serio por más de cinco minutos. Se había hecho una filosofía especial de la vida... que lo impulsaba a resolver los más serios problemas con una broma callejera y una risotada de niño... No, no tenía la noción ni el instinto de la vanidad... Su complejo moral, en lo que respecta a la emoción amorosa, fue de una espontaneidad primitiva, sin problemas espirituales, y sin complicaciones cerebrales de ninguna especie. Pero nunca una broma de mal gusto.

Díaz también advirtió el estado de ánimo del cantor después de casi tres meses de gira.

Gardel tenía más ilusiones que un muchacho de veinte años. Constantemente hablaba de sus proyectos futuros... No hay duda, sin embargo, de que algún presentimiento le roía el alma, porque se lamentaba a diario de haber emprendido la gira por Sudamérica, y lo que deseaba a todo trance era terminarla para emprender viaje a Nueva York.[31]

Pero no habría incurrido en la rudeza de interrumpir la gira. Un reportero que lo entrevistó para *El Diario Nacional* lo describió como "el prototipo del perfecto gentleman", y él respondió con amabilidad (y con vaguedad) a las preguntas.[32] Otro entrevistador de esa semana, para la revista *Cromos,* lo encontró visiblemente fatigado y, al menos al principio, de mal humor, aunque esto pronto cambió al continuar la conversación. "Gardel habla rápidamente, casi atropellando las sílabas", comentó este reportero: para los colombianos cultos, con su exquisita pureza de dicción, casi todas las demás variedades del español suenan precarias. ¿Gardel estaba cansado de las demostraciones populares? No, en absoluto. ¿Planes para el futuro? "Pienso consagrarme completamente al cine. Es lo que más me agrada y me divierte. Y me halaga singularmente el crear algunas películas con asuntos de mi tierra, con temas gauchos." El entrevistador reparó en el fervor de Gardel cuando hablaba de la Argentina; y cuando se refería a su madre lo hacía "con voz emocionada".[33]

Durante la gira, las cartas que Defino enviaba desde Buenos Aires alcanzaban a Gardel en sus diversas escalas. Defino lo había mantenido al corriente de los sucesos y chismes locales; el estreno de *El tango en Broadway* (la vieja historia de los rollos rebobinados); el regreso del actor Tito Lusiardo después de filmar en Nueva York, manifestando su adoración por Gardel; la muy exitosa proyección privada de *El día que me quieras,* que se distribuiría en Buenos Aires en julio; la enfermedad terminal de Alfredo Deferrari, amigo común de ambos y compañero de muchas noches en el Café de los Angelitos. Ahora, en el consulado argentino, Gardel recogió nuevas cartas de su amigo y se enteró de la triste noticia de la muerte de Deferrari. Envió el pésame a la familia.

El jueves 20 de junio escribió una larga respuesta a las últimas comunicaciones de Defino. Estaba profundamente acongojado por la muerte de

Deferrari: "Yo le hubiera dado cien años de vida por su excelente condición". Describió el "recibimiento increíble" en El Techo; la billetera birlada a Azzaf contenía algunos de sus propios pesos, "menos mal que eran pocos y colombianos". También había asistido a una proyección privada de *El día que me quieras* en Bogotá. "Yo creo que esas canciones pegarán el gran golpe", escribió; Paramount desbordaba de entusiasmo, y el filme se estrenaría en cinco cines de Bogotá simultáneamente, "en una ciudad donde hay apenas quince cines". Más aún, Paramount había cablegrafiado para congratularlo por *Tango Bar*. (Según Nicolás Díaz, Gardel también recibió un cable de la compañía pidiendo que hiciera la quinta y sexta películas cuanto antes.) Había otra cuestión de negocios. Defino estaba intentando vender los caballos de carrera de Gardel. Gardel dio su aprobación: "Yo ya hice bastante por la raza caballar".[34]

"La gira va rumbo a su fin y ya es hora", escribió. "Aquí en Colombia la plata no abunda pero de todos modos los teatros se llenan." Gardel ansiaba cumplir con sus últimos compromisos: en Cali, en el sur de Colombia, en Panamá, y desde luego en Cuba, pues la animada y desinhibida ciudad de La Habana era el centro del placer del Caribe, aun a un cuarto de siglo de su futuro como reducto del puritanismo revolucionario. ¿Y después de La Habana, qué? Nueva York, Toulouse, Buenos Aires, por cierto: esto ya estaba planeado. Y luego, quizá, al fin la "luminosidad" de Hollywood. ¡Estaba tan cerca de ese sueño! "Ahora la vamos viajando en avión y ya te imaginarás el fierrito de los guitarristas. ... elogian la comodidad y la rapidez del avión pero no ven la hora de largar. Hay que ver las risas de conejo de todo el personal cuando se meten en los trimotores... Todo sea por el arte criollo."[35]

El sábado 22 de junio, después de cuatro horas en el Olympia, Gardel regresó para hacer dos apariciones en el Real; a ello le siguió una sola actuación en ese teatro el domingo 23, su último día entero en Bogotá. Más tarde esa noche hizo un programa especial en Radio La Voz de la Victor, cuyos estudios estaban situados en la plaza principal, la Plaza Bolívar. Díaz lo describe como "un acontecimiento sin precedentes en los anales de la ciudad". Una multitud de cinco mil personas llenó la plaza, bajo el imponente capitolio gris y la catedral, para escuchar los altoparlantes que retransmitían el programa desde el estudio. Parte de la multitud irrumpió en la estación de radio, dañando muebles y atestando el edificio.

El anunciador era Alfonso Azzaf. Gardel cantó seis canciones (entre ellas "El carretero" y "Melodía de arrabal"), y al concluir la sexta hizo una pausa para dirigir unas palabras al público:

Me voy de Bogotá con la impresión de quedarme en el corazón de ustedes...
Encontré en la mirada de las mujeres colombianas, en la sonrisa de los niños, ...
en el aplauso de los bogotanos, un cariñoso afecto hacia mi persona. Si alguna
vez alguien llega a preguntarme sobre las mejores atenciones que he recibido a lo

largo de mi carrera, les aseguro que no podré dejar de mencionar al pueblo colombiano. Gracias amigos... muchas gracias por tanta amabilidad... Yo voy a ver
a mi "viejita" pronto... y no sé si volveré.[36]

Y aquí Gardel, para enfatizar su incertidumbre al respecto, añadió el
solemne refrán español: "El hombre propone y Dios dispone". Terminó su
mensaje y cerró la emisión con la popularísima "Tomo y obligo".

> *Tomo y obligo, mándese un trago,*
> *de las mujeres mejor no hay que hablar;*
> *todas amigo, dan muy mal pago,*
> *y hoy mi experiencia lo puede afirmar.*
> *Siga un consejo, no se enamore,*
> *y si una vuelta le toca hocicar,*
> *fuerza, canejo, sufra y no llore,*
> *que un hombre macho no debe llorar.*

Al salir de la estación de radio, Gardel perdió un zapato en medio del
disturbio. La velada culminó con una festiva cena de despedida en el Restaurante Tiedde, famoso por su cocina francesa, en la calle 18.[37]

La mañana del lunes 24 de junio, como muchas mañanas en Bogotá,
amaneció nublada y lluviosa. Alrededor de las once los miembros de la
comitiva de Gardel se reunieron en la suite de Le Pera en el Hotel Granada. Hubo especulaciones acerca de los vuelos de ese día: ¿estaba muy
mal el tiempo? Gardel se acercó a la ventana y miró pensativamente las
nubes grises. Se les comunicó que el vuelo a Cali no se había cancelado.
"Todo el mundo está alegre. ¿No han de estarlo? Gardel ve acercarse el
término de su gira, su dorada ilusión", escribe Nicolás Díaz.[38] Como de
costumbre, había gente apiñada alrededor del hotel: el grupo tuvo que
salir por una puerta trasera para llegar a los coches.

En El Techo hubo nuevas demostraciones de afecto popular. Los fotó-
grafos de la prensa tomaron varias fotografías de la estrella: Gardel con
una elegante dama de la sociedad colombiana, Gardel con los tres hijos
de Henry Swartz, Gardel abrazando a Nicolás Díaz, que no podía viajar
con él a Cali. La cámara soltó un chasquido final: una foto de Gardel y Le
Pera mirando seriamente la pista aérea. Los diez integrantes del grupo
—Gardel, los tres guitarristas, Le Pera, Plaja, Azzaf, Corpas Moreno, Pala-

---

* Ni siquiera vale la pena refutar tales ideas, pero (a) ¿dónde obtuvo Gardel una pistola
tan de repente? y (b) ¿cómo pudo Samper dispararle cuando aferraba los controles con
ambas manos? (Y aún los aferraba cuando hallaron el cadáver.) Samper, dicho sea de
paso, estaba casado con una norteamericana y era una figura popular en la sociedad colombiana.

216

cios y Swartz— abordaron el avión, el Ford trimotor F31 de la empresa SACO. Una sonrisa final, un saludo con el brazo; cerraron la portezuela y Bogotá dijo adiós al hombre que había idolatrado tan espectacularmente en los últimos diez días. Gardel se fue.

El F31 se elevó de la sabana de Bogotá con un piloto norteamericano, Stanley Harvey, en los controles; sobrevoló ruidosamente las accidentadas colinas del oeste, y se elevó por encima del enorme abismo del valle de Magdalena. Por arriba de las nubes el cielo era azul violáceo como de costumbre. El avión tembló de pronto en medio de una turbulencia. José Aguilar pensó que uno de los tres motores funcionaba mal y se preguntó si el avión no estaría sobrecargado. Pero todo andaba bien. Las escabrosas montañas de la Cordillera Central quedaron atrás, el avión de SACO descendió hacia su primera escala, el aeropuerto Enrique Olaya Herrera, en Medellín.

Pese a que Gardel ya había aparecido en Medellín, cientos de personas habían acudido al aeropuerto, en la parte sur de la ciudad, para saludarlo, aunque no se detendría allí más de quince o veinte minutos. Varias escuelas habían dado la tarde libre a sus alumnos. Se agitaron pañuelos cuando, poco después de las 14:30, el F31 asomó sobre las colinas circundantes y realizó un aterrizaje perfecto en la pista. Mientras el avión carreteaba para reaprovisionarse de combustible, Gardel y sus compañeros, ovacionados por los presentes, fueron al edificio del aeropuerto para tomar algo.

Apenas pudieron beber un whisky. Gardel parecía afable y distendido, y charlaba en su habitual estilo burlón con sus colegas y con Ernesto Samper, el propietario colombiano (en realidad, fundador) de SACO. Samper, que había llegado un poco antes en un bimotor, pilotearía el F31 en el segundo y último tramo de su viaje a Cali, cuyo Teatro Isaacs ya había vendido las cinco mil localidades para las funciones de Gardel.

El F31 regresó de los tanques de combustible. Los pasajeros (la comitiva de Gardel prácticamente llenaba el pequeño aeroplano) regresaron a sus asientos; Gardel viajaba adelante, justo detrás del tabique que separaba el sector de pasajeros de la cabina de los pilotos. (En los trimotores Ford había lugar para un solo asiento a cada lado del pasillo; cada pasajero tenía una ventanilla con forma de medialuna para mirar.) Cerca de allí, en un costado de la pista, un segundo trimotor, denominado *Manizales* y perteneciente a SCADTA, esperaba su turno para despegar hacia Bogotá con cinco pasajeros. Ya tenía los motores en marcha.

Cuando el F31 empezó a carretear, la cara de Gardel, "con su sonrisa inconfundible", según un testimonio, se veía por una de las ventanillas, aceptando jovialmente el homenaje de la pequeña multitud. Nuevamente ondearon los pañuelos. El avión carreteó unos setecientos metros, llegó al final de la pista, se detuvo para recibir autorización de la torre e inició su carrera para despegar. Mientras corría a los tumbos por la pista, Aguilar creyó oír una ocurrencia de Gardel: "Che, pero esto parece un tranvía de

Lacroze". (Los verdes tranvías de la compañía Lacroze eran un espectáculo familiar en las calles porteñas en vida de Gardel.) Aun el fatigoso viaje aéreo, en última instancia, era motivo de broma. ¿Acaso no había sido siempre así?

Entonces —eran las 15:10 o un poco antes— algo anduvo mal.

Tras correr trescientos o cuatrocientos metros, el F31 perdió el control. En vez de seguir en línea recta por la pista y elevarse (los trimotores solían despegar antes de los cuatrocientos metros), viró a la derecha, hacia el aeroplano de SCADTA; poco más allá estaban los tanques de combustible. José Plaja, el profesor de inglés, miró por la ventanilla y advirtió que el avión no despegaba; los que miraban alrededor de la pista no sabían si las ruedas aún tocaban el suelo o no. En la cabina, Ernesto Samper aferró los controles con fuerza en un desesperado intento de evitar la inminente colisión. "Che, piloto, ¿qué le pasa?", preguntó el nervioso Gardel. (Así lo recordó luego Aguilar; la portezuela de comunicación presuntamente estaba abierta.) Samper no respondió. Instantes después se produjo un choque devastador, un espantoso chirrido de metal crujiente y roto cuando el F31 se estrelló contra el *Manizales*. Según un testigo, "los dos aviones semejaban monstruos gigantescos en lucha, dieron un salto mortal y quedaron quietos".

Ambos aparatos estaban recién cargados de combustible. Casi inmediatamente se produjo una violenta (aunque, según los testimonios, no muy ruidosa) explosión. Enormes penachos de fuego y humo se elevaron desde la maraña de metal retorcido. Algunos testigos creyeron oír gritos dentro del avión; otros no estaban seguros. Dentro de la cabina del F31, el alto y delgado guitarrista Riverol, envuelto en llamas rugientes, llegó a ver a Gardel tratando en vano de romper una ventanilla para escapar; la humareda debió de asfixiarlo en pocos segundos, Riverol logró llegar a la parte trasera del avión, despedazada por el impacto —"una abertura providencial", la denominó Aguilar, que también escapó—, y de allí a tierra.

El aeropuerto Enrique Olaya Herrera, hasta instantes atrás tan festivo a causa del breve tránsito de Gardel, era ahora una escena de horror macabro y estremecedor. Un testigo ocular, un amigo de Nicolás Díaz, escribió poco después:

El choque violento, aterrador ... nos dejó a todos paralizados, incapaces de concebir como verdadero lo que estábamos presenciando... Al choque sobrevino la llamarada... Luego hubo algunos segundos de silencio, el terror paralizó a todos. Transcurridos esos instantes, corrimos hacia el punto en donde se encontraban las dos máquinas envueltas en una sola llamarada... Lo primero que hice fue dirigirme hacia donde se encontraban tres pasajeros que la violencia del choque había lanzado a algunos metros; por el lado contrario salieron dos más, tanto éstos como aquéllos con sus ropas incendiadas ... casi todos se tomaban la cabeza y la cara, quizá por el dolor de las terribles quemaduras, pues estaban sin pelo, con la piel tostada y casi no veían... Luego nos acercamos al incendio hasta donde las llamas y el calor nos lo permitieron, con el propósito de ver si fuera de los aparatos había alguien a quien poder ayudar; pero no había nadie... En medio de todo este cuadro de pavor y angustia, lo que más impresionaba era el silencio.

El silencio pronto fue interrumpido por la llegada de los bomberos de Medellín, siete u ocho minutos después. Los bomberos pusieron manos a la obra inmediatamente, arrojando agua y arena sobre las ruinas ardientes.[39]

Quince personas murieron en el choque. Todos los pasajeros del *Manizales* (uno de ellos era Lester W. Strauss, un conocido ingeniero minero norteamericano) perecieron, así como la tripulación: el capitán alemán del aeroplano se mató de un tiro para no quemarse vivo. Cinco hombres, como acabamos de ver, escaparon del F31: Alfonso Azzaf, Ángel Domingo Riverol, José Aguilar, José Plaja y Grant Flynn, el gerente de tráfico de SACO. De estos sobrevivientes, Azzaf murió poco después y Riverol falleció dos días más tarde en el hospital, aunque un reportero logró verlo antes. Aguilar pasó muchos meses en Medellín antes de regresar a Buenos Aires; sus declaraciones sobre el desastre eran vacilantes y lacónicas. Plaja regresó al fin a su nativa Cataluña, donde el director de orquesta Xavier Cugat lo encontró varios años después; para entonces sus recuerdos de la tragedia eran borrosos.[40] El otro sobreviviente, Flynn, desapareció en el anonimato. Todos estos hombres llevaron el estigma de esta experiencia por el resto de su vida.

El accidente fue "una de las tragedias aéreas más comentadas" de los años 30.[41] (A veces se la comparó con el accidente ocurrido en Kansas en 1931, que cobró la vida del gran instructor de fútbol norteamericano Knute Rockne, cuya carrera fue más tarde tema de una famosa película donde actuó Ronald Reagan.) Fue por cierto una de las principales notas de *The New York Times* y del *Times* de Londres el día siguiente. Una gruesa capa de rumores y leyendas pronto rodeó la catástrofe: algunos autores (como siempre ocurre con Gardel) no han tenido escrúpulos en llevar las especulaciones más allá de todo límite y han visto en la situación más cosas de las que podía haber. Se repite a menudo que Gardel y Samper habían reñido (por una mujer, desde luego) y que estaban disputando ásperamente cuando el F31 despegaba. (Por supuesto, se los había visto bromear juntos unos minutos antes, pero este tipo de pruebas rara vez desalienta al fabricante de mitos.) La más fantástica versión de esta historia refiere que hubo un tiroteo a bordo del F31, con Gardel y el piloto disparándose con pistolas. El hallazgo de una bala en el cuerpo de Gardel sirvió para aumentar estas sospechas; pero ya hemos visto cómo llegó allí esa bala.* Las confusas declaraciones de los sobrevivientes no brindan ningún respaldo a estas descabelladas hipótesis.

Una terca leyenda alternativa, atractiva para los amantes de las teorías conspiratorias, atribuye el desastre a los efectos laterales del capitalismo.

La idea es que como Samper y el piloto alemán del *Manizales,* Hans Ulrich Thom, eran rivales comerciales, Samper deseaba demostrar su superioridad como piloto rozando al otro trimotor al despegar. Por cierto SACO y SCADTA eran empresas rivales (en 1940 se unieron para formar la grande y moderna línea aérea colombiana AVIANCA), pero las relaciones entre ambas habían sido cordiales; en todo caso es imposible creer que un erróneo sentido de la competencia pudo haber impulsado a Samper —propietario de SACO y piloto experimentado— a correr ese riesgo con uno de sus aparatos. Tenía sólo dos trimotores, ambos comprados a TWA un par de años antes.

¿Cuál es la explicación del accidente? Como a menudo ocurre en tales casos, las causas finales nunca se han aclarado satisfactoriamente. Una fuerte ráfaga de viento del sudeste, unos diez segundos antes de la colisión, puede haber sido parte de la causa. Así fue la conclusión principal del informe oficial. Es posible que el F31 estuviera sobrecargado: según una versión, llevaba gran cantidad de rollos de película a Cali, así como un pesado telón de teatro, enrollado en el suelo de la cabina. Esto explicaría la aparente incapacidad del aparato para ganar altura; no explica, sin embargo, el viraje fatal. Es razonable suponer que una falla mecánica impidió a Samper recobrar el control de la máquina. Huelga decir que todas estas explicaciones se comentaron hasta el hartazgo en ese momento y en los años que siguieron a la trágica muerte de Gardel.

Hallaron su cuerpo tendido junto a uno de los motores del F31. Desperdigados en el suelo, brillando en el sol de la tarde, había algunos soberanos de oro caídos del cinturón que había usado durante la gira. Aunque carbonizado, el cuerpo estaba entero y, al contrario de los demás cadáveres, resultó fácil de identificar. Su dentadura casi perfecta (que causó "verdadera admiración", según un testimonio) y una cadena de oro con su nombre y su domicilio de Buenos Aires bastaron para confirmar que éstos eran los restos mortales de Carlos Gardel. (Amigos suyos que inspeccionaron el cuerpo en Buenos Aires casi ocho meses después descubrieron que el rostro era inmediatamente reconocible.) Dos sacerdotes locales, fray Germán Posada y fray Enrique Uribe, rezaron por el alma de los difuntos e hicieron denodados esfuerzos para consolar a los vivos. Ataúdes donados por la municipalidad fueron llevados a ese triste escenario sembrado de ruinas.

Atardecía en las montañas y el valle cuando una triste procesión avanzó por las callejuelas de Medellín hasta el hospital San Vicente de Paul; aquí se identificaron formalmente los cuerpos; los restos de Gardel se guardaron en un nuevo ataúd, pedido por la Paramount. Alrededor de medianoche los ataúdes se trasladaron a una pequeña finca perteneciente a fray Uribe, donde se organizó una pequeña vigilia para el resto de la noche. A la mañana siguiente se celebró una misa en la blanca y dieciochesca basílica de La Candelaria, hasta hacía poco catedral de la ciudad; miembros de una compañía teatral que entonces estaba en la ciudad portaron el ataúd. Los ciudadanos de Medellín, espantados por la tragedia del día anterior, salieron a la calle: varios millares de personas (y trescientos vehículos) acompañaron al cortejo hasta el cementerio de San Pedro, el más elegante de Medellín. Allí sepultaron a Carlos Gardel, cerca de la tumba del famoso novelista colombiano Jorge Isaacs. Oportunamente la arquidiócesis de Medellín emitió el certificado de sepultura: "Cadáver de Carlos Gardel, adulto, soltero, oriundo de la Argentina, de cuarenta años más o menos...".[42] Como dice el tango:

... es un soplo la vida.

NOTAS

1 Defino, págs. 116-17. A menos que se indique lo contrario, los extractos de la correspondencia CG-Defino de marzo-junio de 1935 están tomados de Defino, págs. 117-21.

2 Después de su muerte se afirmó que CG había hecho dos o tres breves apariciones en "clubes neoyorquinos de selección" (*La Nación,* 26 de junio de 1935). En tal caso, nadie ha presentado los detalles.

3 Citado en Morena, pág. 252.

4 Ibid., pág. 253.

5 Domingo di Núbila, *Historia del cine argentino* (Buenos Aires, 1959), 1:68-69, sugiere que se llegó a un acuerdo a principios de 1935.

6 Canaro, págs. 251-52.

7 Tucci, pág. 128, CG también prometió al actor Vicente Padula una serie de papeles en filmes que se realizarían en la Argentina: Francisco García Jiménez, *Estampas de tango* (Buenos Aires, 1968), pág. 161. Padula se había instalado en Hollywood en los años 20 y permaneció allí (excepto cuando trabajaba en París y Nueva York con CG) hasta su muerte. Rara vez obtuvo papeles importantes en el cine.

8 *La Nación,* 26 de junio de 1935.

9 ¿Se conocieron CG y Chevalier? Chevalier estaba casi siempre en Hollywood en la época de los triunfos parisinos de CG; no menciona a CG en sus voluminosas memorias.

10 Pesce, pág. 1434.

11 CG a Berta Gardes, diciembre de 1934: Morena, pág. 190.

12 *La Dépêche,* Toulouse, 28 de junio de 1935.

13 Berta Gardes a Defino, 20 de setiembre de 1934: Fernández, págs. 54-56.

14 CG a Defino, 16 de octubre de 1934: Kordon, pág. 121.

15 CG a Berta Gardes, diciembre de 1934: Morena, pág. 190.

16 Speratti, pág. 46.

17 Tucci, pág. 230.

18 *NMP* (1935): Couselo y Chierico, pág. 87.

19 Para CG en Puerto Rico, véase Malavet Vega (1975), págs. 71-80, y Malavet Vega (1986), págs. 59-84, y para la cronología de la gira desde San Juan de Puerto Rico a Bogotá, Colombia, véase Morena, págs. 195-203.

20 Vi la obra en Caracas a mediados de 1983. Hacia octubre de 1985 se había producido en por lo menos trece países.

21 *Inside Latin America* (Londres, 1942), pág. 152.

22 Berta Gardes a Defino, 13 de junio de 1935: Defino, págs. 132-33.

23 Morena, pág. 222; Defino, pág. 93. CG también se había negado a volar de París a Londres en 1932: Moncalvillo, pág. 120.

24 Gallardo, pág. 61.

25 García Jiménez (1951), págs. 289-90.

26 Ibid., pág. 290.

27 Nicolás Díaz, *Últimos diez días de Gardel (14 al 24 de junio de 1935)*,Bogotá, 1945.

28 García Jiménez (1951), pág. 291.

29 Defino, pág. 93.

30 García Jiménez (1951), pág. 293.

31 Defino, págs. 151-53.

32 *El Diario Nacional,* Bogotá, 18 de junio de 1935: Morena, págs. 200-3. En la única visita que hizo Chevalier a Buenos Aires en vida de CG, el astro francés se enfermó y volvió con toda rapidez a Francia.

33 Gallardo, págs. 65-70, reproduce esta entrevista.

34 Defino, págs. 119-21; Morena, pág. 361.

35 Defino, págs. 120-21, y Fernández, pág. 106.

36 Morena, pág. 204; también Couselo y Chierico, pág. 88, donde el orden de las frases es un poco distinto.

37 Gallardo, pág. 74.

38 Defino, pág. 152.

39 La descripción del accidente en estos párrafos se basa en los testimonios reproducidos en Defino, págs. 154-56, y García Jiménez (1951), págs. 296-98; en *Sucesos,* págs. 55-56, y en los informes del *The New York Times, La Prensa* de Buenos Aires, *La Nación* y *La Prensa* de Nueva York del 25 de junio de 1935 y días siguientes.

40 *Sucesos,* pág. 55. Cabe mencionar que varios periodistas lo localizaron posteriormente, si bien sus declaraciones no agregaron nada sustancial.

41 R.E.G. Davies, *Airlines of South America Since 1919* (Londres, 1984), pág. 234. Erróneamente fecha el accidente en 1934.

42 Defino, apéndice fotográfico.

9. LEYENDA

Con las alas plegadas
también yo he de volver.

Estas palabras pertenecen a una canción escrita por Le Pera para una de las películas; Gardel las había cantado con su sensibilidad habitual, sin sospechar cuán proféticas serían: las alas del Zorzal estaban plegadas para siempre cuando al fin regresó por el Atlántico a su amada Buenos Aires. En un sentido menos literal, sin embargo, las alas aún estaban desplegadas, y lo elevaban al reino atemporal de la leyenda popular, pues la catástrofe de Medellín marcó el inicio de una historia notable en sí misma.

El lunes 24 de junio de 1935 fue un día invernal en Buenos Aires, fresco, húmedo y triste. En la mañana, el editor Julio Korn telefoneó a Defino para arreglar un nuevo y lucrativo contrato radial para Gardel. Defino fue a la oficina de Korn para precisar las condiciones, que parecían excelentes. Había una sola duda. ¿Se podría persuadir a Gardel de interrumpir la gira para volar a Buenos Aires? Se había servido un refrigerio para celebrar el trato provisorio, pero aún no lo habían probado cuando se pidió a Korn que atendiera el teléfono. Regresó poco después, con rostro sombrío. Había habido un accidente en Colombia. Carlos estaba herido, quizá de gravedad. Olvidando el refrigerio, Defino regresó a su casa, donde pronto se enteró, a través de la radio, que su amigo no estaba herido sino muerto.[1]

La noticia se propagó rápidamente por la ciudad. José Razzano se enteró al salir de la estación del subterráneo de Callao. A pesar de todo lo ocurrido entre él y Gardel, quedó abrumado por el pesar y vagó sin rumbo y desconsoladamente por las calles. El director Francisco Canaro estaba en el Teatro Sarmiento, ensayando una nueva comedia musical que se debía estrenar el martes 25 de junio. Un comentarista deportivo entró a darle la noticia. Profundamente emocionado, Canaro salió a la calle y descubrió que todos hablaban de lo sucedido.[2] La metrópoli estaba desconcertada: era "como si se hubiera cortado la voz de Buenos Aires mismo", comentaría *Crítica* al día siguiente, añadiendo que los "ruidos [de la ciudad] fueron menos estridentes y menos bulliciosos que siempre".[3] Esto era hiperbólico: los cielos mismos se convulsionan con la muerte de los príncipes, sin duda, pero el persistente bullicio de una gran ciudad moderna no es fácil de silenciar, aunque sin duda cientos de miles de porteños callaban mientras trataban de enfrentar la realidad de la muerte del Zorzal.

La verdadera dimensión de la tragedia pudo apreciarse a la mañana siguiente, con extensos informes enviados desde Medellín a todos los diarios. Aun *La Prensa* y *La Nación*, los medios de prensa más serios y solemnes, dedicaron varias columnas a la noticia, aunque *Crítica* previsiblemente encabezó la marcha con sus grandes titulares y su prodigiosa compilación de reminiscencias sobre el cantor. Los obituarios y artículos aparecieron en rica profusión. Los mejores fueron quizá los de Octavio Ramírez en *La Nación* ("Una figura singularmente popular") y Edmundo Guibourg en *Crítica* ("Se marchó con su sonrisa leal, él, que era un milagro de juventud permanente").[4] En los teatros de Buenos Aires, los artistas (incluidas las intérpretes de tango como Libertad Lamarque, Tita Merello y Sofía Bozán) interrumpieron su actuación en escena para pedir al público un minuto de silencio; algunos interrumpieron el trabajo por un día (en algunos casos por una semana entera). Un teatro, el Liceo, cerró por esa noche y puso un gran letrero en la entrada: "Silencio. Ha muerto Carlos Gardel". El estreno de la comedia musical de Canaro se postergó por una noche. Entretanto, muchos artistas se reunieron en la iglesia de San Miguel, en el centro de la ciudad, para orar por el reposo del alma de Gardel.

Los tributos se multiplicaron. Irineo Leguisamo —un testimonio dice que se desmayó al oír la noticia— canceló sus apariciones en el hipódromo de Palermo para el domingo siguiente. Las *broadcastings* argentinas convinieron (unánimemente, se dice) en no tocar tangos por una semana.[5] Por lo menos tres personas quedaron tan abatidas por la muerte del ídolo que se suicidaron.[6] Celedonio Flores, el letrista que había dado a Gardel algunas de sus canciones más famosas, y que había compartido con él tantas noches de juerga, expresó sus sentimientos de un modo menos drástico, escribiendo unos versos que ese martes por la noche fueron emotivamente recitados en el escenario del Teatro Nacional por Elías Alippi.

> Hay un nudo enorme en cada garganta,
> y unas incontenibles ganas de llorar. ...
> ¡Qué triste se queda sin vos Buenos Aires!
> Que Dios te bendiga, Carlitos Gardel.

Todos lo sentían: los amigos de Gardel, los que lo habían conocido por poco tiempo, los que no lo habían conocido, los que lo habían oído cantar, los que lo habían visto fugazmente en el hipódromo, los que lo conocían sólo por los discos y los filmes. Como una niebla invisible, la desolación cubría las calles y plazas de la ciudad.

La pena tan intensamente sentida en Buenos Aires era compartida en otros lugares. En Montevideo, el presidente Gabriel Terra anunció que su gobierno, en homenaje a Gardel, intentaría repatriar sus restos al Uruguay, su tierra natal. (En la prensa argentina, previsiblemente, hubo confusión acerca de la verdadera nacionalidad de Gardel: *La Prensa* aceptaba los reclamos del Uruguay, mientras que *La Nación* presentaba la información verdadera, aunque con el año del nacimiento equivocado.) Allende la cordillera, los artistas chilenos preparaban una impresionante reunión conmemorativa en el Teatro Esmeralda de Santiago. En La Habana, una muchacha se suicidó; los cines comenzaron a proyectar dos películas de Gardel por sesión. Desde luego, lo habían esperado allí para julio. En Puerto Rico, donde el recuerdo de su reciente visita aún dejaba una fuerte impronta, Súncha Gallardo, una muchacha de diecinueve años que vivía en San Juan (nunca había visto al cantor), trató de envenenarse en su dormitorio, cuyas paredes estaban revestidas con fotos de la estrella; su familia la llevó al hospital justo a tiempo.[7] Mucho más lejos, en Francia, no hubo suicidios, pero varios periódicos parisinos evocaron pesarosamente a la figura que, pocos años antes, había triunfado inolvidablemente en el cabaret y el teatro.

La comunidad hispana de Nueva York, por obvias razones, se sentía apesadumbrada. También aquí hubo un intento de suicidio: una muchacha llamada Estrellita Rigel fue al Middletowne Hotel y tomó veneno. El diario *La Prensa* publicó una nota ("Sonrisa que encantó a millones") que describía a Gardel como "uno de esos raros casos de popularidad realmente fenomenal".[8] *Variety* publicó un breve obituario del "astro número uno del cine y el escenario sudamericanos", atribuyéndole la edad de 46 años.[9] Terig Tucci, nuevamente de vacaciones en Long Beach, Long Island, oyó la noticia en la radio; advirtió con tristeza que ninguno de los proyectos en que estaba trabajando se concretaría como filme. Diversos dignatarios de la empresa Paramount (incluido su director, Adolph Zukor) manifestaron su lamentación; Theodore Reed, codirector de *The Big Broadcast of 1936*, rindió un muy sincero homenaje a los atributos artísticos y humanos de Gardel. Paramount sabía muy bien lo que había perdido, pero como Gardel ya no sería una estrella de Hollywood, no tenía caso conservar su sketch en la película y —tal es la indiferencia de las grandes corporaciones— lo eliminó, aunque no de la versión distribuida en la América hispana *(Cazadores de estrellas);* a fin de cuentas, los negocios *son* negocios.

La anciana para quien Carlos Gardel significaba más que nada en el mundo sólo se enteró de la noticia en la tarde del martes 25 de junio. La familia de la *allée* de Barcelona, número 16, en Toulouse, había adquirido recientemente una radio; a doña Berta le agradaba escuchar música a la hora de comer. Sin embargo, la radio no parecía funcionar durante ese almuerzo. Jean y Charlotte Gardes estaban tristemente sentados a la mesa, y apenas saboreaban la comida. Doña Berta intuyó que le ocultaban algo y exigió saber qué ocurría. Su hermano la llevó aparte. Un accidente... el avión de Carlos en Colombia... La última noticia que doña Berta había recibido de su hijo era la partida de Venezuela. Se aferró a la esperanza de que la historia no fuera cierta. Después de todo, Carlos le había dicho cien veces que nunca subiría a un avión. Jean Gardes fue al no muy distante centro de la ciudad, a la agencia noticiosa Havas, para averiguar más.

Los dos periódicos de Toulouse, *La Dépêche* y *L' Express du Midi,* publicaron la noticia al día siguiente; el primero señalaba: "Détail particulier: Carlos Gardel, que l'on croyait Argentin, était Français". Al cabo de un par de días el periódico supo que la madre de Gardel estaba en la ciudad y envió un reportero para entrevistarla, prometiendo respetar su privacidad ocultando su domicilio, promesa que rompió dos días más tarde al publicar una fotografía de la casa. El reportero de *La Dépêche* describió a doña Berta como "une dame d'allure modeste, mais très digne, paraissant agée d'une soixantaine d'années". La anciana mencionó repetidamente la aversión de su hijo por el vuelo —"alguien debió de obligarlo a aceptar"— e insinuó que pronto regresaría a la Argentina.[10]

En efecto, ya había tenido noticias de Defino. Él había hecho una llamada internacional a Toulouse para hacerle dos preguntas importantes. Primero, adónde deseaba ir ella. Segundo, dónde debían descansar los restos de su hijo. (Esta cuestión era relativamente urgente, dado el anuncio del presidente Terra.) La respuesta de Berta a ambas preguntas fue enfática: Buenos Aires. Confirmando esto en un telegrama dos días después, pidió a Defino que se encargara de la repatriación del cuerpo de Gardel desde Colombia. Defino se embarcó rumbo a Francia en cuanto pudo. Al llegar a Toulouse, recibió la ingrata noticia de que Jean Gardes también había muerto; la noticia de Medellín le había deteriorado la salud. No había nada que retuviera a doña Berta en Toulouse; aparte de sus primas de Albi, le quedaban pocos parientes cercanos; Buenos Aires era la ciudad donde había pasado la mayor parte de su vida; sólo quería llegar allí cuanto antes.

Ella y Defino regresaron a la Argentina en el buque *Campana*. Adela Defino se reunió con ambos en Río de Janeiro. El domingo 11 de agosto el vapor llegó a Montevideo, donde Defino fue sitiado por periodistas uruguayos; doña Berta permaneció en su camarote, y sólo salió para recibir el pésame de una delegación de mujeres uruguayas. No obstante, accedió a ser entrevistada en el comedor del buque durante las pocas horas que restaban de viaje y respondió con entereza a las preguntas, incluso intentando una sonrisa triste de cuando en cuando. En el puerto de Buenos

Aires, en cambio, se sintió incapaz de hablar por el micrófono previsoramente provisto por Radio Belgrano. En cuanto pasaron la aduana, los Defino la llevaron a su casa de Jean Jaurès 735, donde encontró consuelo en la compañía de Fortunato y Anaïs. Pocos días después, Defino registró legalmente el testamento de Carlos.

Poco antes que Defino partiera en su piadosa misión a Europa, figuras relevantes del mundo del tango y otros amigos y conocidos de la estrella habían organizado una Comisión de Homenaje a Carlos Gardel. Su presidente era el director de orquesta Francisco Lomuto; uno de los vicepresidentes era el doctor León Elkin, el Mago de la Garganta; José Razzano era uno de los cuatro secretarios; Francisco Canaro y Max Glucksmann eran el tesorero y el vicetesorero, respectivamente. También había un comité de cuarenta personas que incluía a una verdadera constelación de intérpretes de tango (cantores como Ignacio Corsini, Azucena Maizani, Libertad Lamarque, directores de orquesta como Julio de Caro, Roberto Firpo, Juan de Dios Filiberto) así como a figuras tales como Edmundo Guibourg, Francisco Maschio, Irineo Leguisamo, Elías Alippi, Julio Korn y Armando Defino.

Este último, como albacea de Gardel, era la figura clave en lo concerniente al principal objeto de la comisión. Se le indicó formalmente que viajara a Colombia para supervisar la repatriación de los restos de Gardel y de sus compañeros. El señoril canciller argentino, Carlos Saavedra Lamas, prometió respaldo informal para la misión. En setiembre, pues, Defino (acompañado por su esposa) viajó a Nueva York para tomar las primeras medidas para liquidar la propiedad de su amigo. Con la ayuda de George T. Wakefield (el esposo de Sadie) y el abogado de Gardel, Eugene Sperry de la compañía de Sperry y Jankauer, realizó rápidos progresos. "En general, sus negocios de mayor importancia estuvieron en buenas manos", informó a Ernesto Laurent en diciembre.[11] La mayoría de las ganancias obtenidas por Gardel en el Caribe, sin embargo, se habían depositado en la cuenta bancaria de Le Pera en Nueva York. Con el propósito de cerciorarse de cuánto dinero le pertenecía a Gardel, Defino decidió seguir el itinerario de la estrella desde Nueva York a Medellín, y visitar los teatros donde había actuado.

El relato que hace Defino de esta odisea ocupa un amplio sector de sus memorias[12], y los detalles del viaje no nos interesan aquí y ahora. Baste decir que recibió una voluntariosa cooperación de los gerentes teatrales dondequiera que iba, así como de las autoridades colombianas cuando llegó a Bogotá, donde se le permitió ver las pruebas que se reunían para la investigación oficial del desastre de Medellín. (Corrían rumores de que Ernesto Samper no estaba en un "estado normal" mientras conducía el F31; Defino se alivió al descubrir que los rumores no tenían fundamento.) El vuelo a Medellín fue una experiencia inevitablemente penosa. Las ruinas de los aparatos aún estaban en la pista aérea: "La congoja nos ahogaba y tratamos de salir cuanto antes de ese lugar".[13]

Una vez instalados en Medellín, los Defino fueron a visitar al guitarrista Aguilar, que todavía se estaba recobrando del accidente. Se asombraron al descubrir que aparentemente había estado en contacto con Razzano: Defino tuvo la impresión de que Razzano estaba involucrado en un intento de repatriar los restos de Gardel al Uruguay. Como doña Berta había manifestado públicamente sus deseos, dicha maniobra estaba destinada a fracasar. Las autoridades municipales y eclesiásticas de Medellín no presentaron problemas a Defino, y en la tarde del 17 de diciembre el cuerpo de Gardel fue exhumado del cementerio de San Pedro, donde había descansado casi seis meses. (El cuerpo de Gardel se había preparado para la sepultura teniendo en cuenta una eventual exhumación. No ocurrió así con los cuerpos de Le Pera, Barbieri, Riverol y Corpas Moreno; Defino no pudo recobrarlos. Fueron llevados de vuelta a la Argentina por José Le Pera, hermano de Alfredo, a mediados de 1937.) Defino preparó el ataúd para su largo e indirecto viaje a Buenos Aires, encerrándolo en un revestimiento de zinc dentro de una caja de madera envuelta en lona impermeable.

"Por raro capricho del destino Gardel recorrió muerto el mismo itinerario que él se había fijado en vida", escribe Defino.[14] En realidad era un itinerario simplificado, pero no obstante arduo. Desde Medellín, el ataúd fue trasladado (por ferrocarril, y, en algunos de los caminos de montaña más escabrosos, por peones que lo cargaban en hombros) hasta el puerto de Buenaventura, en la costa del Pacífico. Aquí los funcionarios aduaneros quisieron registrarlo por si había contrabando, pero se los disuadió. La próxima etapa del viaje fue marítima, hasta Panamá, donde la preciosa carga fue trasladada a otra nave que viajaba a Nueva York. Para entonces Defino también había juntado varios baúles que contenían efectos personales de Gardel y su guardarropa: "Mucha ropa y de toda clase. De etiqueta, de diario, de trabajo, interior, etc. Y toda lujosísima y de corte impecable. En la mayoría de ellos los rótulos eran de Londres".[15]

El ataúd llegó a Nueva York el martes 7 de enero de 1936. Después de un encontronazo con las autoridades norteamericanas Defino obtuvo permiso para dejarlo en la Funeraria Hernández (calle Ciento Catorce, número 62 Oeste) del barrio latino, donde los integrantes de la comunidad hispanoparlante pudieron presentar sus respetos durante una semana. Defino, entretanto, concedió una entrevista a *La Prensa* de Nueva York: hizo un par de comentarios sobre la vida y la carrera de su amigo, señalando que en sus últimos años Gardel "no apostaba a los caballos como antes, ni despilfarraba". Agradeció a la gente de Nueva York que le había facilitado sus tareas en la ciudad.[16] El viernes 17 de enero el ataúd fue llevado desde el Harlem hasta el Muelle 48, donde se lo embarcó en el buque *Pan America*, que zarpó rumbo a la Argentina el día siguiente.

Defino había reservado un camarote aparte para el ataúd. Una vez a bordo descubrió que esto iba contra las prácticas de la Munson Line y que lo habían estibado desordenadamente en la bodega, como si fuera una caja de embalaje o un baúl etiquetado "Innecesario durante el viaje". Defino hizo una apasionada súplica: el comisario de a bordo al fin accedió a reacomodar la bodega para que el ataúd embalado estuviera aparte, en solemne aislamiento. Preguntó por qué eso era necesario. Defino le prometió que cuando el buque llegara a Buenos Aires entendería por qué. (Y así fue.)

En el último día de enero, el buque llegó a Río de Janeiro. Varias delegaciones brasileñas subieron a bordo con ofrendas florales. Cuatro días más tarde, el martes 4 de febrero, le tocó el turno a Montevideo. Aquí Defino se reunió con un grupo (que incluía a Razzano y Canaro) de la Comisión de Homenaje de Buenos Aires; habían cruzado el estuario para participar en las ceremonias realizadas en la capital uruguaya. Un comité local había pedido que se llevara el ataúd a tierra por poco tiempo y se había accedido a ello. Alrededor de las 16:15, pues, la caja de embalaje fue descargada del *Pan America* y llevada a un lugar en la galería central del edificio de la aduana, cuyas paredes estaban cubiertas por colgaduras de terciopelo negro, para una breve ceremonia de cuerpo presente. Miles de montevideanos habían acudido al puerto para rendir su homenaje; hubo escenas de malhumorada impaciencia en las puertas del lugar, pues la policía las abría sólo intermitentemente para regular el tránsito de personas que desfilaba frente al improvisado catafalco.

Poco después de las siete de la tarde hubo discursos de Canaro, del poeta uruguayo Manuel Ferreiro y de un representante de la asociación uruguaya de compositores, y de otros. Al acompañamiento de frenéticos llantos y música fúnebre (tocada por la banda de la brigada local de bomberos), un camión festoneado de flores recorrió cuatrocientos metros llevando el ataúd de vuelta al muelle, donde una grúa pronto lo puso a bordo del buque. Varios integrantes del comité de homenaje uruguayo (entre ellos, los viejos amigos orientales de Gardel, José Blixen Ramírez y Pedro Bernat) también subieron a bordo para acompañar a sus colegas argentinos en el último tramo del viaje a Buenos Aires. Después de medianoche el buque levó anclas y se internó en el Río de la Plata.

Para entonces ya era obvio que no se trataba de la mera repatriación de un cadáver para sepultarlo. Si Montevideo había reaccionado así, ¿qué se podía esperar en Buenos Aires? Sin duda la metrópoli se preparaba para un tremendo estallido de emoción popular, algo rara vez visto aun en una ciudad que no se caracteriza por su placidez. Es verdad que el entierro del ex presidente Hipólito Yrigoyen en 1933 había atraído a una numerosa multitud; pero esto había sido, al menos, en parte, una manifestación política, una protesta contra su distanciamiento de la vida política tras el golpe de Estado de 1930, el golpe alabado por Carlos Gardel en una canción. Las multitudes ahora igualaban (y quizá superaban) las de 1933. A media mañana del miércoles 5 de febrero, veinte o treinta mil personas se habían reunido cerca de la Dársena Norte para recibir al *Pan America*. Algunos se habían trepado al techo de los vagones ferroviarios que descansaban en los rieles cercanos de las terminales de Retiro. El buque entró en la dársena alrededor de las 11:30 mientras la multitud observaba en silencio sus maniobras. Los que estaban más lejos vieron una grúa en movimiento; los que estaban más cerca pudieron ver una enorme caja que descendía al muelle. No era preciso aclararles qué era.

Varios amigos íntimos y allegados de Gardel —Maschio, Leguisamo, el Aviador— se reunieron con Defino y el grupo uruguayo en una sala de la terminal. Unos carpinteros quitaron los revestimientos de madera y zinc y el ataúd fue entregado formalmente a la Comisión de Homenaje. No fue tarea fácil trasladarlo al coche fúnebre que esperaba afuera. La multitud avanzó inexorablemente mientras la policía montada intentaba contenerla. Varias personas resultaron heridas en el tumulto. En medio de estas escenas de confusión el coche fúnebre al fin arrancó, mientras la multitud le arrojaba una lluvia de flores en su corto trayecto hasta el Luna Park. Este estadio cerrado al pie de la calle Corrientes (considerado en la época el más grande de América del Sur) era célebre por sus encuentros de boxeo. Se lo había escogido como un sitio indiscutiblemente popular para velar a Gardel. El coche fúnebre llegó allí alrededor de las 13:00.

Se puso el ataúd delante de un gran crucifijo de plata en medio del recinto, en el sitio normalmente ocupado por el ring de boxeo. Luces voltaicas cubiertas por crespones negros alumbraban la escena. Las innumerables coronas estaban dispuestas en doble fila a ambos lados del catafalco, indicando el camino que debían seguir los visitantes. Poco después de las 14:00 se permitió entrar al público: dos procesiones continuas y lentas avanzaron por el estadio, mientras las butacas circundantes eran rápidamente ocupadas por quienes deseaban quedarse. La mayoría de los visitantes eran mujeres de toda edad; sollozaban, arrojaban flores, besaban furtivamente el ataúd al pasar. Así, cientos de miles de porteños rindieron homenaje al Zorzal.

Al anochecer, las multitudes que llegaban al Luna Park eran aún mayores. Como comentó *La Nación*: "De las bocas del subterráneo, de los tranvías, ómnibus, 'colectivos', automóviles particulares y de alquiler que llegaban ... surgía una inmensa muchedumbre de personas que rodeó el edificio aglomeradas ante la fachada del local y realizó verdaderos ataques para penetrar en el estadio". Muchos quedaron defraudados, al menos por el momento. Las puertas estaban cerradas para que el solemne acto de homenaje pudiera comenzar. La multitud que esperaba afuera sin embargo no se dispersó. Dentro del estadio la escena era impresionante: el público apiñado, el fulgor de las luces voltaicas y las palmatorias, la creciente montaña de flores alrededor del catafalco.

Varios oradores "hicieron uso de la palabra". El distinguido dramaturgo Enrique García Velloso habló en nombre del teatro argentino. Dos actores, Segundo Pomar y Paco Bustos, evocaron su amistad con Gardel. (El segundo de ellos también moriría dramáticamente, mientras actuaba en una manifestación obrera frente a la Casa de Gobierno el 1° de mayo

230

de 1954.) El director de orquesta Roberto Zerrillo añadió su retahíla de elogios. Al fin, en lo que muchos consideraron el más elocuente aporte de la noche, el dramaturgo y director Claudio Martínez Payva habló en nombre de la comisión. El verdadero sitio de reposo de Gardel, observó con un giro digno de Pericles, sería "el mausoleo inmenso de nuestro pueblo", y citó al poeta Evaristo Carriego: "No hemos perdido un cantor, sino a la canción misma".

Al concluir los discursos, las orquestas de Francisco Canaro y Roberto Firpo (aumentadas por músicos de otras orquestas) se dispusieron a tocar el tango "Silencio", que Canaro consideraba "muy apropiado en esa circunstancia". El director hizo el anuncio por los altoparlantes, pero no todos los músicos pudieron abrirse paso en la multitud; Canaro tuvo que improvisar las notas iniciales de bandoneón.[17] El tango se tocó dos veces, muy despacio, y la segunda vez lo cantó Roberto Maida. Se convino en que ésta era la cúspide emocional de la ceremonia, que así concluyó. La gente se retiró del estadio, y el incesante desfile se reanudó frente al catafalco. Continuó toda la noche y se prolongó hasta el amanecer del jueves 6 de febrero, un día que Buenos Aires jamás olvidó.

A las nueve de esa mañana una numerosa multitud se había reunido nuevamente alrededor del Luna Park con la intención de seguir el ataúd hasta su destino final, el cementerio de la Chacarita, a unas setenta cuadras por la calle Corrientes (ahora avenida Corrientes, gracias al ensanchamiento realizado en años recientes). La distancia a recorrer era de unos siete kilómetros. Poco antes de las diez el carruaje fúnebre, tirado por ocho caballos, llegó a la entrada del estadio. En este punto hubo una breve demora. El ataúd de Medellín había sufrido algunos daños en su tránsito desde la Dársena Norte al Luna Park, y la comisión había decidido trasladar los restos del cantor a un nuevo ataúd de caoba, profusamente ornamentado, donado por el magnate radial Jaime Yankelevich. Francisco Canaro, que estaba entre los testigos cercanos, observó con interés que el cadáver estaba carbonizado y que la mano derecha estaba echada sobre la cara quemada, que aún lucía su impresionante dentadura.[18]

Era un típico día de febrero, un día de verano, de sol radiante y muy caluroso. La procesión partió al fin del Luna Park; el carruaje fúnebre precedido por varios vehículos cargados de flores, y escoltado a pie por integrantes de la comisión, así como por contingentes de policía montada. Éstos eran muy necesarios, pues de lo contrario la multitud se habría apropiado del ataúd. Pero el orden se mantuvo. El cortejo subió la cuesta hasta la intersección con la calle Florida. Desde las aceras, las ventanas y los balcones, llovían flores al paso del carruaje. La procesión atravesaba ahora el distrito de los teatros, los legendarios cafés de la calle Corrientes. En ciertas esquinas, pequeñas orquestas tocaban tangos del repertorio de Gardel. La multitud entonó sus canciones más famosas, otras canciones populares y el Himno Nacional Argentino.

Oíd mortales, el grito sagrado:
Libertad, libertad, libertad...

Cuando la procesión llegó a la avenida Pueyrredón (a unos tres kilómetros del Luna Park), la multitud que seguía al negro carruaje fúnebre se prolongaba por lo menos diez cuadras. Esta marea humana atravesó el barrio que Gardel había conocido y amado la mayor parte de su vida, dejando atrás la calle Jean Jaurès, el café O'Rondeman, el gran mercado. En la esquina de Corrientes y Gascón se unió al cortejo un grupo de jinetes con atuendo tradicional, pertenecientes al centro gauchesco Leales y Pampeanos, de Avellaneda; más tarde, se añadió una nueva nota de color con la llegada de una antigua carreta con miembros de la compañía teatral de Alberto Vaccarezza vestidos de gauchos. En la intersección con Malabia un grupo de jóvenes exaltados desenganchó los caballos que tiraban de la carroza fúnebre; la policía logró engancharlos de nuevo. El cortejo llegó a la entrada del vasto cementerio de la Chacarita alrededor de las 13.00. "Llegamos al cementerio completamente extenuados por el cansancio, porque al agotamiento físico de la dilatada y esforzada marcha se sumaban los agobiadores efectos del radiante sol de la mañana"[19], señala Francisco Canaro. Aquí hubo otra demora. La multitud había alcanzado su mayor tamaño (entre treinta y cuarenta mil personas) y tanto dentro como fuera del cementerio la policía tuvo que abrir paso a la carroza fúnebre. Alrededor de las 13:30 llegó a la capilla del Panteón de los Artistas; años antes, Gardel mismo se había dedicado a juntar fondos para este mausoleo. Sería un lugar de reposo provisional. Se cerraron las puertas de la capilla; Alberto Vaccarezza pronunció un adecuado panegírico en nombre de la comisión; la ceremonia concluyó. La multitud, sin embargo, no parecía dispuesta a irse; por último, la policía, amable pero enérgicamente, despejó el cementerio.*[20]

El cuerpo de Gardel no debía permanecer definitivamente en el Panteón de los Artistas. Era inevitable erigir una tumba permanente y un monumento apropiado. Con esta finalidad, la Comisión de Homenaje organizó una subcomisión de doce personas —Defino era nuevamente la figura clave— para adquirir el terreno y encargar el monumento. Uno de los colaboradores más asiduos de Defino era, en este momento, el siempre fiel Aviador; juntos acudieron a la Municipalidad de Buenos Aires, que el 15 de diciembre de 1936 otorgó a la comisión un terreno doble en

---

* No toda la población de Buenos Aires reparó ese día en el funeral. Esa misma tarde, el presidente argentino, general Agustín Justo, inauguró la nueva línea de subterráneos que unía Constitución con Retiro. Por lo menos un presidente anterior, el doctor Alvear, quizá se hubiera portado de otro modo, y también por lo menos uno de los futuros presidentes del país, el general Perón, también amante del tango.

el cementerio de la Chacarita. Se había construido, y pagado, un adecuado mausoleo. Los esfuerzos para organizar una colecta pública quedaron frustrados por infundados pero alarmantes rumores de deshonestidad. Defino puso fin a la colecta y el mausoleo y el monumento (una estatua de tamaño mayor que el natural, obra del escultor Manuel de Llano) se pagaron ante todo con los bienes de Gardel, es decir, de doña Berta.

La obra tardó varios meses en quedar terminada. Los miembros de la comisión entonces trasladaron el ataúd desde el Panteón de los Artistas, y el domingo 7 de noviembre de 1937 otra gran multitud se reunió en la Chacarita para la solemne inauguración del nuevo mausoleo. Doña Berta estaba allí, comprensiblemente incapaz de contener las lágrimas. Como era de esperar, hubo varios discursos del tipo habitual, uno de ellos por Francisco Canaro, quien descubrió la famosa estatua de bronce que desde entonces se yergue allí. Muestra a Carlos Gardel en smoking, en una pose airosa y confiada, y sonriente: es en verdad, como a veces dicen los porteños, "el bronce que sonríe".

Los restantes años de doña Berta transcurrieron inevitablemente a la sombra del destino de su hijo. Escuchaba fielmente los programas radiales que tocaban sus discos (dichas emisiones se habían convertido en una característica regular en la radiofonía argentina a las pocas semanas de la muerte de Gardel) y visitaba regularmente el cementerio. También iba a menudo al cine a ver los filmes, que se proyectaban constantemente en las salas de la ciudad. Al principio esto causó dificultades; el público solía apiñarse alrededor de la anciana, deseando tocarla y besarla o hablar de Carlos. Al fin se aceptó, sin embargo, que dichas escenas eran dolorosas para ella, y se la dejó en paz.

Adela Defino, que habitualmente acompañaba a doña Berta en estos paseos, notó que a menudo ella cerraba los ojos durante la proyección, abriéndolos sólo cuando Carlos aparecía en la pantalla: en cierta medida, ella cultivaba la ilusión (al menos mientras estaba en el cine) de que su hijo aún estaba de gira por el Caribe. Al escuchar la radio, doña Berta aprendió a calcular la duración de los anuncios publicitarios, y bajaba el volumen del aparato entre una canción y otra.

Los Defino la veían a menudo. Defino, además de su infatigable trabajo relacionado con el mausoleo de Gardel, también se dedicaba a poner en orden la sucesión de su amigo. Esto implicaba una larga negociación con los herederos de Alfredo Le Pera con respecto al dinero depositado en su cuenta neoyorquina; la solución de compromiso a que se llegó no fue tan satisfactoria como Defino habría deseado, pero no quería prolongar el trámite indefinidamente.[21] Fortunato y Anaïs Muñiz siguieron viviendo en Jean Jaurès 735, pero a mediados de 1939 Anaïs murió; Fortunato fue a vivir con su hijo, y también él murió poco después. Privada de sus amigos más íntimos, doña Berta quedó desesperadamente sola. Al final, en un típico gesto de afecto, Defino y su esposa (y la anciana madre de Defino) fueron a vivir con ella. A pesar de que Defino temía que su madre y doña Berta no se llevaran bien, la familia vivía en "perfecta armonía". Doña Berta había cobrado un gran afecto por Defino, y casi lo consideraba otro hijo. Cuando se decidió a redactar su testamento, lo nombró único heredero.

Defino cuenta lo poco que resta de la historia de doña Berta. Ella se atuvo a su rutina de visitas al cementerio y al cine. La llegada de la Segunda Guerra Mundial la distanció de los parientes que le quedaban en Francia: no sabemos, lamentablemente, si la robusta vejez de la Formidable Marisou se prolongó durante los años de Vichy y la Ocupación. A fines de 1942 la salud de doña Berta comenzó a flaquear; a partir de abril, serios achaques la obligaron a guardar cama. Pero permaneció plenamente lúcida, y escuchaba asiduamente las emisiones de la música de su hijo; pidió a Defino que pusiera una gran foto de Carlos cerca de la cama. A veces murmuraba: "Pobre mi Carlitos. ¡Dios mío! ¿Cuándo me llevarás a su lado?".[22] La plegaria de esta sencilla y bondadosa francesa fue oída en la mañana del 7 de julio de 1943. Descansa junto a su hijo, como ella deseaba, en el cementerio de la Chacarita.

Los Defino permanecieron en Jean Jaurès 735 hasta 1946, cuando se mudaron a su vieja casa de Saavedra 222. (La casa de Jean Jaurès 735 se alquiló. En 1949 fue vendida al inquilino. En junio de 1971 se convirtió, muy adecuadamente, en un local nocturno especializado en música de tango.) Entretanto, hubo nuevos tratos con el hombre a quien Defino había sucedido como asesor de Gardel. A José Razzano no le agradaba que Defino hubiera heredado las regalías de Gardel y empezó a insinuar que se le debían transferir a él. Las idas y vueltas de este asunto no parecen importar demasiado a tanta distancia en el tiempo. Por cierto era justo que Razzano reclamara sus regalías en cuanto a trabajos que él había compuesto (o grabado) con Gardel. Al margen de eso, es dudoso que tuviera mucho derecho a reclamar, aunque (como señala Edmundo Guibourg)[23] Gardel sentía un gran afecto por las dos hijas de Razzano y quizá las hubiera incluido en algún convenio si hubiera vivido. (Se debe recordar que redactó su testamento en un momento en que estaba muy enfadado con Razzano.) La insistencia de Razzano ante Francisco Canaro, Francisco Lomuto y otros ex allegados de la estrella condujo al fin a un acuerdo, auspiciado por Canaro, por el cual Defino cedía las regalías de Gardel a cambio de un pago de 30.000 pesos. Quizá Canaro tuviera ciertas reservas acerca de este acuerdo. La actitud de Defino le pareció "generosa y caballeresca".[24] Otros la consideraron necia y caballeresca.

Razzano no había perdido sus contactos con empresarios y gerentes teatrales. En sus últimos años actuó como representante de varios artistas. La vejez fue benévola con él. Se convirtió en un personaje notorio de la noche de Buenos Aires, un invitado popular en los banquetes, una figura respetada por su relevante papel en la historia de Gardel, y, cada vez más, un anciano generoso y servicial muy dado a las remembranzas. (A mediados de los años 40 Francisco García Jiménez aprovechó estas remembranzas para escribir la primera historia extensa de la vida de Gardel.) Sobrevivió a su ex socio por un cuarto de siglo, y murió el 30 de abril de 1960. Los restantes años de Armando Defino fueron más apacibles. Eventualmente se dedicó a compilar memorias de su relación con Gardel. Aún estaban inconclusas cuando lo sorprendió una enfermedad mortal; su viuda Adela completó la tarea después de la muerte de Armando (el 26 de junio de 1962). El libro se publicó en 1968.

Como hemos visto, en el curso de su carrera Gardel había empleado a seis guitarristas que fueron sus colaboradores musicales más cercanos, aparte de Razzano en los primeros años. Dos de ellos, Barbieri y Riverol, murieron en Medellín. Ninguno de los demás completaría el período bíblico de setenta años. José Ricardo (que se separó de Gardel en 1929) estaba trabajando con su hermano Rafael en París cuando enfermó, en 1937. Falleció a bordo del *Massilia* en su viaje de regreso a la Argentina; tenía cuarenta y nueve años. José Aguilar, de vuelta en la Argentina después de sus meses en Medellín, nunca recobró plenamente el uso de las manos ni de los ojos, demasiado lesionados. No obstante siguió trabajando, en general dirigiendo grupos de guitarristas. En diciembre de 1951, a los sesenta años, salía de una sala de billar de Flores cuando lo atropelló un auto. Murió en un hospital pocos días después. Domingo Julio Vivas (a quien Gardel sin duda habría vuelto a contratar si hubiera regresado a la Argentina) continuó trabajando como guitarrista; pasó cinco años en Chile en los años 40, hasta su muerte en 1952, consecuencia de una operación que resultó demasiado para su delicada salud. Tenía cincuenta y siete años. El aventurero y peripatético Pettorossi fue quien duró más tiempo. Concluidos sus vagabundeos, siguió ganándose la vida como guitarrista (y director de orquesta), y al fin se retiró en Mar del Plata, donde vivía con su madre. Murió allí en la Navidad de 1960, a los sesenta y cuatro años. Con su fallecimiento, no quedó nadie que hubiera actuado en vivo con Carlos Gardel.

Uno por uno, mientras los años cobraban su inevitable precio, sus amigos más íntimos y allegados salieron de escena: actores como Elías Alippi (1942); cantores como Ignacio Corsini (1967) y Azucena Maizani (1970); letristas como Celedonio Flores (1947) y Manuel Romero (1954); colaboradores musicales como Alberto Castellano (1959) y Terig Tucci (1973); integrantes de la vieja barra como Luis Ángel Firpo (1960); directores de orquesta como Roberto Firpo (1969) y Francisco Canaro (1964); hombres del turf como Francisco Maschio (1961); empresarios como Max Glucksmann (1946). Pocos amigos reales de Gardel estaban vivos a principios de los años 80. El jockey Irineo Leguisamo murió el 2 de diciembre de 1985 a los ochenta y dos años. Su tumba está en el cementerio de la Chacarita, cerca de la de Gardel. El periodista Edmundo Guibourg, ya nonagenario, falleció en 1986. Aún se veían, de cuando en cuando, ilustres sobrevivientes de un mundo cuyos contornos —para los argentinos que habían experimentado el perverso terrorismo revolucionario, la indiscriminada represión militar, años de inflación de tres dígitos y la absurda tragedia de la Guerra de las Malvinas— empezaban a desdibujarse. ¿De veras había existido ese mundo, un mundo donde el peso tenía valor, donde el presidente de la República paseaba sin protección por la Avenida de Mayo, donde los generales bailaban en vez de rebelarse, donde el irresistible ritmo del tango reinaba soberanamente?

Sí, había existido. Era el mundo de Gardel, y él había desempeñado su papel en él, y él, al menos, no fue olvidado. Francisco García Jiménez, mientras marchaba en la procesión fúnebre ese día de febrero de 1936, reflexionó que el ataúd no contenía un cadáver sino "un recién nacido mito encantador".[25] Gardel había sido un ídolo popular, una leyenda viviente; las circunstancias trágicas de su muerte añadían a su historia una nueva dimensión, confiriéndole una categoría definitivamente mítica. En poco tiempo, el desastre de Medellín sin duda aumentó la demanda de sus discos y sobre todo de sus filmes. Según una estimación imprecisa, el 30 por ciento de los negocios de Paramount en 1935 era atribuible a Carlos Gardel.[26] Las dos últimas películas no se estrenaron hasta después de su muerte —en julio y en agosto en Buenos Aires— y despertaron gran interés en Hispanoamérica. Era de nuevo la vieja historia. En la ciudad de La Plata, por tomar un solo ejemplo, el cine San Martín comenzó a proyectar *El día que me quieras* el 17 de julio, un día después de su estreno porteño en el Broadway. La multitud que deseaba entrar era demasiado numerosa para el cine; hubo que llamar a la policía y a los bomberos. Los que lograron entrar, previsiblemente, repitieron la rutina de pedir que se rebobinara la cinta.[27]

Siempre han existido los que creen que el desastre de Medellín creó la popularidad de Gardel, que sin ella no habría existido la adulación retrospectiva que hubo y todavía hay. Dicha creencia es imposible de refutar: Medellín dio al recuerdo de Gardel una aureola esencial de tragedia legendaria. No obstante, el grado e intensidad de congoja popular ante la noticia demuestra que el Zorzal ya era reconocido como alguien muy especial: fue "el apagón de la estrella en el momento de mayor brillo", según la frase de Ulyses Petit de Murat.[28] Lo que resulta innegable es el modo extraordinario en que se guardó la memoria del Zorzal después de su muerte. Gardel pertenece sin duda a esa clase privilegiada —y muy reducida— de cantantes populares cuya fama parece perpetua aún al cabo de medio siglo.

Más de diez años después de Medellín, un embajador norteamericano en la Argentina del general Perón reparó en la persistente popularidad del cantor. "Una estación de radio dedica una hora por día a pasar grabaciones de Gardel. Las reposiciones de sus filmes son invariablemente un éxito. [Se ve] su fotografía en muchos bares y cafés."[29] Y, podría haber aña-

236

dido el diplomático, también en muchos colectivos y taxis. Se dice que un laboratorio fotográfico de Buenos Aires distribuyó unas 350.000 fotos de Gardel en los veinte años que siguieron a su muerte.[30] Las siete películas se exhibieron en incontables ocasiones en salas locales. También, inevitablemente, se intentó hacer películas (la primera de ellas, alrededor de una media docena, data de 1939) retratando la vida y carrera del Zorzal. Los programas especiales con sus discos serían una constante en la radiofonía argentina, y un anunciador (cuyo nombre omitiremos piadosamente) se obsesionó tanto con la vida de la estrella que se ganó el apodo de Viuda de Gardel.

Los discos nunca han desaparecido de las tiendas. Desde 1935, hubo todos los años una vasta selección de piezas de Gardel accesible para el entusiasta. La llegada del disco LP de 33 $\frac{1}{3}$ rpm a principios de los 50 indujo a reeditar muchas de ellas en este cómodo formato, eventualmente incluyendo el puñado de canciones grabado en 1913 y los registros del Dúo Gardel-Razzano. Las compañías discográficas han producido, a través de los años, una gran variedad de álbumes y selecciones editados en cajas, así como discos simples en un aluvión incesante. Desde mediados de los 70, se pusieron en venta casetes de las canciones de Gardel; los coleccionistas de los 90 podemos comprar centenares de sus canciones en discos compactos. Mientras tanto, las películas del Zorzal han renacido como videos.

La tentación de rehacer o "mejorar" algunas de las grabaciones originales no siempre ha sido resistida. En 1955, Francisco Canaro, usando cintas, añadió un nuevo acompañamiento orquestal a la voz de Gardel. Canaro consideró que el resultado era un éxito[31], pero es dudoso que su opinión fuera compartida por muchos. A principios de los años 70 EMI-Argentina, heredera del sello Odeón, realizó un experimento técnicamente más sofisticado. Se eliminó todo rastro del acompañamiento original con guitarras (algo que Canaro no había podido hacer) y se unió la voz a un nuevo acompañamiento provisto por la orquesta de Alfredo de Ángelis. Se editaron dos discos. Los resultados distaron de ser ideales: "Mucho de Ángelis, poco Gardel", fue la reacción general. No obstante, el interés suscitado por estos discos testimoniaba la extraordinaria popularidad del Zorzal a cuarenta años de su muerte.

Los actos de diversa clase, evocando y celebrando la vida y música de Gardel, han sido legión desde que él murió. En mayo de 1948, Libertad Lamarque descubrió una placa conmemorativa en el aeropuerto de Medellín. En diciembre de 1952 se inauguró un monumento al cantor en el Parque Rodó de Montevideo. Buenos Aires, inevitablemente, ha sido el centro principal de conmemoraciones rituales. Un típico acto de homenaje porteño se realizó en mayo de 1954, durante una "Semana de la calle Corrientes", en que numerosos artistas (muchos de los cuales habían conocido a Gardel) se congregaron en la noche para realizar visitas ceremoniales a lugares asociados con la estrella, incluyendo el sitio donde había estado el Teatro Empire.[32] Un corto tramo de la calle Guardia Vieja, el mugriento callejón del Abasto donde Gardel y Razzano celebraron su primer e histórico encuentro en 1911, se llama hoy calle Carlos Gardel. En el cuadragésimo aniversario de su muerte se descubrió una placa en la avenida Corrientes, y el Senado argentino publicó un volumen recordatorio (adornado con una elegante fotografía de la presidenta Isabel Perón).

El quincuagésimo aniversario (junio de 1985) provocó desde luego una gran variedad de actos conmemorativos en toda la América hispana. En Buenos Aires, el Congreso argentino inició sus sesiones nocturnas, todo ese mes, con una de las canciones del Zorzal. El presidente Raúl Alfonsín asistió a una función especial en el Teatro Colón; una adecuada ceremonia se realizó ante la tumba de Gardel. Una estación del "subte", o tren subterráneo, recibió su nombre. Apropiadamente, se realizó una carrera de caballos en su memoria. Y desde luego se publicaron estampillas de correo conmemorativas. Es difícil pensar en otro país del mundo donde se honre tanto a un cantante popular —en forma tan espectacular y oficial— al cabo de medio siglo de su desaparición.

Se podrían mencionar muchos otros ejemplos de "gardelolatría", pero ya hemos dicho mucho para indicar que el inmortal recuerdo del Zorzal se ha conservado fresco en la memoria de los porteños y de otros. Hasta hace poco el que visitaba Buenos Aires podía encontrar (sin mucha dificultad) taxistas que afirmaban haberlo conocido personalmente. Cada 24 de junio trae una nueva cosecha de artículos o programas de radio o televisión; la única excepción fue 1978, cuando los partidos de la Copa Mundial de Fútbol coincidieron inoportunamente con el aniversario. El régimen militar del general Jorge Rafael Videla, que auspiciaba la Copa Mundial en esa ocasión, también fue responsable (en 1980) de declarar el 11 de diciembre, el cumpleaños de Gardel, el Día Nacional del Tango en la Argentina[33], algo que por cierto no compensa sus alarmantes records en otras áreas.

La "verdadera idolatría" por Gardel que Edmundo Guibourg comentaba en su obituario de junio de 1935 se tradujo, con los años, en lo que sólo se puede describir como un persistente culto popular por el cantor muerto. Ello no significa que los porteños atribuyan poderes milagrosos a su espíritu, o que lo vean como otra cosa que un gran artista popular con una personalidad extrañamente simbólica. No obstante, es un artista a quien se le confiere el título supremo de *el Troesma* (el maestro "al vesre"). El afecto y la admiración que le profesan personas que no pudieron haberlo conocido personalmente, personas nacidas mucho después que él murió, aún persisten en Buenos Aires y en otras partes. "Cada día canta mejor" es una de las más famosas frases porteñas sobre Gardel. (Varias frases comunes derivan del culto de Gardel. Una persona competente en cualquier actividad "es Gardel". Un argentino quejoso puede recibir la respuesta "Andá a cantarle a Gardel"; una frase que hasta se ha incluido en un par de letras de tango posgardelianas.) Su tumba de la Chacarita reci-

238

be visitas constantes; la pared está cubierta con pequeñas placas de metal que reflejan el homenaje de admiradores, amigos y clubes de tango. (Una pequeña placa reza, conmovedoramente, "Del Aviador".) Los visitantes depositan flores alrededor del pedestal de la estatua: en ocasiones alguien salta al plinto para ponerle un cigarrillo encendido en la diestra de bronce.

Como ocurre a menudo con estos mitos, abundan las distorsiones gratuitas. Por cierto no han faltado los que han visto el fantasma de Gardel, habitualmente en alguna esquina (como San Juan y Boedo) en la noche del 24 de junio. A fines de los 40 cundió en Buenos Aires el rumor de que Gardel no había muerto esa tarde atroz, pues lo habían visto, horriblemente desfigurado, vagabundeando por Colombia o América Central con su guitarra, cantando en bares y cafés de mala muerte. No sabemos cuánto crédito se dio a dicho rumor, pero su existencia testimonia la fuerza del mito y la ansiedad de rodear al ídolo muerto con una aura adicional de misterio.

Más aún, siempre hubo escritores (en general periodistas) ansiosos de satisfacer esta apetencia añadiendo toques fantasiosos a la historia. La vida relativamente llana de Gardel, aun con sus altibajos, no era suficiente; y él mismo, hay que admitirlo, alentó este juego con sus elusivas declaraciones. Así, poco a poco, se construyó la leyenda de Gardel. Las travesuras juveniles se convirtieron en delincuencia, y algunas versiones llegan a afirmar que Gardel estuvo preso en una penitenciaría de la Patagonia. Las conocidas conexiones de Gardel con políticos conservadores se convirtieron en algo siniestro, o al menos dudoso e inmoral. A veces se llegó a sugerir que en París sólo triunfó ante públicos sudamericanos, mientras los parisinos lo ignoraban. En cuanto a Mrs. Wakefield, se ha acusado a Gardel de ser un rufián inescrupuloso. En el fondo, la famosa sonrisa era un fraude: en realidad Gardel era un individuo melancólico, solitario y tal vez infeliz. Y, por cierto, el desastre de Medellín fue consecuencia de oscuras venganzas amorosas o, en todo caso, de la rivalidad capitalista.

Quizá pocas personas hayan tomado en serio la leyenda de Gardel en su totalidad, pero partes de ella han cobrado arraigo. Algunos aún manifiestan dudas acerca de la verdadera patria de Gardel. Para algunos uruguayos (recordemos enfáticamente que, como decía Burke, nunca se debe condenar a naciones enteras) es cuestión de orgullo nacional afirmar que el certificado de nacimiento de Toulouse, el testamento de Gardel y otros documentos fueron falsificados sistemáticamente o, en todo caso, que se refieren a otro Carlos Gardel. Se ha malgastado mucho ingenio para tratar de demostrar que Tacuarembó fue el sitio donde el Zorzal vio por primera vez la luz del día. Las sólidas pruebas y la mera probabilidad, que refutan con bastante fuerza estas opiniones, no constituyen un obstáculo para los creadores de mitos, especialmente cuando están en juego los sentimientos nacionales.

¿Cómo explicar la persistencia del culto de Gardel? Aunque mañana decayera abruptamente (todo puede ocurrir), ya habría disfrutado de medio siglo de asombrosa supervivencia. Como señala Daniel Vidart, "Carlos Gardel, como el Cid, continúa ganando batallas después de su muerte".[34] Esto se presta por cierto a la investigación seria. ¿Los porteños que visitan la Chacarita o tienen fotos de Gardel en la casa (o en bares, restaurantes, taxis o colectivos) son de una clase o tipo particular? ¿Por qué lo hacen? Algunos autores argentinos han intentado dar una explicación sociológica. En un famoso ensayo de los años 60 sobre la cultura porteña, Juan José Sebreli llega a sugerir que el mito de Gardel (o como lo llamemos) ofrece una compensación psicológica para los sectores más sumergidos de la sociedad: "Gardel es el símbolo de los sueños alucinados de desechos sociales que odian a los ricos porque no pueden ser ricos ellos mismos. Es el que ha llegado y venga a todos los que no pudieron llegar. Es el que ha ascendido desde la cueva oscura del conventillo de Abasto hasta la fiesta deslumbrante de la gran burguesía internacional".[35] Sebreli llega a la conclusión de que el culto de Gardel persistirá mientras exista una estructura clasista no igualitaria en Buenos Aires; cumple un propósito, siendo esencialmente vehículo de los sueños y frustraciones de los marginados. Otros escritores se impacientan con este enfoque y atribuyen la idolización de Gardel a causas más simples. El ensayista Osvaldo Rossler afirma que los teóricos de la sociología olvidan precisamente la "magnífica voz" del Zorzal.[36] Sólo eso explica su popularidad.

Rossler tiene razón (¿cómo podría no tenerla?), pero hay algo más que eso. Quizá la pista se encuentre en la conexión de Gardel con una fase particular de la historia urbana de Buenos Aires, la fase en que la tradición del tango predominaba. Cuando él vivía, como hemos visto, era para muchos el epítome de ciertas cualidades locales reconocibles. Después de su muerte continuó simbolizando, para los porteños, un mundo que desaparecía pero aún se añoraba con nostalgia. Y, ante todo, de algún modo llegó a encarnar la tradición del tango, la más poderosa creación musical de Buenos Aires. Se convirtió en "el tango hecho carne", según la frase utilizada por varias personas (entre ellas Nicolás Olivari y Libertad Lamarque) en junio de 1935.

Señalemos que aun la muerte de Gardel puede considerarse a tono con la tradición, como un tema muy apropiado para nuevos tangos, como un tópico adicional para el género. Una de esas piezas comienza explícitamente:

> *Medellín fue la trágica pira,*
> *donde Carlos Gardel sucumbió.*

Otros ejemplos notables de este subgénero incluyen la conmovedora "¿Por qué te fuiste, hermano?" de Agustín Magaldi.

"No hemos perdido a un cantor, sino a la canción misma", había dicho Martínez Payva esa noche en el Luna Park. Afortunadamente, se equivocaba. Al margen de los cantores de tango que fueron contemporáneos de Gardel, nuevos talentos continuaron surgiendo: Francisco Fiorentino en los 30 y los 40 (murió ahogado en un charco de agua después de un accidente automovilístico, en 1955); Edmundo Rivero y Roberto Goyeneche en los 50; y la notable vocalista Susana Rinaldi en los 60. Aunque estos talentos han sido notables, la supremacía de Gardel entre los cantores de tango nunca fue cuestionada, y mucho menos por sus sucesores. Horacio Ferrer escribe: "A él le corresponde, con absoluta exclusividad, fijar todas las normas que —en materia de canto— se han de adoptar para esa especialidad dentro del tango. ... *La verdadera tradición de tango cantado es netamente gardeliana"*. [37]

El tango cantado quedó integrado a la tradición del tango, y los grandes cantantes y las grandes orquestas trabajaron en más estrecha relación que en tiempos de Gardel. La tradición misma, cuando murió Gardel, duraría quince años más como componente dominante del gusto popular argentino. Aún podía elevar a ciertos músicos a un nivel cuasilegendario, como ocurrió con el gran bandoneonista Aníbal Troilo, cuya muerte a los sesenta años en mayo de 1975 produjo una explosión de congoja popular que en cierto modo recuerda la de junio de 1935.

La época de oro del tango que, como hemos visto, comenzó al mismo tiempo que el tango cantado, llegó a su fin sólo a principios de la década del cincuenta. Su lugar predominante en el afecto popular fue luego erosionado (aunque nunca eliminado del todo) por el auge neofolclórico de esa década, y, cada vez más, por la revolución universal de la música pop anunciada por los ominosos nombres de Bill Haley y Elvis Presley. Tales fenómenos disminuyeron la fuerza vital de la tradición del tango, sin duda, pero no lo destruyeron. No corresponde decidir aquí si el tango se ha beneficiado con nuevos desarrollos como los experimentos vanguardistas de Astor Piazzolla. Lo importante es comprender cuán profundo y fundamental era el tango para (y en) la cultura popular argentina en la primera mitad del siglo veinte. Carlos Gardel fue su figura suprema por todos los criterios, y como tal, se lo puede ver como un héroe cultural destacado.

Dicha categoría tiene sus propios peligros. Sus cualidades se han exagerado a veces. Algunos, absurdamente, lo consideran "el cantor más grande de todos los tiempos". [38] No era tal cosa, pero su nombre puede figurar legítimamente junto a los más grandes artistas populares del siglo veinte, como Maurice Chevalier y Bing Crosby, e incluso quizá Richard Tauber y John MacCormack. Si Gardel hubiera llegado a la "luminosidad" de Hollywood, si hubiera dominado el inglés y vivido tanto tiempo como Chevalier, su talento por cierto sería tan reconocido fuera de Hispanoamérica como siempre lo fue dentro de esas fronteras culturales. La muerte le quitó ese trofeo. En su propio ancho mundo, sin embargo, fue y sigue siendo una superestrella.

Desde luego, el mundo ha seguido adelante. Cuando Enrique Cadícamo, amigo de Gardel, regresó a París en los años 50, sintió una intensa y triste nostalgia por la era de la preguerra: "Aquellos cabarets de Montmartre del año 1930 ya no existían... Los músicos vestidos con trajes de gaucho ya no cruzaban Pigalle".[39] También Edmundo Guibourg regresó a El Garrón mucho después de la Segunda Guerra Mundial, para descubrir que sus nuevos propietarios jamás habían oído hablar de Carlos Gardel.[40] Tal como nos lo recuerda la letra de tantos tangos, el tiempo al fin lo borra todo, y eso no tiene remedio. No obstante, *pace* Cadícamo y Guibourg, Gardel no ha sido totalmente olvidado en Francia.[41] Del mismo modo, la Argentina que él conoció se ha perdido en el pasado, aunque buena parte de la Buenos Aires que le perteneció aún existe físicamente: ante todo, la música de tango aún se oye con frecuencia en ambas márgenes del gran estuario, junto con todos los demás sonidos que hoy día llenan las noches de Buenos Aires y Montevideo. Mientras esa música continúe ejerciendo su extraña magia, muchas personas honrarán el recuerdo de Carlos Gardel, el Zorzal, el hombre con una lágrima en la garganta.

¿Cada día canta mejor?

Técnicamente es imposible, desde luego. Emocionalmente, a veces parece ser verdad. ¿Será siempre así? Quién sabe. La única certeza es que parece verdad ahora. La historia que comenzó en Toulouse en diciembre de 1890 finalizó, para Gardel mismo, en el aeropuerto de Medellín. Para nosotros aún continúa. Más no podemos pedir.

NOTAS

1 Defino, pág. 134. Defino recibió la última carta de CG desde Bogotá el día siguiente.

2 Canaro, pág. 208.

3 *Crítica*, 25 de junio de 1935; Morena, pág. 211.

4 Reproducido en Ramírez, págs. 63-66, y Guibourg, págs. 44-47.

5 *Variety*, Nueva York, 10 de julio de 1935, pág. 2.

6 Véase *The New York Times*, 26 de junio de 1936; se mencionó por lo menos un suicidio en el primer aniversario de la muerte de CG.

7 *The New York Times*, 27 de junio de 1935.

8 *La Prensa*, Nueva York, 25 de junio de 1935.

9 *Variety*, 26 de junio de 1935, pág. 63. Le Pera también tuvo un breve obituario donde le atribuían cuarenta y nueve años (en realidad tenía treinta y cinco).

10 *La Dépèche*, Toulouse, 28 de junio de 1935. El relato de doña Berta acerca de cómo se enteró de la noticia se reproduce en *La Canción Moderna* N° 387 (17 de agosto de 1935): Morena, págs. 221-22.

11 Defino, pág. 139.

12 Ibid., págs. 137-65.

13 Ibid., pág. 144.

14 Ibid., pág. 167.

15 *Antena*, Buenos Aires, 14 de noviembre de 1950: del Campo, pág. 146.

16 *La Prensa,* Nueva York, 10 de enero de 1936.

17 Canaro, pág. 251.

18 Ibid., pág. 250.

19 Ibid., pág. 251.

20 La descripción de la llegada del ataúd, el velatorio y la procesión fúnebre está tomada de *La Nación* y *La Prensa,* de Buenos Aires del 6 y 7 de febrero de 1936, y de *Crítica,* mismas fechas, según las cita Defino, págs. 176-84.

21 Defino, págs. 204-5.

22 Ibid., pág. 207.

23 Moncalvillo, pág. 121.

24 Canaro, pág. 375; Defino, págs. 73-74. Canaro era entonces presidente de la Sociedad Argentina de Autores y Compositores de Música (SADAIC), la cual, al parecer contra sus propias reglas, aprobó el trato.

25 García Jiménez (1976), pág. 313.

26 Gaizka S. de Usabel, *The High Noon of American Filmes in Latin America* (Ann Arbor, Michigan, 1982), pág. 96. No está claro si esto se refiere a los negocios de la Paramount en todo el mundo o sólo en América Latina. La compañía productora de CG, Exito's Spanish Pictures, realizó por lo menos una película después de la muerte de CG.

27 Ulyses Petit de Murat, "Tener ángel", en Castillo, comp., pág. 61.

28 Petit de Murat, pág. 135.

29 James Bruce, *Those Perplexing Argentines* (Londres, 1954), págs. 232-33.

30 Del Campo, pág. 153.

31 Canaro, págs. 173-74.

32 Del Campo, págs. 157-60. La placa del aeropuerto de Medellín fue colocada a iniciativa de la misma Libertad Lamarque: ver su *Autobiografía* (Buenos Aires, 1986), págs. 274-78.

33 Claude Fléouter, *Le tango de Buenos Aires* (París, 1979), pág. 110.

34 *El tango y su mundo* (Montevideo), 1967, págs. 184-85.

35 *Buenos Aires. Vida cotidiana y alienación* (Buenos Aires, 1964), pág. 125.

36 *Buenos Aires dos por cuatro* (Buenos Aires, 1967), pág. 44.

37 Ferrer (1960), pág. 56.

38 Sareli, pág. 66.

39 Cadícamo (1978), pág. 201.

40 Moncalvillo, pág. 123. Ninguno de los cabarets o *music halls* de París donde actuó CG existe ahora. Los locales nocturnos que rodean la plaza Pigalle son hoy más sórdidos que los que había en el período de entreguerra. El Empire se convirtió en sala cinematográfica poco después de la época de Gardel; en los años 50 se especializó en cinerama, pero ya no se lo utiliza para eso. El Palace, escenario del triunfo de CG en 1931, también se dedicó a proyectar películas. En el momento en que escribo esto (1985) el club nocturno parisino que conserva con más vigor la tradición del tango es Les Trottoirs de Buenos Aires.

41 Toulouse Tango 84, un "festival internacional de tango europeo" patrocinado por la municipalidad de Toulouse durante varias semanas en el otoño de 1984, al cual asistieron varios destacados músicos argentinos, recibió el subtítulo *Hommage a Carlos Gardel.* El quincuagésimo aniversario de la muerte de CG fue recibido en Francia con abundantes artículos periodísticos y con la inauguración de un pequeño monumento en Toulouse.

REFERENCIAS

Los datos completos de las obras citadas sólo una o dos veces (o de limitada importancia para el tema) figuran en las notas. A continuación se enumeran las obras citadas en las notas sólo por nombre de autor, y fecha de publicación donde es preciso distinguir entre diferentes obras del mismo autor, junto con un pequeño número de obras generales consultadas pero no citadas específicamente en las notas. Esta lista no incluye el título de los periódicos o revistas, cuyas referencias se pueden hallar fácilmente en las notas. Los extractos de letras de canciones citadas en el texto son transcripción de grabaciones de la colección del autor, en muchos casos luego cotejadas con las versiones publicadas en Sareli (ver más adelante).Vale enfatizar que esta lista no constituye una bibliografía completa sobre Carlos Gardel, ni mucho menos. Es una lista de las fuentes consultadas para este libro. Se han agregado algunos títulos especialmente útiles (marcados con asterisco) de aparición más reciente.

*Ardizzone, Osvaldo, et. al.: *Ser Gardel*. Buenos Aires, 1990.
*Barcía, José, Enriqueta Fulle y José Luis Macaggi: *Primer diccionario gardeliano*. 2ª edición. Buenos Aires, 1991.
Béhague, Gerard: "Tango", en *The New Grove Dictionary of Music and Musicians*, 18: 563-65. Londres, 1980.
Bozzarelli, Oscar: *Ochenta años de tango platense*. La Plata, 1972.
Cadícamo, Enrique: *Historia del tango en París*. Buenos Aires, 1975.
Cadícamo, Enrique: *Memorias*. Buenos Aires, 1978.
Canaro, Francisco: *Mis bodas de oro con el tango y mis memorias*. Buenos Aires, 1957.
Carretero, Andrés: *El compadrito y el tango*. Buenos Aires, 1964.

Castillo, Cátulo, ed.: *Buenos Aires, tiempo Gardel*. Buenos Aires, 1966.

Castro, Donald S.: "Popular Culture as a Source for the Historian: Why Carlos Gardel?", *Studies in Latin American Popular Culture*, 5 (1986), 144-62.

Charles, Jacques: *Cent ans de music hall*. Ginebra, 1956.

Corsini (h), Ignacio. *Ignacio Corsini, mi padre*. Buenos Aires, 1979.

Couselo, Jorge Miguel: "El tango en el cine", en *Historia del tango*, 8:1289-1328. Buenos Aires,1977.

Couselo, Jorge Miguel, y Osiris Chierico, comps.: *Gardel. Mito-realidad*. Buenos Aires, 1964.

De Caro, Julio: *El tango en mis recuerdos*. Buenos Aires, 1964.

Defino, Armando: *Carlos Gardel. La verdad de una vida*. Buenos Aires, 1968.

Del Campo, María Isabel: *Retrato de un ídolo. Vida y obra de Carlos Gardel*. Buenos Aires, 1955.

*Del Greco, Orlando: *Carlos Gardel y los autores de sus canciones*. Buenos Aires, 1990.

Del Priore, Oscar: *El tango de Villoldo a Piazzolla*. Buenos Aires, 1975.

Dos Santos, Estela: "Las cantantes". En *Historia del tango*. 13:2223-455. Buenos Aires, 1978.

Eichelbaum, Edmundo: "El discurso gardeliano". En *Historia del tango*, 9: 1547-87, Buenos Aires, 1977.

Eichelbaum, Edmundo: *Carlos Gardel. L' Age d'or du tango*. París, 1984.

*Fakih, Carlos José: "Gardel, perfeccionamiento en el tiempo", *Todo es historia*, Nº 282 (Buenos Aires, 1990), 24-45.

Fernández, Augusto: *Por siempre Carlos Gardel*. Buenos Aires, 1973.

Ferrer, Horacio: "Gardel y su mito". En *Historia del tango*, 9:1588-1616, Buenos Aires, 1977.

*Ferrer, Horacio: *Buenos Aires es Gardel* (foto de Rafael Wollman). Buenos Aires, 1995.

Ferrer, Horacio: *El libro del tango*. 2a. ed., Buenos Aires, 1977.

Ferrer, Horacio: *El tango. Su historia y evolución*. Buenos Aires, 1960.

Feschotte, Jacques: *Histoire du music hall*. París,1965.

Folino, Norberto: *Barceló, Ruggierito y el populismo oligárquico*. Buenos Aires, 1966.

Foppa, Tito Livio, comp.: *Diccionario teatral del Río de la Plata*. Buenos Aires, 1961.

Gallardo, Juan Carlos: *Carlos Gardel. La realidad de un mito*. Bogotá, s.g. (¿med. 1970?).

García Jiménez, Francisco: *Carlos Gardel y su época*. Buenos Aires, 1976.

García Jiménez, Francisco: *Así nacieron los tangos*. Buenos Aires, 1965.

García Jiménez, Francisco: *Vida de Carlos Gardel contada por José Razzano*. 4a ed. Buenos Aires, 1951.

Gobello, José: *Crónica general del tango*. Buenos Aires, 1980.

*Gobello, José: *Tres estudios gardelianos*. Buenos Aires, 1991.

Guibourg, Edmundo: *La calle Corrientes*. Buenos Aires, 1978.

Historia del tango, 16 vols. Buenos Aires, 1976-80.

Jakubs, D. L.: "From Bawdy House to Cabaret. The Evolution of the Tango as an Expression of Argentine Popular Culture", *Journal of Popular Culture*, 18 (1983), 133-45.

Kordon, Bernardo, et al.: *El tango*. Buenos Aires, 1967.

La Maga, N° 11, Buenos Aires, 1995 (número especial dedicado a Gardel).

Lafuente, Raúl, Rubén Pesce y Eduardo Visconti: "Los guitarristas de Gardel". En *Historia del tango*, 9:1459-1545. Buenos Aires, 1977.

*Leguisamo, Irineo: *De punta a punta. Sesenta años en el turf.* Buenos Aires, 1982.

Llanes, Ricardo M.: *Teatros de Buenos Aires*. Buenos Aires, 1968.

Mafud, Julio: *La sociología del tango*. Buenos Aires, 1966.

*Malavet Vega, Pedro: *Cincuenta años no es nada*. San Juan, Puerto Rico, 1986.

Malavet Vega, Pedro: *El tango y Gardel*. Ponce, Puerto Rico, 1975.

Matamoro, Blas: *Carlos Gardel*. Buenos Aires, 1971.

Moncalvillo, Mona, comp.: *El último bohemio. Conversaciones con Edmundo Guibourg*. Buenos Aires, 1983.

Morena, Miguel Ángel: *Historia artística de Carlos Gardel*, 2a. ed. Buenos Aires, 1983.

*Ostuni, Ricardo: *Repatriación de Gardel*. Buenos Aires, 1995.

*Payssé, Eduardo: *Carlos Gardel. Páginas abiertas*. Montevideo, 1990.

*Peluso, Hamlet, y Eduardo Visconti: *Carlos Gardel y la prensa mundial*. Buenos Aires, 1990.

Pesce, Rubén. "La evolución artística". En *Historia del tango*, 9:1375-1457. Buenos Aires, 1977.

Petit de Murat, Ulyses: *La noche de mi ciudad*. Buenos Aires, 1979.

Puccia, Enrique Horacio: *El Buenos Aires de Ángel C. Villoldo*, Buenos Aires, 1976.

Ramírez, Octavio: *Treinta años de teatro argentino*. Buenos Aires, 1963.

Sareli, Jorge: *El libro mayor del tango*. México, D. F., 1974.

Silva Cabrera, Erasmo: *Carlos Gardel. El gran desconocido*. Montevideo, 1967.

Sosa Cordero, Osvaldo: *Historia de los varietés en Buenos Aires 1900-1925*. Buenos Aires, 1978.

Speratti, Alberto: *Con Piazzolla*. Buenos Aires, 1969.

*Spinetto, Horacio J.: "Gardel. El mito cumple un siglo", *Todo es Historia*, N° 282, (Buenos Aires, 1990), 6-23.

Sucesos (Santiago, Chile), N° 4 (1967). Número especial (muy bien documentado) sobre la historia del tango.

Talión, José: *El tango en su etapa de música prohibida*. Buenos Aires, 1964.

Tucci, Terig: *Gardel en Nueva York*. Nueva York, 1969.

*Zatti, Rodolfo Omar: *Gardel, su gran pasión: el turf.* Buenos Aires, 1990.

Zubillaga, Carlos: *Carlos Gardel*. Madrid, 1976.

ÍNDICE

Esta edición de 3.000 ejemplares
se terminó de imprimir en
Kalifón S.A.,
Humboldt 66, Ramos Mejía, Bs. As.,
en el mes de septiembre de 2003.